# 글,
## 공무원답게
### 쓰기

# 글,
# 공무원답게
# 쓰기

정소운 지음

### 당신의 보고서 하나가
### 국가의 품격을 좌우한다

황소자리

| 머리말 |

## 이 책을 왜 썼을까

 내 책상에는 기차 모양 연필깎이와 지우개 꼭지를 단 황토색 연필 서너 자루가 늘 놓여있다. 예전에 온통 빨갛게 칠해진 초안을 보고 하도 진저리를 쳤던 터라 빨간 펜은 좀처럼 쓰지 않는다. 초안을 보면서 한숨을 크게 내쉬면 요새는 바로 직장 내 괴롭힘이 된다고 해서 가급적 숨소리도 내지 않으려 한다. 파일로 받아보면 마구 뜯어고치게 되니까 연필로 조금만 손댄다. 흘려 쓴 글씨 해독하느라 보낸 시간들이 싫었기 때문에 최대한 또박또박 쓴다. 이제 실무자를 불러 초안을 고친 이유를 설명한다.
 그런데, 고쳐도 고쳐도 끝이 없다. 각종 보고서, 연설문, 보도자료, 공식 서한, 민원 답변, 게시물, 발간물에 심지어 공문까지 매일 수십 명이 쓴 수백 편의 글들이 모이는 깔때기 같은 자리에 있는 탓이다. 내가 끔찍한 병목이 되지 않으려면 뭉개고 늑장 부릴 틈이 없다. 한번에 조정이 안 되고 몇 번이나 오락가락하게 만드는 건 금물이다. 어떤 글은 일사천리로 통과하겠지만 또 다른 글은 심각한 체증을 유발한다. 그래서 나는 생각한다. 모두 각자 조금씩만 더 잘 쓰게 되어도 참 살기 좋은 아름다운 세상이 되겠다고.

대다수 공무원은 일하는 과정에서 상사의 '첨삭지도'로 글쓰기를 배운다. 안타깝게도 이 방식의 한계는 분명하다. 일관성이 없거니와 공평하지 않다는 것도 문제다. 친절하고 실력 있는 상사를 만나면 빠르게 배우지만, 불친절하거나 부족한 상사를 만나면 배움이 더디다. 가르치는 수준과 상관없이 첨삭지도의 본질은 가스라이팅과 비슷하다. 처음에는 첨삭에 질려 아무도 내 글에 손대지 않기를 갈망하지만, 시간이 지나 익숙해지면 누군가 내 글을 고쳐주지 않는 것이 오히려 어색해진다.

강의나 책으로 글쓰기를 배우려는 공무원들도 있다. 직장교육 수요조사 부동의 1위는 '보고서 쓰는 법'이다. 하지만 직장교육 강의는 대부분 일회성이다. 강사가 마음에 안 드는 상사보다 오백 배 낫다 해도, 강의를 듣는 그때뿐이다.

100만 공무원의 학습사이트인 '나라배움터' 자료실에는 오로지 2005년에 만들어진 〈보고서 작성 매뉴얼〉만이 올라와 있다. 이후로는 정부 차원의 공신력 있고 포괄적인 지침서가 만들어진 적이 없다. 시중에 글쓰기를 가르치는 책도 동영상도 꽤 나와 있지만, 역시 한계가 있다. 별로 공무원스럽지도 않거나 아니면 너무 공무원스럽거나, 둘 중 하나다. 공직에서 통용되지 않는 글쓰기를 정성껏 설명하는 것은 와 닿지 않고, 기존 글쓰기 흉내라면 그 이상의 발전을 생각하기 어렵다.

글쓰기는 글로 설명하는 것이 가장 적절하겠다 싶어서 정리 작업을 시작했다. 처음에는 간단한 매뉴얼이면 충분하지 않을까 여겼다. 하지만 쓰다 보니 실제 사례가 필요했고 종류도 빠진 게 없어야겠다 싶어 덧붙이다 보니 자꾸 길어졌다. 그러다 책 비슷한 원고를 쓰고 있는 나를 발견했다. 책이라면 현장의 첨삭지도를 보완하는 일반론 정도는 담을 수 있을 테고, 특히 공공영역의 글쓰기에 특화한 내용이 좀 더 필요하다고 생각했다. 이로써 이미 많은 책들에 책 하나를 더하게 된 셈이다.

이 책에는 비법이 없다. 원칙만 익히고 나면 이내 글쓰기의 달인이 된다는 놀라운 마법 같은 건 나도 모른다. 그런 마법을 진작에 알았다면, 오랫동안 고민해가며 쓰고 고칠 필요도 없었을 것이다. 대신 이 책에는 평소 시간에 쫓겨 다 하지 못했던 실무자들을 위한 잔소리를 꼼꼼히 담았다. 지금 쓰는 글이 왜 필요한지, 어디까지 써야 할지, 어디서 멈춰야 할지, 어떻게 다뤄야 할지를 참견한다. 남들처럼 '공무원스럽게' 틀에 맞추는 훈련이 아니라, 각자 스스로 생각해서 '공무원답게' 써보자는 얘기다.

이 책의 목적 또는 특징은 다음의 세 가지다.

첫째, '공무원'이 쓰는 여러 종류의 글을 다룬다.

공무원은 다양한 직종, 직렬, 직급으로 이루어져 있다. 이 책에서는 그 다양함을 반영해서 글쓰기를 나누지 않았다. 여기서 상정하는 공무원이란 행정적인 역할 범위 내에서 일정한 글을 써야 하는 평범한 국가 또는 지방 공무원이다. 공공기관 직원은 공무원과 거의 같은 일을 하기 때문에 넓은 의미의 공무원으로 보았다. 특히 어디서나 글을 직접 써야 하는 실무자들이 우선이다.

공직사회에서 쓰는 글을 최대한 망라해서 다뤘지만 조서, 판결문, 의결서, 생활기록부, 연구보고서, 의무기록, 외교서한, 합의서, 공동보도문 등은 제외했다. 이런 전문적인 영역의 글쓰기는 대개 표준 문안이 있다. 일반론보다는 도제식 훈련이 필요하다. 대민행정에서 필요한 민원회신문, 공고문, 안내문 같은 글도 재량을 발휘할 여지가 많지 않아 다루지 않는다.

공무원들이 가장 일상적으로 쓰고 접하는 '공문'(공문서公文書의 약자로서, 공적인 의사결정과 소통, 연락 등을 위해 작성, 상신, 발송하는 문서)도 생략했다. 공문은 공개성 높은 문서라서 정형화된 공식(서식)을 따르고 있다. 신임 공무원 교육과정에서 가르치기도 하고 작성법도 상세히 나와 있으니, 현장에서는 그것으로 충분하다고 생각한다.

둘째, 글쓰기의 정답이 아닌 글쓰기를 대하는 '태세'를 담는다.

글쓰기는 시험 문제가 아니므로 정답이 존재하지 않는다. 비록 쓰라는 지시가 출제처럼 느껴지고 결재가 채점처럼 보인다 해도, 글쓰기에서 하나의 옳은 답이란 없다. 입장, 대안, 정책, 설명에는 모범답안이 존재할 수 있다. 하지만 그것을 담는 글쓰기란 무수한 가능성들 중에서 하나를 고른 것에 불과하다.

어느 보고서에나 끼워 쓸 수 있는 만능 어구, 서식, 목차, 공식은 없다. 아니, 없어야 한다. 그런 것들을 반복해서 사용하면 어디선가 본 듯한 '공무원스러운' 글처럼 흉내는 낼 수 있어도 진정 '공무원다운' 글을 쓸 수는 없다. 뭔가를 잘 하는 법이란 근본적으로 뭔가를 잘 하기 위한 태세를 갖추는 법에 지나지 않는다.

내가 생각하는 '공무원다운' 글쓰기란, 국가와 시민에 대한 공복公僕(public servant)의 본분을 상기하며 공공선公共善(common good)을 위해 글을 쓰는 것이다. 상사를 만족시키기 위한 글쓰기, 나와 조직의 이기주의를 위한 글쓰기, 상황만 모면하기 위한 글쓰기의 반대 개념이다. 모든 공무원이 공무원으로서 쓰는 모든 글에 국가의 품격이 달려있다고 생각할 때, 공무원답게 글을 잘 쓰기 위한 태세의 기본이 갖춰질 것이라 믿는다.

셋째, 현재의 글쓰기와 함께 '앞으로의' 글쓰기를 모색한다.

과거부터 현재까지 공무원들은 이렇게 글을 써왔으니, 앞으로도 그대로 써야 할까? 나는 현재 공무원들의 글쓰기 방식이 최선은 아니라고 생각한다. 일단은 현재의 글쓰기 위주로 설명을 시작하지만, 그걸 넘어서는 방향성에 대해서도 고민해 본다. 남들이 시키는 대로 쓰는 데서 나아가, 스스로 생각해서 더 바람직한 글쓰기를 찾아가기를 권한다.

공공영역 경쟁력이 낮아지는 이유 중 하나에 공무원들의 경직된 글쓰기도 있다고 본다. 형식적인 글쓰기, '공무원스러운' 글쓰기는 관성적으로 업무를 대하게 만든다. 그럴듯한 글의 모양새를 위해 생각을 재단하고, 잘린 생각의 틀 안에 복잡한 현실을 어설프게 가둔다. 많은 공무원들이 과거의 글쓰기를 답습함으로써 과거의 잘못된 행태까지 물려받고 있는 것이 안타깝다.

공무원이 쓰는 글에는 대개 이름이 없다. 드물게 이름이 달리는 경우란 칭찬이나 보상을 받기 위해서가 아니라 질문을 받고 책임을 지기 위해서다. 글에 이름이 없으니 당연히 이름값도 없다. 글 잘 쓴다고 월급이 오르지도 않고, 몸값이 높아지거나 스카우트되지도 않는다. 잘 쓰면 잘 쓴다고 칭찬받지만, 승진보다는 더 많이 쓸 기회가 주어질 뿐이다. 그러니 글쓰기로 유명해지고 부자가 되고 성공한다는 흔한 사탕발림이 공무원들에게는 통하지 않는다.

그래도 글쓰기를 고민하는 공무원들을 볼 때마다 반갑고 뿌듯하다. 이름 없는 글이지만 열정을 불 살라 나라를 위하겠다는 포부도 좋고, 기왕 쓰는 글 아무도 토 달지 못할 만큼 잘 쓰고 싶은 자존심도 이해하고, 어쨌거나 빨리 해치운 뒤 개운하게 퇴근하자는 소박한 소망에도 공감한다. 이렇게까지 돈도 뭣도 안 되는 일에 열과 성을 다할 것인가도 싶지만, 사실 다 그러려고 공무원이 된 것 아닌가. 그저 나라에 기여하고 사람들에게 보탬이 된다는 자부심으로 일하는 것이 '공무원다움'의 본질이라고, 나는 생각한다.

저마다의 이상과 포부를 가지고 공직을 선택한 사람들이 흔들리는 위상과 팍팍한 처우의 현실을 접하면서 좌절하고 상처받는 것을 볼 때마다 마음이 아프다. 밖에서는 영혼 없는 '공무꾼'이라 불리면서도 안에서는 살아남으려 곡학아세하거나 복지부동하는 요령을 체화해야 하는 현실 역시 차갑기만 하다. 그런데도 고대의 유물처럼 잔뜩 녹슨 채 어딘가 파묻혀 있을 사명감과 애국심이라는 것으로 버텨보라고 해야 옳은 일일까. 꾹 참고 견디라고, 그러다 보면 언젠가 바뀔 것이라고, 기약도 대책도 없이 위로할 수 있을까. 막연하고 공허한 말에는 힘이 없다.

여전히 공직에 남아있는 우리가 지금 당장 할 수 있는 가장 현실적인 대안은 좋은 생각을 담은 좋은 글을 써내기 위해 노력하는 것이라 믿는다. 우리가 하는 일은 글로 이루어지고 글로 알려지고 글로 남기 때문이다. 꼭 써야 하는 나날의 글조차 제대로 쓰지 않으면서 우리를 둘러싼 상황이 저절로 좋아지기를 기대할 수는 없지 않나. 일찍이 현명한 사람들이 말했듯, 펜은 칼보다 강하다. 특히 잘 벼려진 좋은 글은 상상 이상의 힘을 가질 수 있다. 세상에 도움이 되는 글, 그래서 결국은 나에게도 도움이 되는 글, 그런 글을 잘 쓰기 위한 여정에 있는 모든 이에게 이 책이 길라잡이가 되었으면 한다.

고백하거니와 글쓰기는 쉽지 않다. 글쓰기에 대한 글쓰기는 더 쉽지 않다. 그래도 그런 글쓰기를 하게 된 직접적인 계기는 아버지의 뜬금없는 문자 메시지였다. "연수 간다며? 시간 있을 때 오래 남을 글을 좀 써보렴." 급성 백혈병으로 투병 중이셨던 아버지의 당부를 흘려버릴 수는 없었다.

아버지는 두 달 전 돌아가셨는데, 이 책을 보셨더라면 좋아하셨을 것 같다. 가끔 "키워놨더니 다 나라의 자식이야."라고 푸념하시면서도 공직생활을 한결같이 응원해주신 어머니, 그리고 "항상 떳떳하고 당당하게 일해라."라며 격려해주신 시어머니, 이 두 분은 지금의 나와 이 책을 있게 하셨다.

> 이 책에서 인용하는 모든 정부 문서는 공개본이다. 인용한 자료는 주로 대한민국 정책브리핑 www.korea.kr, 정보공개포털 www.open.go.kr, 국가기록포털 www.archives.go.kr, 국가전략정보포털 nsp.nanet.go.kr, 대통령기록관 www.pa.go.kr, 그리고 각 부처와 기관 홈페이지, 언론 기사에서 가져왔다.

## 차례

머리말 4

## I 보고서 쓰기

1. 보고서 이해하기  19
   쓰는 이유 • 보고서를 나누는 세 가지 방법

2. 보고서, 좋거나 나쁘거나  45
   완성도, 신뢰도, 그리고 설득력 • 늦거나 베끼거나 허풍 떨거나

3. 보고서 쓰는 순서  57
   지시를 확인한다 • 제목을 단다 • 구조를 짠다 • 눈높이를 맞춘다 •
   뼈를 고른다 • 양식을 다듬는다 • 보고한다

4. 보고서, 한 걸음 더 나아가기  107
   진정한 한 장 보고서 • 개조식, 그렇게 중요한가

@ 쓸모 있는 보고서를 위하여  129

## II 말씀자료 쓰기

1. 말씀자료 이해하기  135
   이걸요? 제가요? 왜요? • 말씀자료를 나누는 방법

2. 연설문, 좋거나 나쁘거나  147
   짧고 쉬운 구어체로 이야기한다 • 지루하거나 진부하거나 옳지 않거나

3. 연설문 쓰는 순서  157
    재료를 추린다 • 구조를 짠다 • 리듬을 살린다 • 영혼을 불어넣는다 • 연설을 듣는다

4. 토킹포인트 다루기  177
    키워드를 담는 선제형 • 질문이 관건인 예측형 • 피로를 줄이는 대응형

@ 말하는 사람, 쓰는 사람  187


## III 미디어 자료 쓰기

1. 보도자료  195
    똑바로 일하기, 대충 쓰기 • 잘 쓴 보도자료의 조건

2. 보도설명자료  210
    아무래도 설명이 필요해 • 설명이 되는 설명자료

3. PG  219
    대체 PG란 무엇인가 • PG에 접근하는 단계

4. 소셜미디어  229
    소셜미디어, 이게 최선? • 소셜미디어답게 쓰기

@ 쓰고 써주는 관계  238

## IV 보고서 아닌 보고 쓰기

### 1. 프레젠테이션 보고 245
PT에 보고서 욱여넣기 • 바람직한 PPT 활용

### 2. 메신저 보고 261
보고를 구한 메신저 • 메신저에서 살아남는 법

### 3. 이메일 보고 269
이메일이 필요할 때 • 이메일 보고를 잘 하려면

### 4. 전문 보고 277
전문은 어떻게 다른가 • 보고서를 전문처럼

### 5. 메모 보고 287
대체 메모란 무엇인가 • 보고서를 메모처럼

## V 자신을 위한 쓰기

### 1. 자기소개서는 솔직하게 297

### 2. 공적조서는 낯 뜨겁지 않게 303

### 3. 소명서(경위서)는 사실대로 310

### 4. 진정성이 담긴 고별사(퇴임사) 318

@ 자기 자신이 된다는 것 326

## VI 인공지능에게 글 시키기

1. 인공지능 글쓰기의 현재 333
2. 보다 인간다운 글쓰기를 위하여 350

글쓰기를 마치며 355

# I

# 보고서 쓰기

보고서報告書. 공무원에게는 가장 기본이고 가장 중요한 글쓰기다. 정부에서 일하는 과정과 결과가 담기기 때문이다.

공공영역에 입직하면 보고서를 쓰게 된다. 어느 직급부터 보고서 쓰기를 시작하는지는 부처나 기관에 따라 다르다. 지방자치단체에서는 중앙 부처보다는 일찍 시작해 계장·팀장급에서 멈춘다. 부처에서는 과장급 이상이 되어야 비로소 보고서 초안 쓰기에서 벗어난다. 대통령(비서)실에서는 국장급도 보고서를 직접 쓴다.

연차가 쌓인다고 저절로 보고서를 잘 쓰게 되지는 않는다. 소질, 훈련, 경험의 차이가 크게 작용한다. 어디서나 '펜대'(보고서 잘 쓰는 사람)는 귀하다. 글쓰기 본질을 일찌감치 터득하고 요령을 빠르게 익혀 달인이 되는 사람도 있지만, 평생 어려워하는 이들도 적잖다. 세상 많은 것들과 마찬가지로 보고서 쓰기에도 타고나는 부분과 노력해서 얻는 부분이 존재한다.

# 1 보고서 이해하기

### ✎ 쓰는 이유

보고서라는 것, 대체 왜 쓸까?

  보고서를 쓰는 실무자에게 이 질문을 한다면, 답은 간단하다. ① 상사가 쓰라고 해서, 또는 ② 원래 쓰기로 되어 있어서. 물론 이 답은 본래 질문의 의도인 '이유'가 아니라, '계기'에 대한 것이다. 우리는 종종 이유와 계기를 혼동한다. 만약 보고서를 시킨 관리자에게 같은 질문을 한다면, 답이 다양해진다. ① 본인이 궁금해서, ② 상부에 보고할 필요가 있다고 판단해서, ③ 상부에서 쓰라고 시켜서, ④ 정리해서 근거로 남겨두려고, ⑤ 실무자 훈련 차원에서 정도로 '계기'와 '이유'를 섞은 몇 가지 답들이 나올 것이다.

  누구든 이유조차 모르는 일은 달가워하지 않는다. 이유를 모르니 열심히 할 가능성이 낮고, 열심히 하지 않으니 잘할 가능성도 낮아진다. 여기서 보고서를 쓰는 '이유'를 몇 가지 짚어보자. 단순히 쓰는 이유라기보다 잘 써야 하는 이유에 가깝다.

첫째, 보고서는 의사결정의 근거 및 명분이 된다.

보고서를 써야 하는 사람은 결정권자가 아니다. 결정권자는 누군가에게 보고서를 써 오라고 할 것이다. 쓰기와 결정하기가 분리되어 있는 것은, 조직 내 검증과 합의를 위한 일종의 안전장치다. 누가 봐도 직관적이고 자명한 사안이라면 굳이 보고서로 쓸 필요가 없다. 주고받는 몇 마디 말로 끝내면 된다. 복잡한 사안을 결정하기 위한 생각의 계기나 논의의 근거로서 글로 정리된 보고서, 적절한 언어로 다듬어진 보고서가 필요하다.

결심과 결정을 촉구하는 보고서도 있지만, 기록과 참고 목적으로 쓰는 보고서도 있다. 다만 이런 보고서들도 다 의사결정과 관련이 있다. 결정권자들은 때로 이미 결심을 한 이후, 자신의 선택이 맞는지 확인하기 위해 보고서를 주문한다. 또는 내부적으로 방침이 정해진 사안에 대해서도 근거를 마련하는 보고서를 써야 한다. 이미 정해진 그 방침과 결론조차 이전의 다른 보고서들이 있기에 가능했다. 결론을 내기 위한 최종 보고서 이전에 작은 결심들을 만들어내는 여러 상황보고나 정보보고가 있게 마련이다.

대한민국 역사상 가장 중요한 의사결정 중 하나와 관련한 보고서를 예로 가져와 봤다(그림 1-1). 국가기록원 온라인 포털 '길기록관'에는 경부고속도로 건설을 위해 1967년부터 1987년까지 작성

**그림 1-1**

> 3 主要活動內容
>
> 1968. 2. 10 來韓한 Smith 氏는 英大使館
> 案內로 1週日間 滯韓하며 韓國道路開發政策 및
> 서울~釜山間高速道路建設計劃에 對한 說明聽取
> 現地踏査 等을 通하여 韓國道路開發促進의 重要
> 性 과 全國高速道路建設計劃 特히 서울~釜山
> 間高速道路建設의 妥當性 및 實踐能力의 具備等
> 을 認定하였으며 現在 樹立하고있는 韓國政府의
> 道路開發政策을 積極支持 하였음
>
> Mr. Smith 의 意見綜合
>
> (1) 計劃되고있는 서울~釜山間 高速道路路線은
> 海岸을 따르는 것이 좋을 것이라는 I.B.R.
> D의 意見보다 良好한 것이며 經濟的面에서나
> 技術的 見地에서 妥當하다고 判斷함.
>
> -8-

Ⅰ 보고서 쓰기

된 수백 건의 보고서들을 모아놓았는데, 그 중 특히 눈에 띄는 것은 1968년 2월 작성된 〈Wilbur S. Smith의 활동상황 종합보고〉다. 어렵사리 초청한 외국의 전문가는 당시 고속도로를 해안을 따라 건설하라는 국제부흥개발은행IBRD 대신 한국 정부의 계획에 힘을 실어주었고, 실현 가능성마저 의심받던 정부 원안은 비로소 추진 탄력을 받았다. 이 운명적 보고서에서 핵심 메시지가 담긴 한 장만 발췌했다.

둘째, 실무자의 힘이란 보고서에서 나온다.

공무원의 보고서란 실무자들이 정부의 중요한 의사결정에 영향을 미칠 수 있는 수단이다. 하나의 정책은 자잘한 결정들의 총합이다. 어떤 꼼꼼한 윗사람도 의사결정을 할 때 속속들이 내용을 다 알지는 못한다. 그래서 윗사람들은 세부사항에 관한 질문을 받으면 "실무자가 답하도록 하겠다"는 말로 답변을 미룬다. 악마는 디테일에 숨어 있다고 하지만, 다행히도 천사 역시 디테일에 살고 있다. 디테일에서 천사를 소환하는 것은 보고서를 직접 쓰는 실무자들만이 누리는 특권이다. 보고서를 정성 들여 쓰지 않는 실무자는 그런 특권을 포기하는 셈이다.

보고서는 누구를 위한 글일까? 흔히 보고서는 보고하는 사람(공급자)이 아니라 철저히 보고받는 사람(수요자)을 위한 글이라고들 한다. 그러므로 수요자가 만족하지 않는 보고서는 의미가 없다고도 한다. 이런 주장은 언뜻 현실적으로 보이지만, 중요한 점을 간과한다. 공공영역의 가치와 관계는 민간영역보다 훨씬 복잡하고 평가도 다원적이라는 것이다. 보고받는 사람 하나만 바라보기에는 지켜야 할 것도, 두루 신경 써야 할 것도 많다. 보고서의 내용을 쓰는 실무자들의 선택과 주관이 중요해지는 이유다.

셋째, 보고서는 스스로 움직이는 힘을 갖는다.
많은 경우 보고서의 힘은 보고서를 시킨 사람의 정치력이나 보고서를 둘러싼 상황이 아니라 보고서가 스스로 만들어낸다. 보고서를 주문하는 관리자들이 자주 쓰는 표현이 "일단 써 와라. 물건이 되는지 보고 결정하자."이다. 여기서 '물건'이라 함은 조직의 최상층에서도 관심을 가질 만큼 충분한 실질을 갖춘 보고서를 말한다.

당초 기획의도가 아무리 좋아도 내용, 구성, 표현력이 부족한 보고서는 더 위로 올릴 수가 없다. 얼마나 많은 보고서가 세상을 바꿀 대단한 기세로 시작했다가 그냥 주저앉기를 거듭하는지 모른다.

반대로 잘 쓴 보고서는 다른 운명을 겪는다. 사소하게 시작했는데, 많은 사람이 읽게 된다. 과장이 호기심으로 시킨 보고서 하나가 장관, 국무총리, 대통령까지 올라갈 수도 있다. 어떤 보고서들은 결재로만 끝나지 않는다. 관계기관 회의나 국무회의 자료가 되기도 하고, 중요한 국제 협상에서 자료로 쓰이기도 한다. 나아가 여론의 흐름을 주도하는 데도 잘 쓴 보고서 하나가 결정적인 역할을 한다.

## 보고서를 나누는 세 가지 방법

어떤 기준으로 분류하더라도, 사실과 의견을 전달하는 글이라는 보고서의 속성 자체는 바뀌지 않는다.

실무자 입장에서 보고서 종류보다 중요한 것은 체감 난이도다. 세상에는 두 종류의 보고서, 쓰기 쉬운 보고서와 어려운 보고서가 있을 뿐이다. 그래도 굳이 이런저런 분류를 해보는 이유는 각각 써야 할 내용을 확인하기 위해서다. 크게 소재, 목적, 공개를 기준으로 하여 나눠 본다.

### 소재 기준

**① 정책보고서**

정책 그리고 유사하게 대책, 시책, 방안, 계획, 사업, 입장 등의 단어가 제목에 들어가는 보고서다. 영어로 policy, plan, program, project, posture, measure 등으로 쓸 수 있을 것이다. 대표어인 정책의 의미는 '정부가 사회에 영향을 미치기 위해 권위를 가지고 하려는 일련의 조치 또는 행위'다. 실제로 보고서 제목에 '정책'을 쓰는 것은 '~정책'과 같은 고유 명사일 때가 많다. '계획'이나 '사업'도 마찬가지다. 더 많이 쓴다면 집행 측면을 강조하는 '대책'과 좀 더 조심스러운 느낌의 '방안'이다. 방안은 '개선방안,' '개편방안,' '추진방안' 등으로 자주 쓰인다. '입장'은 다른 단어보다는 대응적이고 잠정적인 느낌으로 사용한다.

정책보고서에는 상황, 문제점, 개선 방향과 대안, 대안 간 비교, 기본전략(계획), 세부 시행조치(과제) 등이 포함되며 사안에 따라 길고 복잡해질 수 있다. 세간에 알려진 보고서 쓰기의 많은 원칙은 거의 대부분 정책보고서를 염두에 두고 있다.

정책보고서는 민간기업의 기획보고서(기획안)와 비슷하지만, 회사 경영진을 설득해서 승낙받으면 되는 기획보고서와 달리 여러 제약이 따른다. 간단한 정책이라도 유관기관 간 협의가 필요하다. 협의 결과는 '이견 없음'으로 끝나기도 하지만, 이견이 심할 때는 '권한쟁의'에 이를 정도로 복잡해진다. 합의가 어려운 경우, 각 기관의 의견을 펼쳐놓고 조율하는 내용을 담아야 한다. 신규 예산이 필요한 정책보고서는 예산과정을 포함해서 써야 한다. 또 법령 개정·제정이 필요한 경우는 법령안이 붙는다. 공청회, 기술평가, 자문 일정 등을 담은 계획(로드맵)이 첨부되기도 한다.

정책보고서에 담는 내용이 복잡하더라도 핵심인 결론과 근거는 간명해야 한다. 시행방안에서는 시간표에 따른 요지를 기술한다. 정책 실무현장에서는 전체 상세본 보고서를 마치 공사의 '시방서'처럼 활용할 수 있지만, 가장 윗선까지 올리는 보고서만큼은 핵심만 추출한 요약본이어야 한다.

그림 1-2의 정책보고서는 2021년 7월, 질병관리청에서 작성한 〈예방접종 사전예약 체계 개선방안〉의 2장짜리 요약본이다. 전체 11장 분량의 이 보고서는 ① 현황, ② 문제 상황 및 원인, ③ 개선

그림 1-2

## 예방접종 사전예약 체계 개선 방안 (요약본)

(질병관리청 예방접종 대응 추진단, '21.7.26.(월))

**1 검토배경**

◆ 코로나19 백신의 국내 도입 이후, 공급 일정에 따라 접종 시기 및 기관을 국민이 스스로 결정하는 사전예약 시스템 마련(4.12.~)
   * http://ncvr.kdca.go.kr
◆ 현재까지 60~74세 732만명(80.6%), 50~59세 617만명(84.0%) 예약, 최근 동시 접속자 증가 등으로 **일부 예약시작 시간대에 장애 및 오류 발생**

⇒ 이에 따라 **시스템을 확대 개편 및 재점검**함으로써, 백신 사전예약에 대한 **신뢰 회복** 및 **국민 불편 해소** 필요

**2 문제점 및 개선방향**

| 개선과제 | AS-IS | TO-BE |
|---|---|---|
| | 1. 과도한 접속 쏠림<br>: 관심 증가에 따른 과도한 접속률<br>: 대상자 최대 日 360만명<br>: 여러 기기로 접근, 허수 접속자 | 1. **예약 대상자 분산**<br>: 대상자 분산 및 여유로운 예약<br>: 최대 日 150~200만명(↓2배)<br>: 1인 1기기 본인만 허용, 先 본인인증 |
| | 2. 대량 트래픽 처리 곤란<br>: 시간당 30만건 예약처리 가능<br>: 일부 기능은 심각한 과부하 유도 | 2. **처리능력 대폭 향상**<br>: 시간당 100만건 예약처리(↑3.3배)<br>: 과부하 기능은 민간에서 협조 |
| | 3. 잦은 기능 오류<br>: 예약일시, 대상자 판단 등 오류<br>: 검수 및 테스트 부족 | 3. **촘촘한 개선검수 체계 확립**<br>: 오류·우회접속 전면 개선<br>: 민간 전문 검수팀 투입 |
| | 4. 대응 전문인력 부족<br>: 국내 최대 수준의 예약기능 요구<br>: 전문인력 비롯한, 내부인력 부족 | 4. **민관 전문인력·자원 투입**<br>: 민관 협력 위기대응반 구성투입<br>: 국내 유휴자원 대여활용 |

### 3  세부 과제

**① 예약 대상자 분산 [대상자 최대: 200만명]**

○ **8월 접종계획**에 따라, **일 최대 200만명**의 **세부 분산 기준 마련**
  * 당초 내부 계획인 접종개시일(8.23)에 따라 8.9.(월)부터 예약 가능토록 준비

○ "先 대기, 後 본인인증"에서, **"先 본인인증 後 대기"** 체계로 전환하여, **허수 접속자를 1차적으로 차단**
  - 또한, 1인 **1기기** 및 **본인만**(대리예약 불가) **예약 시도 허용**하여, **과도한 접속**을 원천 방지

**② 처리능력 대폭 향상 [시간당 처리: 30만→100만건]**

○ **서버 대폭 확충**(10대→15대), **효율적 배치**(1:1:1 구조) 및 **DB 효율화**(튜닝) 등을 통해, **처리능력 및 안정성 향상**

○ 최대 과부하 요소인 **본인인증** 호출·처리는 **간편인증\*** 도입 및 민간 클라우드로의 이관을 통해 예방접종 시스템의 **부담을 효과적으로 분산**
  * 카카오 등을 통해 간편 발급되며, 잔여백신 예약에도 활용 中

**③ 촘촘한 개선·검수 체계 확립 등 프로세스 체계화**

○ **민간 전문 검수팀 투입**, 공공/민간의 **모의해킹** 등을 통해, **우회 접속** 등 문제 발생 가능성에 대해 **검토 및 실제 반영** 여부 결정

○ 대기시간 안내 대신 "녹색(원활), 황색(지연), 적색(대기)"으로 **접속 현황을 제시**하여 **사용자 분산 유도** 및 **혼잡시간대 접속 쏠림 방지**

**④ 민관 전문인력 및 자원 투입**

○ **정부**(행안부, 과기부), **공공**(보건복지, 정보화), **민간**(시스템, DB)이 협력하여 **민관협력 시스템개선팀을 구성**함으로써, **사전예약 접속 쏠림에 대응**

○ 사전예약시스템에 **활용 가능한 유휴 장비**를 전체 **공공·민간기관 대상 탐색**하여, 시스템 성능을 높일 수 있도록 **긴급동원 및 활용**

방향, ④ 세부 과제, 그리고 세부 과제별 추진 일정(붙임)으로 구성되어 있다. 이 요약본에서는 문제점과 개선 방향이 하나의 표로 연결되어 있어 한눈에 파악하기 쉽다. 두 번째 장에서는 첫 장의 과제 내용을 상술하고 있다. 다만 필요한 예산, 인력, 시간과 같은 투입요소에 대해 언급하지 않은 것이 아쉽다.

② **동향보고서**

동향이란 사전적으로는 '사고, 활동, 형세 등이 움직여가는 방향'으로 풀이할 수 있다. 영어로 하면 trend, situation 정도겠지만, 동향과 정확히 같은 의미는 아니다. 정부보고서에서 쓰는 동향이란 정부 안팎에서 일어나는 일들의 총칭이다. 사건, 보도, 발표, 집회, 시위, 민원, 회의, 연구, 통계, 사례, 상황, 소문, 분위기 등이 다 동향에 포함된다. '언론 동향' '국회 동향' 같은 제목의 보고서에는 언론이나 국회에 관련된 거의 모든 사항을 쓸 수 있다. 동향이라는 이름을 가진 보고서는 단 건으로 작성되기도 하고, 관련 자료를 모아 긴 보고서나 책자로 묶어 내기도 한다.

동향보고서는 스트레이트 기사와 다르다. 거의 실시간으로 언론보도가 이루어지고, 소셜미디어를 통해 온갖 사건 사고가 공유되는 세상에서 속보처럼 동향보고서를 쓰는 것은 의미가 없다. 보고서를 써서 보고하기까지의 시차를 감안할 때, 사실관계에 판단을 덧붙여서 정보로서의 부가가치를 만들어내야 한다. 대체 왜 이런 일들이 벌어졌으며(평가), 좀 더 큰 그림 속에서 어떤 의미를

**그림 1-3**

## I. '19년도 全 세계 해적사고 발생 동향(19.1.1~12.31)

### 1. 해적사고 발생현황

□ **(전세계)** '19년 해적공격 건수 **162건**으로 전년 동기(201건) 대비 **19.4% 감소**
  - 선박피랍이 4건 발생하였으며(전년 동기:6건), **선원납치 피해인원은 134명**으로 전년 동기(83명)대비 **61.4% 증가**

○ **(소말리아)** 청해부대 및 연합해군의 활약으로 해적공격이 단 한건도 발생되지 않음(전년·동기 3건 발생)
  * 단, 소말리아 인근 동아프리카에서는 4건의 사고 발생(전년동기 2건)

○ **(서아프리카)** '19년 해적공격이 **67건** 발생하여 전년 동기(82건) 대비 18.3% 감소하였지만, 전체 선원납치피해의 90.3%* 차지(**121명**)**
  * 서아프리카 해역 납치 피해자 수 / 전체 선원 납치 피해자 수 : 121/134명, 90.3%
  ** 나이지리아(48명), 베냉(35명), 카메룬(31명), 말레이시아(13명), 토고(7명)

○ **(아시아)** '19년 해적공격이 **62건 발생**하여 전년 동기(85건) 대비 **27.1% 감소**하였으나, 13명의 선원납치피해(말레이시아) 발생

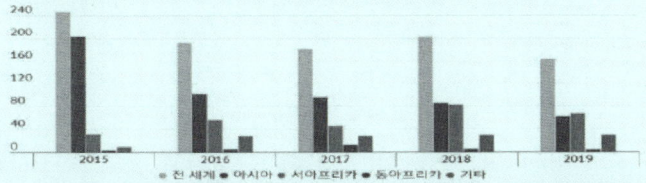

[연도별 해적사고 발생 건수 (2015~2019)]   (단위 : 건)

| 구 분 | | 2015 | 2016 | 2017 | 2018 | 2019 |
|---|---|---|---|---|---|---|
| 전 세계 | 해적공격 | 246 | 191 | 180 | 201 | 162 |
| | 선박피랍 | (15) | (7) | (6) | (6) | (4) |
| 동아프리카 (소말리아) | 해적공격 | 3 (0) | 5 (2) | 12 (9) | 5 (3) | 4 (0) |
| 서아프리카 | | 32 | 57 | 45 | 82 | 67 |
| 아시아 | | 202 | 101 | 95 | 85 | 62 |
| 기타 | | 9 | 28 | 28 | 29 | 29 |

## 2. 해적사고 동향분석

□ (인명피해) 선원피해는 **210명**으로 전년 동기(241명) 대비 12.9% 감소하였지만, 최근 5년 이래 선원납치 피해자수* 최고
  - '15(19명) → '16(62명) → '17(75명) → '18(83명) → '19(134명)

○ (납치) 선원납치 피해자수는 **134명***으로 전년 동기(83명) 대비 **61.4%** 급증하였으며, 대부분의 피해가 서아프리카 인근 해역에서 발생
  - 나이지리아(48명), 베냉(35명), 카메룬(31명), 말레이시아(13명), 토고(7명)

○ (인질) 인질 피해자수는 59명으로 전년 동기(141명) 대비 58.2% 감소

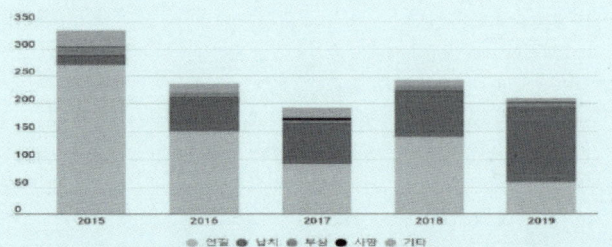

[연도별 선원 피해현황 (2015~2019)]

(단위 : 명)

| 구 분 | 2015년 | 2016년 | 2017년 | 2018년 | 2019년 |
|---|---|---|---|---|---|
| 합계 | 333 | 236 | 191 | 241 | 210 |
| 사 망 | 1 | 0 | 3 | 0 | 1 |
| 부 상 | 14 | 8 | 6 | 8 | 7 |
| 인 질 | 271 | 151 | 91 | 141 | 59 |
| 납치/석방금 요구 | 19 | 62 | 75 | 83 | 134 |
| 기 타(폭행·위협) | 28 | 15 | 16 | 9 | 9 |

⇨ 해적공격에 의한 인명피해는 전년 대비 감소하였으나, 선원납치 피해유형은 대폭 증가하면서, 피해지역은 서아프리카에 편중

지니는지(시사점), 앞으로 어떤 일이 더 일어날지(전망), 정부에서는 어떻게 판단하고 대처하면 좋을지(대응)에 대해 써야 한다.

그림 1-3은 동향보고서의 실제 예로 2020년 1월 해양수산부가 〈2019년도 전 세계 해적사고 발생 동향〉을 정리한 15장짜리 보고서에서 첫 두 장만 옮겨 온 것이다. 다소 긴 이 보고서를 고른 이유는 동향에 머무르지 않고 충실한 분석을 가미했기 때문이다. 통계 자료를 다룰 때는 표와 그래프를 충분히 사용하는, 좋은 보고서 작성의 정석을 따랐다. 두 번째 장 하단에서는 '소결'에 해당하는 내용을 박스에 넣어 강조해주고 있다. 역시 많은 양의 정보를 나열하는 보고서에서 자주 쓰는 기법이다.

③ **분석 보고서**

분석 보고서는 정보를 다루고 종합하는 부서에서 주로 쓴다. 동향과 분석은 일어난 일을 다룬다는 점에서 유사하지만, 초점이 조금 다르다. 분석 보고서라면 동향보고서와 달리 현황 정리보다는 분석 또는 평가의 분량이 더 많을 것이 기대된다.

분석은 기본적으로 '왜?'라는 질문에 대한 답이다. 깊이와 넓이가 모두 요구된다. 사안의 피상적인 원인만 논하지 않고, 다각적인 분석으로 근본적인 원인을 찾으려고 노력해야 한다. 정부의 분석 보고서에서는 과거 사례나 다른 나라의 유사 사례와 비교하는 방법을 자주 쓴다. 잘 알려진 전문가나 공신력 있는 기관의 평가를 인용하는 것도 도움이 된다. 보고서는 분석에 충실하되, 향후

그림 1-4

## '18회계연도 자치단체 기금운용 성과분석 결과보고(요약)

□ **기금운용 성과분석 개요** (「지방기금법」 제14조)

○ **(목적)** 자치단체 기금의 재정상태와 운용성과를 정량지표를 토대로 종합 분석·평가하여 지방기금의 **효율성, 건전성** 및 **투명성** 제고

※ 전년대비 기금 적극적 활용 평가 강화 및 통합관리기금·재정안정화기금 배점 확대

○ **(분석대상) 2,307개** (※ '18년 중 신설·폐지 기금은 평가대상에서 제외)

□ **주요 분석 결과**

| 분야 | 지표 항목 | 배점 | 평가 결과 | 바람직한 상태[1] |
|---|---|---|---|---|
| 기금 적극적 활용 (40) | 사업비 편성 비율 | 15 | 16.6% [2] | ↑ |
| | 사업비 집행률 | 15 | 78.4% [3] | ↑ |
| | 통합관리기금 설치·운용 실적 | 7 | 98개 단체 [4] 3조 3,587억원 | ↑ |
| | 재정안정화기금 설치·운용 실적 | 3 | 37개 단체 [5] 5,039억원 | ↑ |
| 기금 운용의 건전성 (40) | 미회수채권 비율 | 15 | 4.2% ※ 전년도 1.9% 대비 악화 | ↓ |
| | 기금운용심의위원회 운영 적정성 | 15 | 11점 | ↑ |
| | 타회계 의존율 | 10 | 10.1% ※ 전년도 5.0% 대비 악화 | ↓ |
| 기금 정비 (20) | 재정수입 대비 기금 조성액 비율 | 10 | 6.7% ※ 전년도 7.1% 대비 개선 | ↓ |
| | 기금 수 현황 | 10 | 평균 5.7개 ※ 전년도 5.7개 동일 | ↓ |
| 가·감점 | 경상적 경비(인건비 등) 비율 성인지 기금운용계획·결산서 작성 | △2 +1 | 40개 단체 50개 기금 감점 72개 자치단체 가점 | - |

1) ↑ : 비율이 높을수록 바람직, ↓ : 비율이 낮을수록 바람직
2) (원인) 주로 이자활용, 원금사용 기피 경향 → '20년 기금수립기준에 원금 사용 권고
3) (원인) 예산에 비해 불용 후 차년도 재편성 용이하여 집행률 다소 부진
4) ('15년말) 87개, ('16년말) 90개, ('17년말) 90개, ('18년말) 98개, ('19.11.) 100개
5) ('17년말) 23개, ('18년말) 37개, ('19.11.) 74개 (37개 자치단체가 '19년도 중 조례 시행)

□ **자치단체 개선 권고 사항**

① **사업비 편성비율**

 ○ 사업비 편성비율이 동종단체 대비 평균* 이하인 자치단체는 **기금 사용 용도 확대 검토 등 고유 목적사업 적극 활용 필요**
   * (광역) 17.3, (시-1) 13.6, (시-2) 10.6, (시-3) 10.2, (시-4) 10.7, (군-1) 12.1, (군-2) 16.8, (군-3) 15.3, (군-4) 10.5, (서울-1) 21.9, (서울-2) 23.7, (광역-1) 6.4, (광역-2) 6.8 (단위 : %)

② **사업비 집행률**

 ○ 광역단체(82.6%)에 비해 **기초단체의 사업비 집행률(66.2%)이 저조**한 것으로 나타나, 전반적으로 기초단체의 집행 관리 노력 필요

 - 특히, 집행률이 70% 미만인 자치단체(92개)는 **집행률 부진 원인을 분석**하고, 개선방안 마련

③ **통합관리기금 설치·운용 실적**

 ○ 통합관리기금을 마운영중인 단체는 통합관리기금 설치 필요성을 검토하여, 개별 기금의 **소규모 여유자금의 효율적 운용** 도모

 - 근거 조례는 마련하였으나, 조성액이 없거나 타 기금 융자 등 실제 활용이 없는 단체는 타 자치단체 운용사례를 참고하여 내실화 검토

④ **재정안정화기금 설치·운용 실적**

 ○ 재정안정화기금을 미운영중인 단체는 설치 필요성을 검토하여, **여유자금의 적립을 통한 추후 세입 부족에 대비**

 - 근거 조례는 마련하였으나, 조성액이 없거나 활용도가 낮은 단체는 **적립요건, 용도 등 조례 검토 및 재정비 필요**

⑤ **미회수채권비율**

 ○ 광역단체(2.7%)에 비해 **기초단체의 미회수채권 비율(22.2%*)이 높게** 나타나고 있어 기초단체 위주로 관리 강화 필요
   * 자활기금(28개), 사회복지기금(24개), 기초생활보장기금(6개) 일부는 회수율이 50% 미만으로, 저소득 계층 대상 채권의 원활한 회수에 애로사항 발생

⑥ 기금운용심의위원회 운영 적정성
  ○ 민간전문가 50% 이상 참여, 위원회 연간 2회 이상 개최 및 위원 참석률 제고 등 심의위원회 **운영 내실화 노력**

⑦ 타회계 의존율
  ○ 일반·기타특별회계 전입금이 **기금 수입 총액의 10% 이상**인 개별기금(광역 60개, 기초 371개)은 수입구조 검토 및 개선조치 필요

⑧ 재정수입 대비 기금조성액 비율
  ○ 일반회계 세입총액 대비 기금액*의 비율이 동종단체 평균** 이상 자치단체는 개별 기금의 **과다 조성 여부 검토**
    * 법정의무기금, 감채적립기금 및 통합관리기금, 재정안정화기금 제외
    ** (광역) 11.6, (시-1) 3.7, (시-2) 1.7, (시-3) 3.2, (시-4) 1.9, (군-1) 1.3, (군-2) 3.0, (군-3) 1.7, (군-4) 1.9, (서울-1) 8.3, (서울-2) 6.6, (광역-1) 1.4, (광역-2) 2.5 (단위 : %)

⑨ 기금 수 현황
  ○ 기금 수*가 동종단체 평균** 이상인 단체는 기금 개수의 적정성 검토 및 **유사기금 통합, 저성과·불필요한 기금 폐지** 등 정비 필요
    * 법정의무기금, 감채적립기금 및 통합관리기금, 재정안정화기금 제외
    ** (광역) 10개 (시-1) 8개 (시-2) 5개 (시-3) 6개 (시-4) 5개 (군-1) 3개 (군-2) 4개 (군-3) 4개 (군-4) 4개 (서울-1) 10개 (서울-2) 9개 (광역-1) 3개 (광역-2) 7개 (소수점 버림)

⑩ 경상적 경비 비율, 성인지 기금운용계획·결산서 작성
  ○ 경상적 경비가 **5%**를 초과하여 감점 조치를 받은 자치단체(40개)는 불요불급한 경비 삭감 등 **세출 부문 구조조정** 검토
  ○ 성인지 기금운용계획·결산서 작성 대상인 기금은 해당 서류를 작성하여 제도 취지를 달성할 수 있도록 적극 협조

□ **향후 계획**
  ○ 기금운용성과분석 결과보고서 **자치단체 통보**(~11.22.) 및 **지방재정365** 게시
  ○ 각 자치단체, 기금운용성과분석 결과 **지방의회 제출**(11월말)
  ○ 2019회계연도 기금운용성과분석 자치단체 **인센티브 부여방안** 마련

대응방향까지 담아주는 것이 좋다. 실제로 어떤 보고서는 '~의 원인과 대책'과 같은 제목을 쓰기도 한다. 분석 보고서이자 대책 보고서인 셈이다. 분석에 집중한 보고서일지라도 상황이나 정책의 공개 범위 및 전반적인 홍보전략 등을 짧게 추가할 수도 있다.

그림 1-4는 2019년 6월 생산된 행정안전부의 〈자치단체 기금 운용 성과분석 결과보고〉 요약본이다. 보고서 첫 장에는 주요 분석 결과가 표로 정리되고, 다음 장부터는 성과분석 결과에 근거한 개선·권고사항과 향후 계획이 쓰여 있다. 분량 면에서 분석과 대책의 비율은 1:2정도로 대책 비중이 매우 높다. 분석 보고서를 표방했지만, 실제는 대책 보고서에 가깝다. 일반적인 분석 보고서에서 분석과 대책의 비율은 2:1이나 3:1 정도이다.

④ 회의 보고서

회의 보고서란 회의와 관련한 보고서 일체를 말한다. 회의 이전 또는 회의 현장에서 배포하는 회의 개최 계획 보고서와 회의 이후 작성·제출하는 회의 결과 보고서(회의기록 포함)로 나뉜다.

흔히 신참 공무원들에게는 회의 보고서 작성부터 맡긴다. 비교적 쉬운 보고서로 여겨지기 때문이다. 회의 보고서에는 회의에서 사용하는 자료, 발언 기록 등이 주로 담긴다. 강의 노트를 요령 있게 만드는 것과 꽤 비슷해서 신참자들도 무리 없이 적응하면서 기초를 다질 수 있다.

회의 개최 계획 보고서에는 개요(일시·장소), 주제, 참석자, 순서,

그림 1-5

## 2023년 제1차 「경기도 사회적경제 자문협의체」 회의 결과보고

☐ **회의개요**

   ○ **(일시/장소)** 2023.07.10.(월) 15:00 ~ 17:00 / 구청사 상황실(신관 2층)

   ○ **(참석인원)** 대상자 17명 중 15명   ※ 불참 2 : 이광희, 장종익

   ○ **(주요내용)**

     - 23년 주요사업계획 설명(사회혁신경제과, 사회적경제육성과, 사회적경제원)

     - 단체.조직 소개(경기도 사회적기업협의회, 경기도 협동조합협의회, 경기도 마을기업협회, 경기도 사회적경제협회, 사협 사람과세상, 한국의료복지사협연합회 경기지부, 상생연대 사회적협동조합)

     - 道 사회적경제 발전방안 논의 등

☐ **주요의견**

| 위원명 | 주요의견 | 비고(답변 등) |
|---|---|---|
| 송정용<br>(사회적경제<br>위원장) | 향후 공정무역 업체 대표 등도 자문협의체 위원으로 참여 요망 | - |
| 유은열<br>(경기북부<br>사회적경제<br>네트워크) | 경기북부는 고령화, 취약계층 다수 분포하여 사회적농업 등 육성 요망 | **(사회적경제육성과장 의견제시)**<br>아직 도에는 사회적농업이 비활성화 관련 의제를 경제원 라운드테이블에 올린 후 워킹그룹 논의를 통해 시범사업 추진도 하나의 방법<br>**(사회적경제원장 의견제시)**<br>사회적농업도 상징적으로 할 수 있는 영역 산림청에서도 사경기업의 산림사업 지원에 적극적인 것으로 알고있음<br>경제원에서는 사회적농업을 의제화하여 관련 부처, 관련부서 및 활동가 참여하에 논의토록 하고 육성과도 적극 지원 바람 |
| 박재성<br>(경사센터) | 육성과 마케팅지원사업 관련하여 어떻게하면 사회적경제기업 제품이 소비까지 잘 이뤄질지 근본적으로 같이 고민 요망 | - |

예산 등이 포함되고, 좌석배치도와 말씀자료가 첨부되어야 한다. 회의실 예약, 회의 주제 범위 설정, 참석자 확인과 연락, 진행 시나리오 점검, 의전에 맞는 좌석 배치 등은 실무자가 직접 준비하면서 반영할 내용이다.

회의 결과 보고서는 일반적으로 '어떤 주제로 언제 어디서 누가 참석해 얼마 동안 열린 회의 결과를 정리한다'처럼, 한 문장으로 요약해도 된다. 내용은 쟁점과 주제에 따라 혹은 발언자별로 정리할 수 있다. 중요한 회의일 경우 녹취하든 속기하든 회의록verbatim을 작성해 첨부한다. 다만 회의록을 작성할 의무가 없는 회의도 있고, 회의록을 만들었더라도 일부러 보고서에는 첨부하지 않는 경우도 있다. 회의비용 관련 정산 내용은 보통 마지막에 온다.

그림 1-5는 2023년 7월 경기도에서 작성한 자문협의체 회의 결과 보고에서 첫 장만 가져온 것이다. 회의 개요는 평범하지만 간략하다. 무엇보다 참석자들을 외부-내부로 나누어 주요 의견을 대비표로 만든 것이 눈에 띈다. 숱한 회의 보고서가 형식적으로 성글게 기술되는데 반해, 이 보고서는 회의에서 주고받은 내용을 정리한다는 본연의 목적에 충실하다.

⑤ **행사 보고서**

각종 행사 보고 역시 회의 보고만큼이나 난이도가 높지 않아 연차 낮은 공무원들이 자주 맡는다. 다만 행사는 회의보다 내용이 복잡하다. 기획과 결정이 따르므로 생초보용은 아니다.

이 역시 준비 단계의 행사 계획 보고서와 행사 결과 보고서로 나뉜다. 행사 계획 보고서는 행사 개요(일시·장소), 주제, 참석자, 진행순서, 좌석배치도로 끝나지 않는다. 주관자(호스트)와 주요 참석자들의 동선이 적어도 분 단위로 들어가야 하고, 현장 예행 연습도 필요하다. 행사장 디자인(백드롭, 플래카드, 배너 등)과 행사장 세팅(탁자 배치, 탁자별 구성) 등도 반드시 첨부해야 한다.

행사 결과 보고서도 회의 결과 보고서와 매우 비슷하다. 발언과 메시지를 정리하고, 참석자와 반응을 포함시킨다. 행사 개최의 의의와 평가 및 다음 번 행사나 비슷한 행사에 대한 시사점까지 넣어서 마무리하면 좋다. 행사에는 참석자들의 발언록보다는 현장 사진과 해당 행사에 대한 언론 보도 같은 내용들이 첨부된다. 정산 관련 서류도 붙임 자료에 포함해야 한다.

그림 1-6은 정보공개포털에서 찾은 2020년 6월 통계청 산하 통계개발원에서 작성한 한 포럼 행사의 결과 보고서다. 본래 보고서는 각 참석자들의 발언록까지 첨부해 40장에 달하지만, 한 장으로 요약한 보고서가 있어 좋은 예로 가져왔다. 같은 날 온라인으로 진행된 두 개 행사의 규모와 성과를 한눈에 비교할 수 있도록 표로 작성한 것이 특징적이다. 요약 보고서인 만큼 행사에 대한 평가(설문조사 결과 포함)와 개선 사항을 담아낸 것이 눈에 띈다. 단순한 보고를 넘어 향후 방향에 대한 적극적인 제언까지 곁들였다는 면에서 유용하고 모범적인 보고서다.

그림 1-6

## "한국의 사회동향" 및 "국민 삶의 질 측정" 포럼 결과보고

<경제사회통계연구실, 2020.7.13.>

□ 포럼 개요

| | 제1회 한국의 사회동향 포럼 | 제6회 국민 삶의 질 측정 포럼 |
|---|---|---|
| 주최 | 통계청 통계개발원, 서울대학교 아시아연구소 | 통계청 통계개발원, 한국삶의질학회, 국회미래연구원 |
| 일시 | 2020.6.25.(목) 09:30~11:40 | 2020.6.25.(목) 13:40~18:00 |
| | · 사전등록 400명 / 참여인원 91명 | · 사전등록 422명 / 참여인원 107명 |
| 참석자 | | |

□ 온라인 포럼 진행
  ○ 발표자, 토론자, 좌장은 현장에서 발표, 영상을 유튜브로 실시간 중계
    * 유튜브를 통해 실시간으로 참여자에 대한 질의(사회동향 6건, 삶의질 11건)

□ 평가 및 개선 검토사항
  ○ 포럼사전등록자 대상 설문(6.29~7.1) : 응답자 109명

| 좋았던 점 | 아쉬웠던 점 |
|---|---|
| 내용 및 구성(60명) / 온라인 진행(33명) / 온라인 진행(33명) / 주제 선정(15명) / 행사진행(3명) / 발표자료 공개(3명) / 기타(2명) / 홍보(1명) | 음향문제(44명) / 없음(20명) / 행사진행(12명) / 접속불안 및 화질(11명) / 온라인 진행(7명) / 진행시간(7명) / 주제선정(3명) |

  ○ 긍정적인 측면
    - (온라인 포럼 개최의 긍정적인 반응) 온라인 포럼 개최에 대해 설문결과 좋았다는 의견 많음
    - (다양한 구성원 참여) 다양한 구성원들의 참여, 과거 삶의 질 포럼시 내부 등록자가 많았으나, 올해 포럼은 외부 등록자가 77.5%를 차지

  ○ 개선 검토사항
    - (행사 돌발변수에 대한 대처 미흡) 온라인 중계방식으로 진행됨에 따라 사전 예행 연습 등을 거쳤지만 행사당일 예상치 못한 변수에 대해 대처 미흡
    * 방송기기 등 전문가 아니면 대처하기 어려운 문제이므로 사전에 예상되는 문제점에 대한 안을 마련

⑥ 출장 보고서

출장 보고서는 출장 계획 보고와 출장 결과 보고로 나뉜다. 실무자는 각종 출장 실무를 챙기는 것도 버거운데, 돌아오자마자 출장 보고서도 써야 한다. 아무래도 국내 출장보다는 일정이 길고 비용이 많이 드는 국외 출장 보고서 쓰기가 더 까다롭다.

 출장 결과 보고서는 여러 개 회의 결과 보고서를 이어붙인 것과 비슷하다. 그렇다고 단순한 내용 나열은 바람직하지 않다. 전체적인 요지, 의의와 평가가 먼저 나와야 한다. 출장으로 새로 알고 확인하게 된 내용이 의의다. 출장 자체의 적절성(시기, 비용, 지역, 대상 등)에 대해서도 평가한다. 세부 일정표가 붙어야 하고, 개별 회의 결과가 정리되어야 한다.

 출장 결과 보고서의 철칙은 늦어서는 안 된다는 것이다. 중요한 국외 출장이라면 출장단의 보고서보다 외교부 전문이 먼저 상부에 보고되기도 한다. 전문의 내용은 보고서와 같을 수도, 같지 않을 수도 있다. 상호보완이 될 수 있도록 보고서는 늦지 않게 작성해 출장에서 돌아오는 날 제출하는 것이 가장 좋다.

 때때로 언론은 공무원들의 불요불급한 외유성 해외 출장 사례들을 적발하고, 부실한 출장 보고서들을 폭로한다. 이럴 때마다 보고서라도 충실했다면 비판을 덜 받지 않았을까 생각해본다. 다만 출장의 부실함이란 기획단계부터의 문제라 보고서로 가릴 수 있는 것이 아니다.

 그림 1-7은 실제 출장 결과 보고서의 예다. 2023년 12월, 문화

그림 1-7

# 공무국외출장 결과보고

2023.12.26./국립중앙박물관 미술부

□ **출장 개요**
- **(출장지)** 일본(교토, 오사카)
- **(기 간)** '23. 12. 20.(수) ~ 12. 21.(목) / 1박 2일
- **(출장자)** 김혜원(미술부장), 김영희(미술부 학예연구사)
- **(목 적)** 2025년 한일국교정상화 60주년 특별전 관련 협의
  - 2025년 특별전 개최 관련 일본 소재 한국문화재 대여 절차 협의
  - 2025년 특별전 개최 관련 주요 소장처 접촉 방안 논의

□ **출장 세부일정**

| 일자 | 장소 | | 수행내용 | 접촉인물 |
|---|---|---|---|---|
| 1일 12.20.(수) | 김포 | 오사카 | ○김포(KE2117, 08:55) → 오사카(10:45)<br>○오사카(리무진버스 11:50)→교토(13:20)<br>○문화청 담당자 면담<br>- 한국유래 문화재 대여 절차 협의<br>- 지정문화재 대여 절차 협의<br>○고려미술관 이사장 면담<br>- 소장품 대여 협의<br>○오사카 이동, 숙박 | 미와 요시히데<br>(三輪善英, 문화재1과장)<br>와타 미노루<br>(綿田稔, 주임문화재조사관)<br>이토 구미<br>(伊藤久美, 문화재조사관)<br>정희두<br>(고려미술관 이사장) |
| | 오사카 | 교토 | | |
| 2일 12.21.(목) | 오사카 | 김포 | ○오사카한국문화원장 면담<br>- 일본 소재 한국유래 문화재 소장처 접촉 방안 논의<br>○오사카(리무진버스 16:20)→공항(17:50)<br>○오사카(KE2120, 19:55) → 김포(21:45) | 정태구<br>(오사카한국문화원장)<br>노승현<br>(문화사업부 주무관) |

Ⅰ 보고서 쓰기 41

체육관광부 산하 국립중앙박물관에서 작성한 출장 결과 보고서에서 개요와 일정이 담긴 첫 장만 가져왔다. 1박2일 짧은 실무출장이라 내용은 간략하다. 이보다 더 잘 쓸 수도 있겠지만, 적어도 과한 포장이나 의미 부여를 하지 않았다는 장점 때문에 골라봤다.

## 목적 기준

### 설득 보고서 : 참고 보고서

보고서는 받는 입장에서 볼 때, 두 가지로 나뉜다. 결정해야 하는 것인가, 아니면 참고만 해도 되는가. 쓰는 사람 입장에서는 설득 보고서였지만, 설득에 실패해 그저 참고 보고서로 머무는 일도 있다. 보고하는 소재가 무엇이든 보고서를 받아보는 사람으로 하여금 결정을 촉구하는 보고서는 설득 보고서가 된다. 대부분 정책보고서가 이에 해당하지만, 때로 동향보고서나 분석 보고서도 설득을 한다. 정당화 또는 확인용 보고서라도 본래 목적이 설득이면 설득 보고서라고 할 수 있다.

 결정의 부담이 따르지 않는 보고서는 참고 보고서가 된다. 내용은 매우 흥미롭지만 결정의 부담이 없는 보고서를 '명랑 보고서'라고 부른다. 명랑 보고서는 보고 받는 입장에서는 부담이 없어 좋지만, 마냥 쉽게만 써서는 안 된다. 윗선에서 관심 가질 만한 시의적절한 주제를 선택해야 하고, 보고서다운 의의도 갖춰야 한다. 일부 동향보고서, 분석 보고서들은 제법 명랑한 참고 보고서가 될 만하다. 이런 보고서들에는 기억에 남는 이야깃거리들이 담겨 있으므로 보고서를 읽은 사람은 나중에 회담, 회의, 연설, 면담, 인터뷰와 같은 다양한 자리에서 내용 중 일부를 사용할 수 있다.

## 공개 기준

### 공개 보고서 : 비공개 보고서

공개 보고서는 국민에게 알리고 설득할 목적으로 쓴 보고서다. 공개하기로 결정하지 않은 보고서들은 모두 비공개 보고서라고 봐도 무방하다. '비밀'(I,II,III급 비밀, 대외비)로 생산하지 않더라도 공개되지 않을 보고서는 많다. 비공개가 법적으로 보장되는 것은 아니다. 공개가 원칙이고, 비공개가 예외다. 보고서를 포함해 정부가 생산한 모든 문건은 정보공개법(공공기관의 정보공개에 관한 법률 제9조 비공개대상정보)에 의해 공개하지 않을 수 있지만, 법 규정만 적용하기는 어려운, 즉 굳이 따져보면 공개하는 것이 마땅하지만 공개하기는 부담스럽고 곤란하다고 느껴지는 애매한 영역이 있다. 정부는 최소한으로 공개하려 하고, 정보를 구하는 쪽(국민, 언론, 정치인, 기타 이해관계자 등)은 최대한 공개를 원한다는 데서 긴장이 존재한다.

애매한 영역의 보고서를 공개하라는 요구에 직면할 때, 정부로서는 공개하기 어려운 부분들만이라도 제외해보고자 노력한다.

특히 문제가 되는 것은 국회의 요구를 받았을 때다.

국회 요구에 따라 제출해야 하는 정부 문건들은 법률(국회에서의 증언 및 감정에 관한 법률)로 정해져 있다. 통상 그 범위는 정보공개법의 비공개 대상 정보를 넘어선다. 정부가 보유한 보고서를 포함한 모든 문건은 비밀이든 비공개든 국회의 요구가 있다면 제출하는 것이 원칙이다. 다만 이렇게 제출한 문건들은 정치권 특성상 늦든 빠르든 언론에 공개될 가능성이 매우 높다는 점을 유의해야 한다. 그래서 많은 경우 정부 측에서는 대외 공개가 어려운 자료는 사본을 제출하지 않고 가급적 원본 열람과 대면설명으로 갈음하려고 한다.

국회를 넘어 일반 국민이 제한 없이 접할 수 있는 정부와 공공기관 보고서는 별로 많지 않다. 법령상 근거는 없지만 '대외주의'나 '대외비공개'를 임의로 표시한 내부 보고서는 특히 공개 불가다. 정부 울타리 내에서도 다른 부처, 기관, 단체가 공개 결정하지 않은 보고서를 열람하지 못한다. 심지어 같은 조직 안에서도 보고와 결재 계선(라인)에 있지 않은 사람들은 다른 부서의 내부 보고서를 함부로 볼 수 없다. 흔히 광범위한 비밀접근권으로 오해되기도 하는 '비밀취급인가'는 결코 조직을 넘나들며 적용되지 않는다. 비밀취급인가란 비밀의 수집, 작성, 관리, 분류(재분류 포함), 접수, 발송 등 취급에 대한 인가로서, 취급할 수 있는 비밀의 범위는 해당 인물이 수행하는 관계 업무에 한정되기 때문이다.

# 2 　보고서, 좋거나 나쁘거나

### ✎　완성도, 신뢰도, 그리고 설득력

매일 쓰이고 읽히는 보고서는 많지만, 기억에 남을 만한 좋은 보고서는 많지 않다. 보통 좋은 보고서에 대해 말할 때 '상사에게 칭찬받는 보고서'나 '한번에 통과되는 보고서'와 같은 표현을 자주 쓴다. '칭찬'이나 '통과'란 시작하는 기준으로서는 의미가 있다. 적어도 보고서가 늦지 않았으며, 수요자의 눈높이를 맞췄고, 외형적인 수준도 갖췄다는 뜻이다. 보고서를 주문한 상사가 최종 수요자라면 그것만으로 충분하다. 하지만 상사의 상사로 더 올라가야 하는 보고서라면, 그의 칭찬과 결재만으로는 부족하다. 공공영역의 보고서에 대한 평가는 보고 계선과 조직 내부 사람들에서 끝나지 않는다. 보고서 내용이 이해관계자들과 일반 국민에게 공개되었을 때 납득 또는 설득이 될지도 따져봐야 한다.

정부나 공공기관에서 쓰는 좋은 보고서의 요건을 형식과 내용을 구분하지 않고 세 가지로 추려봤다.

① **완성도** 가장 먼저 시선을 끄는 것은 보고서 분량이나 모양새(편집, 형식 등)의 완성도다. 부실한 내용이라도 멀쩡한 모양새를 갖추고 분량까지 넉넉하다면, 잠시 괜찮은 보고서로 보일 수 있다. 그러나 눈속임에 불과하다. 보고서의 완성도란 철저히 주장과 근거를 기준으로 살펴야 한다.

'완성도'라는 말을 들을 때면 예전 국어 교과서에서 실렸던 수필 〈방망이 깎던 노인〉을 떠올리곤 한다. 남들이 뭐라 해도 자신만의 기준에 걸맞은 완벽함을 추구하는 인물이다. 어쩌면 우리도 완벽한 균형과 감촉과 무게를 갖춘 방망이를 깎아낼 수 있을지 모른다. 그럴 만한 안목, 기술, 무엇보다 시간이 있다면 말이다. 불행히도 시간은 늘 충분치 않다.

<u>현실적으로 완성도 높은 보고서란, 주장의 근거가 충분하고 근거에 대해 질문이나 반론이 나오지 않는 보고서, 반론이나 질문이 나오더라도 대응이 잘 되는 보고서</u>를 의미한다. 보고 이후 따로 확인해야 하고 추가 보고까지 필요해진다면, 완성도 높은 보고서라고 할 수 없다.

보고서를 받아보는 사람이 질문 없이 넘겼다고 보고서가 완벽하다는 것을 의미하지는 않는다. 그가 아직 업무에 익숙하지 않아서 또는 관심이나 시간이 없어서 질문을 안 할 수도 있다. 보고

서의 완성도를 높이려면 작성자 스스로 보고받는 입장이 되어 가상의 여러 질문을 하고 답해보는 작업을 반드시 거쳐야 한다.

② **신뢰도** 완성도만큼 중요한 것이 신뢰도다. 기술된 사실관계나 내용에 오류가 없어야 신뢰도 높은 보고서가 된다.

보고서에서 근거로 인용하는 수치, 통계, 의견, 보도, 사례, 기타 모든 자료는 정확하고 믿을 만하며 최신의 것이어야 한다. 인용의 출처 역시 빠짐없이 정확히 표기한다. 보고서에는 검토 선상에 있는 사람들이 걸러내기 어려운 세세한 내용들이 들어있다. 보고서 쓰는 사람이 책임감을 가지고 살펴야 한다.

신뢰도를 떨어뜨릴 만한 문제점이 작성과정에서 발견돼 보고서를 수정하거나 폐기하는 것으로 끝나면 다행이다. 반면 보고가 끝나고 의사결정이 이루어진 후 오류가 발견되면 문제는 커진다. 설상가상으로 보고서 내용이나 결정사항이 외부에 공개되어 버렸다면, 조직의 신뢰도까지 심각하게 훼손된다.

신뢰도의 문제에는 오타, 오기를 포함한 각종 오류도 포함된다. 단순한 부주의나 실수일 수도 있지만, 정확한 표현을 몰라서 틀리는 경우도 적잖다. 초등학생 수준의 맞춤법 실수를 저지르는 보고서 작성자들도 있다. 가장 흔한 것은 한자어를 대충 소리로만 듣고서 하는 실수다. 가령, 세금은 보통 '부가'보다는 '부과'해야 하며, 비용은 '결재'가 아니라 '결제'해야 한다. 경우에 따라 달리 쓰이므로 더 주의해야 한다. 그외에도 멀쩡한 보고서에서 '곤혹을 치름'('곤욕을 치름' 또는 '곤혹스러움'이 맞는 표현이다)이라든가, '염두해 둘 필요'(혹시 이게 왜 틀린 거지? 라고 할 사람들이 떠올라서, '염두에 둘 필요'가 맞는 표현임을 밝혀둔다), '일사분란한 대응'(심지어 이 표현은 대통령실 보고서에서도 본 적이 있는데, 당연히 일사불란一絲不亂이어야 한다), '늦장보고'(늑장보고가 맞다)와 같은 표현을 접하고 나면, 그 보고서를 신뢰하기가 어려워진다.

③ **설득력** 완성도와 신뢰도까지 갖췄건만 결정적으로 잘 설득되지 않는 보고서도 있다. 왜 그럴까?

  보고받는 사람이 설득을 거부하는 경우는 꽤 있다. 국가 부채가 늘어나더라도 경기부양이 의미 있다고 생각하는 결정권자에게 추가경정예산 편성은 불가하며 긴축적인 재정정책을 택해야 한다는 보고서는 잘 통하지 않는다. 갈등관리에서 있어서도 마찬가지다. 상대방이 상종 못할 절대 악이라고 생각하는 윗사람에게는 그 상대방과 대화를 모색해야 한다는 보고서는 시작부터 설득력이 떨어진다. 첨예한 입장 차이가 있는 사안들은 계속 존재한다. 설득이 어려운 상대를 설득하는 것이 진정한 설득력이겠지만, 그 설득에 한계가 있음을 알고 시작해야 한다.

  보고서에서 설득력을 말하는 것은 예술작품에서 깊이를 논하는 것과 비슷하다. 둘 다 불명확하고 합의가 어렵다. 설득되고자 하는 사람에게는 설득력이 생기고, 깊이를 느끼는 사람에게는 깊이가 드러난다. 설득하고자 하는 의지가 있다면 완성도와 신뢰도를 끝까지 끌어올리려 할 것이다. 이렇게 최선을 다한 보고서에는 힘이 있으니, 이것을 설득력이라고 부르자.

웹툰 〈미생未生〉의 숱한 주옥같은 대사들 중 39화에 등장하는 기획서의 설득력에 대한 대사는 특히 인상 깊어 그대로 옮겨본다.

> 선차장: 기획서나 보고서를 쓰는 이유가 뭘까요?
> 장그래: 자기 기획안에 대해 설명하고 이해를 구하기 위해서...
> 선차장: 그것을 줄여서 말하자면, '설득'이라고 할 수 있겠죠?
> 하나 나왔네요.. 보고서, 기획서는 '설득해야 하니까' 쓰는 겁니다. 둘째, 누구를 설득하나요?
> 장그래: 사장님? 부장님? 상무님?
> 선차장: 여러 사람을 설득해야 하니까 쓰는 겁니다.
> 셋째, 계속 여러 사람을 설득해야 하니까 쓰는 겁니다.
> 설득을 하기 위해 가장 보기 좋을 폰트와 사이즈를 고민하고, 이미지를 넣을지 말지, 어떤 이미지를 넣을지 고민하는 거죠. 그럼 남을 설득하기 위해 마지막으로 해야 할 일은 뭘까요?
> 자기가 먼저 설득되지 못한 기획서는 힘을 갖지 못해요. 데이터와 근거로만 채워진 기획서. 누군가는 이 기획서를 믿고 사막 한가운데를, 망망대해를, 차디찬 동토를, 밀림을 지나야 할지도 모르는데, 스스로 설득되지 않은 기획서를 올리는 것은 책임을 다하지 못한 거죠.
> 기획서 안에는 그 사람만의 에너지가 담겨있어야 해요.

## 늦거나 베끼거나 허풍 떨거나

좋은 보고서의 요건을 갖추지 못했다고 해서 다 나쁜 보고서는 아니다. 좋은 보고서가 되기에는 부족하지만 나쁘다고 하기는 어려운 보고서도 많다. 나쁠 것도 없지만 좋을 것도 없는, '무해무익'한 보고서다. 이런 보고서는 종이를 낭비하며 서류철과 문서함에 그득하게 쌓인다. 뭔가 일을 하고 있다는 흔적 또는 증명은 되는 셈이어서 특별히 금지하지는 않는다. 공무원들 사이에서 진짜 나쁜 보고서는 따로 있다. 이를 세 가지로 추려봤다.

① **늦은 보고서**  공무원들이 늘 하는 말이 있다. <u>가장 나쁜 보고서는 늦은 보고서라고. 다시 없을 명문으로 가장 완벽한 내용의 보고서를 쓴다 해도 정해진 시간에 맞추지 못하면 전혀 쓸모가 없다</u>는 뜻이다.

그러니 보고서는 빨리 써야 한다. 상부에서 지시한 지 한두 시간 안에 결과물을 요구하는 일은 흔하다. 보고서의 속도감은 소속 기관에서 본부로 갈수록, 상급 기관으로 갈수록, 상사의 성미가 급할수록 빨라진다. 무릇 보고서는 제한시간 안에 시험을 치르듯 써내야 한다.

언론에 보도된 사건 대응이라면 최초 인지 시점에서 30분 이내에 현황과 대응방향을 넣은 보고서 초안이 나와야 한다. 대다수 부처와 기관의 조간신문 기사 대응은 아침 상황점검회의에서 입장이 정리되어, 오전 중 언론 브리핑에서 답할 수 있어야 한다. 회의 이후 결과 보고서 초안도 통상 1시간을 넘기면 안 된다. 회의 중에 미리 작성하고 있어야 한다는 의미다. 예측 가능한 사안에 대해서는 미리 자료를 준비한다. 급하게 떨어진 일이라면 보고서 작성 화면을 띄워놓고 관계기관과 전문가에게 전화를 돌려가며 적어야 한다. 폭 넓게 전문가 자문을 받고 현장조사를 하여 결과를 망라하는 경우라도 보고서 초안은 1주일을 넘겨서는 안 된다.

공무원 입직 경로 중 하나인 행정고시 2차 시험은 과목별로 2시간을 준다. 1시간 안에 큰 문제 1개(50점), 또 1시간 안에 작은 문제 2개(50점)를 풀어야 한다. 급하게 논술 답안을 쓰다 보니 과목당 점수는 70점을 넘기기 어렵다. 대부분 합격자의 점수는 과락인 40점과 70점 사이다. 더 완성도 높은 답안을 원한다면 시간을 두 배는 더 주어야 할 것이다. 합격해서 입직하고 나면, 이처럼 시간을 빠듯하게 주고 시험을 치르는 이유를 깨닫게 된다.

승진에 필요한 역량평가의 보고서 작성 시험('서류함 기법')도 비슷하다. 50분 이내에 목차와 내용을 갖춘 보고서(노트)를 써내야 한다. 역량평가 시험이 2차 시험과 다른 점이라면 개조식 답안이라 분량이 적다는 정도다. 시간에 쫓겨 피말려가며 쓰는 느낌은 유사하다. 한동안 공무원 생활을 한 사람들을 모아다가 이런 시험을 치르는 까닭이란, ① 초심으로 돌아가라 ② 부하들의 입장을 느껴봐라 ③ 재촉만 하지 말고 직접 써봐라 ④ 이렇게 못하겠으면 승진은 포기해라 정도의 교훈을 심각하게 주기 위해서인 것 같다.

보고서 작성 속도가 가장 빠른 곳은 대통령(비서)실이다. 파견 근무를 해본 모든 공무원이 공통적으로 말하는 이 조직 근무 경험의 최대 장점은 빠르게 쓰는 속도에 익숙해진다는 것이다. 스스로 빨리 하는 것은 물론이고, 다른 사람들에게도 빠른 대응을 당연하게 요구한다. 물론 이곳의 빠른 속도에는 일종의 '치트키'가 있다. 대통령(비서)실의 실무자들은 각 부처, 기관, 하부 조직으로부터 받은 완성도 높은 보고서를 요약하고 통합하는 보고서를 쓴다. 처음부터 재료를 구해서 조리하는 대신 '밀키트'를 활용하는 것과 비슷하다.

가장 빠른 보고서가 가장 좋은 보고서는 아니다. 하지만 늦은 보고서는 존재하지 않는 보고서와 같다. 그러니 실무자들은 보고서 초안이라도 빨리 제출하는 편이 낫다. 어떻게든 초안부터 내놓고 고쳐가면서 완성하는 방식을 차선책으로 권한다.

② **표절 보고서** 표절은 속도처럼 드러나지 않지만, 보고서라는 글쓰기를 속부터 곪고 병들게 한다. 표절 보고서는 생각보다 뿌리 깊고 널리 퍼져 있다.

많은 공무원이 과거 보고서를 재료로 지금 보고서를 쓴다. 아주 드물고 불행한 경우(악마에게 영혼을 판 전임자의 '사보타지', 하늘 아래 처음 만들어지는 조직, 천재지변이나 정체불명 조직이 가한 사이버 테러)가 아니라면, 복사해다 붙일 과거 보고서들이 쌓여있다. 전임자가 물려준 컴퓨터 하드나 문서 캐비닛 안에는 보존기한도 없이(통상 5년 이상의 문서는 파기하도록 되어 있지만, 전자문서는 파기할 이유가 없어 계속 쌓인다) 수십 년 된 문서들까지 들어있다. 부서 이름이 잘 바뀌지 않고 전통 있는 부서일수록 이런 '문서 족보'는 튼실하다.

실무자들은 보고서 주문이 들어오면 물려받은 문서 파일부터 열어본다. 문서에 따라 날짜와 최근 사건을 업데이트만 해도 되는 경우도 있고, 현재 방향에 맞추어 적잖이 수정해야 하는 상황도 있다. 어느 정도 '복붙'(복사해서 붙여넣기)은 누구나 한다. 공무원들이 작성하는 문서에는 저작권도 없고, 표절 개념도 없다. 상사들은 부하들이 어떤 보고서를 얼마나 베껴 썼는지 알지는 못하지만, 설사 안다 해도 탓하지 않는다. 문제는 과거 보고서들을 참고하는 수준에만 머무르지 않는다는 것이다. 일을 편하게 해보려는 '꼼수'로 거의 전부를 표절하기도 한다.

실무자들은 종종 다른 저작물의 내용을 별다른 인용 표시조차 없이 보고서에 녹여 넣곤 한다. 그러고도 정부보고서는 공익을 위해 쓰기 때문에 문제가 없다고 생각한다. 정부보고서가 대부분 비공개인 것도 한몫한다. 그러나 비공개 보고서가 언제까지나 비공개로 머물지는 않는다. 훗날 공개된 보고서가 표절이었음이 드러난다면, 공신력이 심하게 훼손될 것이다. 그러므로 자료와 주장의 출처와 저자를 확인하고 밝히는 것은 정부보고서에서도 기본으로 지켜야 할 원칙이다.

③ **허풍 보고서** 0점 처리되는 보고서보다 더 나쁜 보고서는 사람들의 귀한 시간을 허비하고 잘못된 방향으로 이끄는 마이너스(-) 보고서다. 이른바 '허풍 보고서'는 그렇게 점수를 깎아먹는다. '허풍'이라니 너무 고풍스러운 말 아닌가 싶을 것이다. 국어사전을 찾아보면 '허풍'이란 '실제보다 지나치게 과장하여 믿음성이 없는 말이나 행동'이라고 나와 있다. 주로 없는데 있는 척, 못났는데 잘난 척하는 사람들을 '허풍쟁이'라고 부른다. 적극적으로 상대방을 속이는 '사기꾼'보다는 덜 나쁜 어감이다. '사기죄'는 있어도 '허풍죄'는 없으니 말이다.

온갖 신기한 법을 가지고 있는 북한에는 '허풍방지법'이라는 것도 있다. 특히 농업생산 수치를 허위로 보고하는 고질적인 행태를 줄이기 위한 법으로 알려져 있다. 그런 법이 있다는 것 자체가 온 사회에 허풍이 만연하다는 것을 방증한다.

우리나라야 당연히 그런 정도가 아니지만 불행히도 대충 모면하고 넘어가려는 허풍 보고의 유혹은 언제 어디서나 존재한다.

공무원식 허풍 보고서는 두 종류로 나눠볼 수 있다.

<u>첫째, 형식은 그럴싸하지만 내용이 빈약하고 결론이 부실한 보고서</u>다. 이는 과거 보고서나 유사 보고서를 베껴 쓴 경우에 많이 발견된다. 목차나 구조, 스타일까지 대충 갖추었지만 내용이라 할 만한 게 없다. 대표적으로 도입 부분에서 '~부 차원의 대책 필요'라고 시작해놓고 막상 대책의 알맹이는 없는 보고서다. 결론은 고작 '대응에 만전'(재해 관련 현장점검에 가장 많이 쓰이는 표현)이

라거나 '유기적인 협조체제 구축' '실효적인 대응책 강구' '적실성 있는 대책 수립 추진' '향후 대응방향 마련' 정도로 끝난다. 실제로 수식어들만 걷어내면 동어반복이다.

대책만 겉도는 게 아니다. 분석이나 평가를 해야 할 경우에도 어느 하나를 고르지 않고, '~할 가능성이 농후하나, ~할 가능성도 불배제(배제하지 못함)'라는 식으로 모든 가능성을 열어둔다. 비올 확률 50%의 일기예보 같은 것이다. 그런 다음 책임지지 못할 미래에 대해서는 '향후 동향 예의주시' 같은 말로 눙친다. 공무원으로서 맡은 바 업무에 대해서 성실히 임해야 할 의무를 가지고 있으니 이처럼 당연한 말도 없다. 이렇게 쓰나마나 한 말들로 가득한 보고서를 읽고 나면 "그래서 어쩌자는 것이냐?"라는 질문이 터져 나온다. 심각한 어조로 사회의 어두운 구석을 파헤쳐놓고 무조건 '정부 차원의 대책이 필요하다'고 끝내는 고발성 기사와 비슷한 셈이다.

둘째, 형식도 내용도 그럴듯하지만 과장된 보고서다. 부실한 보고서를 넘어서는 허풍 보고서인 셈이다. 이런 보고서는 내용이 부실하지 않다. 대책의 내용도 제법 구체적이다. 그런데 '그 대책이 모두를 구원해줄 것이다' '산적한 모든 문제는 이 대책으로 해결된다' '사소한 난관은 있겠지만 쉽게 극복할 수 있다'는 식의 신나는 전개가 이어진다. 이런 보고서에서 추진배경과 필요성은 매우 단순해진다. 단순한 상황에 걸맞게 재단된 단순한 결론과 주장을 내민다. 결론은 이미 쓰는 사람과 읽는 사람 사이에서 합의된 것일 수도 있고, 읽는 사람이 원하는 것을 짐작하여 쓴 것일 수도 있다. 결론과 주장에 이르는 논거가 얼핏 풍부해 보여도 선택적으로 짜맞춘 것에 불과하다. 대체로 선거 과정에서 급조한 공약과 연결되는 정책, 당장의 정치적 난국을 타개하기 위해 내놓는 기획이 이런 허풍 보고서의 소재가 되곤 한다.

터무니없이 과대 포장된 보고서와 촘촘하게 미래 비전을 제시하는 보고서를 한눈에 구별해내기란 쉽지 않다. 대책이 과장되고 논리 전개의 비약이 심하고 근거가 부실하다는 것을 꿰뚫어 보려면 시간이 필요하다. 허풍 보고서에 휘둘리는 실패를 답습하지 않기 위해서는 유사한 사례에서 교훈을 얻어야 한다. 보고서를 쓰는 실무자와 검토하는 관리자 모두 복잡한 문제를 단순한 대안으로 해결한다는 망상에 빠질 가능성을 항상 경계해야 한다.

# 3 보고서 쓰는 순서

### 지시를 확인한다

보고서 작성 지시를 받았다면, 실무자는 반드시 다음 질문들을 해야 한다. 한편 지시자는 실무자에게 보고서 작성을 지시하기에 앞서 이런 질문들에 대한 구체적인 답과 지침을 줄 수 있는지 자문해보고 준비해야 한다.

① 누구에게 보고하는 것인가?
② 언제까지 필요한 것인가?
③ 분량과 상세성은 어느 정도인가?
④ 구성은 어떠해야 하는가?
⑤ 반드시 들어갈 핵심어는 무엇인가?
⑥ 결론의 범위는 어디까지인가?

서로 이런 사항들을 묻지도 따지지 않고 보고서를 쓰기 시작한다면, 보고서를 수정하는 과정은 매우 길고 고통스러워진다.

첫째, 누구에게 보고하는 것인지를 가장 먼저 질문한다.

팀장, 과장에게 보고하고 끝나는 보고서라면, 그들이 중요시하고 궁금해할 것을 써준다. 국장, 실장이 요구하는 보고서라면 그들이 절실히 필요로 하는 내용, 즉 차관, 장관 앞에서 언급하고 조언할 수 있는 사항이 꼭 들어 있어야 한다. 차관, 장관이 보고서의 최종 수요자라면 그들이 누군가에게 전하고 활용할 만한 내용이 반드시 보고서에 포함되어야만 한다. 누구한테 보고하느냐의 질문은 보고서의 용도와 수준에 관한 질문이 된다.

둘째, 언제까지 필요한지, 바꿔 말해 나에게 주어진 시간은 얼마나 되는지 확인한다.

늦은 보고서가 나쁜 보고서라는 사실은 이미 설명했다. 단순히 보고서를 늦지 않게 쓴다는 차원을 넘어 여러 가지 처리해야 할 일들의 우선순위를 정하기 위해서도 시한 확인은 대단히 중요하다. 누구나 알고 있듯이, 중요한 일이 아니라 급한 일을 먼저 하는 것이다. 또한 보고서의 시급성은 내용의 상세성에 대한 기대수준도 결정짓는다. 단 몇 시간만 주어진 급한 보고서라면, 간략한 상황정리 및 언론대응 정도로 족할 수 있다. 만약 며칠의 시간이 주어졌다면, 당연히 심도 있는 근거 자료나 관계기관과의 의견협의(사안에 따라 관계기관 장에게까지 보고하고 의견을 받아야 한다) 내용도 담아야 한다. 즉 보고서의 시한은 지시자의 기대수준까지 가늠할 수 있는 척도다.

셋째, 분량과 상세성에 대한 지시자의 눈높이를 확인한다.

지시하는 사람이나 상황에 따라 '터무니없는 요구'라는 것도 생긴다. 그러므로 지시자의 요구에 맞추려면 시간이 좀 더 필요하다든가, 시간이 없으니 분량이나 상세성은 어느 정도 포기한다든가 하는 타협이 꼭 필요하다. 그런 얘기도 나누지 않은 채 무조건 주문만 받아오는 일이 실제로는 자주 생긴다. 상사로부터 그냥 써보라는 말을 듣기도 하고, 처음부터 너무 많은 질문을 퍼붓는 건 아닐까 조심스럽기도 하다. 하지만 일단 해보겠다며 무작정 시작할 경우, 난처한 상황과 맞닥뜨릴 가능성이 높다. 지시자의 재촉을 받고 나서야 시간이 없었다느니, 내용을 채우기가 힘들다느니 하는 사유(상사 입장에서는 핑계)를 대는 것이다. 이런 상황이 반복되면 실무자는 '보고서를 뭉갠다' '일처리가 늦다'는 부정적인 평판만 얻는다.

넷째, 구성은 지시자의 역량이 드러나는 부분이다.

보고서의 구성에 대해 명확한 밑그림이 없는 상사도 있다. 실력이 없거나 불친절하거나, 아니면 둘 다이다. 물론 실무자를 시험하고 가르치려는 의도가 있다면 예외겠지만.

시간을 아끼고 불필요한 실랑이를 줄이려는 상사라면 보고서의 목차별로 들어가야 할 내용과 논리 전개, 그리고 아주 꼼꼼한 경우 각각의 분량까지 지정해준다. 보고서 내용을 불러주기까지

하는 상사도 있는데, 이건 아무것도 알려주지 않는 것만큼이나 나쁘다. 지시자가 가이드라인은 설정하되 어느 정도 재량을 주어야만 실무자에게 자긍심과 효능감을 길러줄 수 있다. 그런 과정이야말로 의미 있는 협업이다. 구성에 대해 적절한 지시를 받지 못했다면, 실무자는 적극적인 질문을 통해 협업을 유도해야 한다.

다섯째, 상부에서 중요하게 여기는 핵심어(키워드)를 확인한다.

들어갈 내용 다 들어가고 틀린 부분도 없는데, 어쩐지 정곡을 찌르지는 못한다는 인상을 주는 보고서도 있다. 대개 반드시 들어가야 하는 핵심어가 빠져 있는 경우다. 핵심어는 문제를 규정하는 방식이거나 결론의 방향성이기도 하고, 궁극적으로 투사하려는 이미지나 메시지이기도 하다. 소셜미디어에서 해시태그(#)를 만드는 방법과도 상통한다. 초안 작성자가 생각하는 핵심어와 지시자가 염두에 둔 핵심어가 다르다면, 전체적인 그림은 맞다 하더라도 초점이 어긋나 흐릿해진다. 그러니 꼭 들어가야 할 표현이 무엇인지 미리 파악해둔다. 질문을 해서 바로 답을 얻지 못하는 경우에는 짐작으로 대신해야 한다. 보통은 상사가 지시 중에 반복해서 사용하는 표현이 핵심어일 때가 많다.

마지막으로, 보고서의 결론 범위를 꼭 짚고 넘어가야 한다.

결론 그 자체가 아니라 결론의 범위다. 물론 세상에는 결론을 미리 정해두고 논리를 꿰맞춰 가며 쓰는 소위 '답정너' 보고서도 있다. 정석대로라면 현황과 사실관계를 충분히 파악하고 숙고와 협의를 거친 결과로 결론이 나와야 맞다. 과거를 답습하지 않는 참신한 대안을 요구하는 경우도 있다. 다만 촘촘한 법 규정과 예산 범위 내에서 움직이는 행정의 특성상 보고서가 완전히 열린 접근을 할 가능성은 낮다. 이미 공론화가 충분히 이루어지고 여론이 비등하여 가능한 결론의 범위가 좁혀진 경우도 적잖다. 그러니 실무자가 보고서를 완성한 후 결론을 내리고 설득하며 반대를 돌파해나가는 것은 애초부터 무리다. 그보다는 적어도 어느 범위 내에서 결론을 가져오고 설득을 위해 어떤 제안을 하는 것이 적절할지에 대해 미리 소통해두는 편이 좋다. 결론에 대한 동상이몽으로 시작한 보고서는 대대적으로 수정되거나 폐기되기 십상이다.

이 여섯 가지 질문들이 보고서를 쓰기 전 단계에서 작성자가 반드시 확인해야 할 체크리스트다. 여기에 더해 보고서를 쓰기 위해 동원해야 하는 자원(인력, 시간, 비용) 등에 대한 질문도 미리 해두는 게 좋다. 자료 조사를 위해서는 누구의 도움이 필요하며, 다른 일 몇 가지는 이 보고서가 끝날 때까지 미뤄두겠다, 관련한 시간과 비용은 얼마가 들겠다 정도의 입장을 밝히고 상사가 얼마나 도와줄 수 있는지도 꼼꼼히 물어본다.

모든 질문들에 명쾌한 답을 얻은 다음 보고서를 시작하면 가장 이상적이다. 쓰기 전에 충분히 답을 얻지 못했다면, 쓰면서도 묻고 따져야 한다. 보고서가 끝날 때까지 이 체크리스트는 계속 유효하다.

## 제목을 단다

대개 정부보고서는 평범한 제목으로 시작한다. 정책방안과 정책목표, 정책대상의 명칭과 함께 ~ 계획, ~ 방안, ~ 평가, ~ 동향, ~ 결과 등이 흔하다. 이미 보고서인데 다시 한번 '(~에 대한) 보고'를 덧붙이기도 한다. 관행에 충실한 안전한 방법이다. 온갖 미디어와 광고에서 좀 더 참신한 제목, 하다못해 '낚시성' 제목이라도 쥐어짜내기 위해 노력하는 것과는 거리가 있다.

공무원들이 보고서의 제목을 오래 고민하지 않아도 되는 이유가 있다. 결재선상에 확실한 몇 명의 독자만 있기 때문이다. 적어도 시킨 사람은 읽을 것이고, 밑에서 올라오는 보고서들을 읽는 것은 윗사람의 의무다. 제목이 평범하고 마음에 들지 않는다고 안 읽을 수는 없다. 튀는 짓을 했다고 핀잔 들을 일도 없다.

평범한 제목을 넘어서 조금 더 괜찮은 제목이 필요해지는 때는 여러 부처, 기관의 보고서들이 경쟁하는 상황이다. 더 윗사람의 관심과 주목이 필요할 때, 비로소 제목 역시 독특해질 필요가 있다.

가령 〈태풍 피해 동향〉은 지극히 당연한 제목이다. 〈태풍으로 막대한 인명 및 재산 피해 발생〉이라고 하면, 제목만 읽어봐도 피해가 심각하다는 것과 보고서 내용이 어떤 방향인지 짐작할 수 있다. 마찬가지로 〈정책자문회의 결과〉보다는 〈정책자문회의, 근본적인 혁신과 정책전환 요구〉라고 하는 편이 회의 요지를 미리 알려주며 보고서의 의미도 부각한다. 기존 보고서와의 연속성을 유지하고 싶다면, 원래 붙이려던 지극히 당연한 제목들을 작게 써서 본제나 부제로 붙여주면 된다. 평범한 제목은 대개 명사로 끝난다. 평범해도 최소한의 성의를 보여주는 제목은 동사로 끝난다(이쯤에서 '발생'이나 '요구'도 역시 명사가 아닌가 하겠지만, 어미로 '이다'가 아닌 '하다'가 붙을 수 있는 것은 동사 의미의 명사로 본다). 명사는 돌멩이처럼 가라앉지만, 동사는 물고기처럼 헤엄친다.

어쩌면 제목을 통해 보고서의 의도를 더 살려보고 싶은 공무원도 있을 것이다. 헤엄치는 물고기가 아니라 돌고래나 날치처럼 수면 위로 날아오르는 보고서를 시도해보고 싶을 수도 있다. 비범한 보고서가 평범한 제목 탓에 전혀 주목받지 못하고 보고서 더미에 묻혀 사라지는 것은 아깝다. 누가 알겠는가. 그렇고 그런 평범한 보고서로 치부된 문서의 어느 귀퉁이에 중요한 경고와 통찰이 들어있을지. 그것을 누구도 알아보지 못한 탓에 국가적으로 막대한 손실을 입게 될지 모른다.

보고서 내용에 자신이 있다면, 조금 더 눈길을 끄는 제목을 달아보자. 그런데 과연 어디까지 파격이 가능할까? 호기심을 유발하는 문구, 자극적인 따옴표 인용구는 포털사이트 기사나 소셜미디어 게시물에서 많이 등장한다. 시선을 끌기에 제격이고, 대부분 클릭을 부른다. 하지만 정부가 자연재해로 인한 피해 동향을 보고하면서 〈충격! 해안에 시체 수십 구 밀려와〉식의 언론 기사 제목을 끌어다 쓰는 것은 부적절하다. 자문회의 결과를 특이하게 정리하겠다고, 정부보고서에서 〈○○○, "그러다 나라 망한다" 경고〉와 같은 동영상 썸네일에 쓸직한 제목을 달면 곤란하다. 이미 논리보다는 감정에 호소하는 쪽이기 때문이다. 나아가 빈칸이나 초성만 넣어놓은 궁금증 유발 제목도 권할 수 없다.

보고서다운 품위를 유지하면서도 제목에 문제의식을 담고자 한다면, 의문문 형식을 써 보자. 〈한국의 생산성, 왜 제자리걸음인가?〉 〈반도체 산업, 이대로 경쟁력 있나?〉 정도는 가능하다. 〈한국경제 생산성 현황분석 및 향후 전망〉이나 〈반도체 산업 경쟁력 저하 원인과 대응방향〉도 쓰면 무난하겠지만, 명사형 제목이라 가라앉는 느낌이다. 대신 보고를 받는 사람이 던질 법한 질문으로 시작한다면 제목에서부터 공감대가 형성된다. 다만 이런 제목에는 책임이 따른다. '왜?'로 시작하는 보고서라면 반드시 답이 제시되어야 한다. 애초 명쾌한 답안을 내놓을 자신이 없다면 섣불리 질문으로 시작하지 않는 편이 낫다.

의문문 외에 쓸 수 있는 선택지는 '패러디' 또는 '오마주'다. 온라인과 오프라인의 수많은 콘텐츠와 헤드라인은 익숙한 것과 많이 알려진 것을 즐겨 차용하고 변용한다. 보고서 제목도 그렇게 하지 못할 이유가 없다. 가령 〈대중의존도와 헤어질 결심〉(영화 〈헤어질 결심〉 참고)은 〈대중의존도 감소 대책〉보다 눈과 귀에 쏙 들어온다. 물론 보고서를 받는 윗사람들이 해당 영화를 안다는 가정 하에서다. 〈탈세 권하는 사회〉(소설 《술 권하는 사회》 참고)는 우리 사회에 만연한 탈세와 세수부족에 대한 심도 있는 분석을 제공하는 보고서 제목으로 가능하다. 〈공교육, 공정이란 무엇인가〉(강의교재 《정의란 무엇인가》 참고)도 공교육 현장의 첨예한 이슈들을 정리하는 보고서의 제목이 될 수 있다. 평범한 〈물가안정대책〉에 비해 〈물가를 잡는 다섯 가지 방법〉이란 제목은 훨씬 흥미롭게 느껴진다. '몇 가지 방법'이라는 문구는 책, 스팸 메일, 유튜브 동영상 제목으로 자주 쓰였기에 친숙하다. 원래의 제목들이 지닌 통렬한 문제의식을 빌려오는 것은 덤이다.

공무원들끼리 바깥에 내놓을 위험이 없는 내부 '보고서 놀이'만 하고 있어서는 안 된다. 공무원이 쓰는 글은 공짜가 아니다. 보고서 한 장 쓰는 데도 피 같은 국민의 세금이 들어간다. 거창하게 시대정신이나 민심을 운운하는 대신 국민들과 눈높이를 맞추기 위한 노력, 보다 쓸모 있고 매력적이고 경쟁력 있는 글을 쓰려는 노력부터 해야 하지 않을까. 우선 보고서 제목부터 심기일전해보자.

## 구조를 짠다

구조를 짜는 것은 보고서를 쓸 때 가장 중요한 단계다. 보고서도 집짓기처럼 설계가 필요하기 때문이다. 하지만 많은 실무자가 전형적인 목차로 대강의 구획만 나눠놓고는 되는 대로 내용을 갖다 넣으면서 보고서를 만들어낸다. 보고서 초안이 검토 과정에서 크게 조정되는 일이 잦다면 설계 과정을 소홀히 건너뛰었거나 관련자들 간 설계에 대한 공감대가 적었기 때문이다. 처음부터 설계가 잘된 보고서는 고칠 부분이 많지 않다. 기본 설계는 기존의 것들을 답습할 수도 있겠지만, 세부적으로는 주제와 목적을 위한 맞춤 설계가 진행되어야 한다. 이 맞춤을 얼마나 잘했는지가 설계의 가치를 결정한다.

보고서는 쓸 시간이 늘 부족하다. 중요한 보고서는 중요한 만큼 시간이 충분치 않고, 사소한 보고서는 사소한 대로 촉박하다. 이럴 때 작성자는 컴퓨터 하드를 뒤져 비슷한 주제의 과거 보고서들을 찾아본다. 다른 부서에서 최근 통과된 보고서도 받아본다. 보고서들을 훑어보면 제목 다음 큰 글씨로 도드라진 목차(제목의 차례)들이 가장 먼저 눈에 띈다. 긴 보고서는 목차에 아예 한 쪽을 할애하기도 한다. 과거 보고서들을 손에 쥐면 안심이 된다. 이대로 내용만 만들어 끼워 넣으면 최소한 모양새는 갖춘 것으로 보이리라 여긴다. 하지만 그렇지 않다. 모두에게 맞는다는 '프리사이즈'란 사실 특정한 누군가에게 잘 맞기를 포기한 것이다. 마찬가지로 실무자들이 다른 보고서의 목차를 베끼면서 지금 쓰는 보고서의 설계가 충분하다고 생각하면 안 된다.

길든 짧든 매번 단 한 글자도 고칠 데 없는 완벽한 보고서를 작성해내는 직원과 함께 일한 적이 있었다. 그는 수학과 출신이었는데, 언제나 보고서의 논리 전개가 정연했다. 논리에 허점이 없으니 부차적인 표현은 고칠 필요가 없었다. 정부에서 쓰는 단어와 표현은 한정되어 있어 특별히 참신한 문장을 써내기 어렵다.

다만 더 깔끔하고 흐름이 좋은 문단은 만들 수 있다. 논리적인 구조를 짜는 능력이 풍부한 어휘력보다 보고서를 쓰는 데 중요한 까닭이다. 보고서를 검토하고 수정하는 단계에서도 마찬가지다. 사소하게 문장들을 다듬는 일은 비교적 쉽게 할 수 있지만, 전체적으로 의미 덩어리의 위치를 바꾸고 넣고 뺄 것을 결정해가면서 논리 구조를 탄탄하게 만드는 작업은 상대적으로 어렵다.

논리 구조가 중요하다고 한들, 어떤 보고서를 놓고 구조가 허술하다 또는 탄탄하다 하는 말이 실무자들에게 잘 와닿지 않을 수도 있다. 그러니 보고서의 구조라는 것이 무엇이며, 과연 어떻게 해야 나아질 수 있는지 좀 더 구체적으로 살펴보자.

### 구조와 목차는 다르다

보고서의 '목차'(제목의 차례)는 명목적인 구성, 순서에 불과하다. 집으로 치면, 침실, 거실, 주방, 화장실, 창고 등으로 구획하겠다는 계획이 목차와 비슷하다. 이 요소들을 평면에 어떻게 배치하느냐가 집의 구조를 결정한다. 각 요소들의 크기와 모양, 요소 간 동선이 구조라는 단어에 함축적으로 들어있다. 집의 구조가 좋다고 평가하려면, 세부 공간들이 적절한 규모여야 하고 공간들 사이의 관계성이 좋아야 한다. 보고서도 다르지 않다.

공무원들이 쓰는 정책보고서의 목차는 대개 〈목차 예시 1〉과 같은 순서로 구성한다. 이러한 목차는 정책의 기본방향을 최종적으로 보고하고 외부에 알리는 목적의 보고서와 어울린다. 공개용 정책보고서에서도 자주 보는 구조다. 이미 정해진 추진목표와 기본방향은 길게 기술하지 않는다. 세부계획에는 예산과 행정조치들이 포함되며 상술할 수도 있다. 기대효과는 필요성과 비슷하지만, 예상되는 결과를 구체화해서 설득력을 높이는 역할이다. 추진일정이나 홍보계획에는 업무 분장이 포함되기도 한다. 홍보계획에는 보도자료(안)도 첨부한다.

〈목차 예시 1〉
1. 현황 (또는 추진경과)
2. 필요성 (또는 추진배경, 추진여건)
3. 추진목표
4. 기본방향 (또는 추진전략)
5. 세부계획
6. 기대효과
7. 추진일정
8. 홍보계획

〈목차 예시 2〉
1. 현황 및 문제점
2. 대안 비교
3. 건의 및 조치

한편, 방향과 대안이 확정되지 않은 의사결정 과정에서 하는 정책보고서라면 〈목차 예시 2〉와 같이 단순해진다. 이런 보고서는 외부에 거의 공개되지 않고, 목차를 잘게 나누기보다는 내용 기술이 더 중요하다.

사실관계에 대한 동향보고서, 분석 보고서의 목차는 훨씬 짧아진다. 행사, 회의, 출장 관련 보고서는 보다 단순한 목차로도 가능하다. 평가나 판단이 상대적으로 덜 들어가도 되기 때문이다.

이러한 기본 틀에 맞춰 쓰기는 어렵지 않다. 문제는 내용이 목차와 어울려야 한다는 것이다. 쓰다 보면 현황, 필요성, 추진목표에 들어가는 내용이 모두 사실상 같은 말들의 반복인 경우도 생긴다. 이럴 때는 차라리 한 덩어리로 '현황 및 문제점'이라 뭉쳐 쓰고, 바로 대책으로 들어가는 편이 낫다. 전형적인 목차를 따른 보고서는 종종 의의와 문제점만 거듭해서 외치기도 한다.

전형적인 목차를 쓰지 않은 대표 사례로 들 수 있는 것이 1993년 삼성 '신경영선언'의 바탕이 되었던 13장짜리 〈경영과 디자인〉 보고서다. 이 보고서의 목차는 크게 '디자인이란'→'디자인 부문의 경영'→'일상적인 문제? 작지만 큰 문제'→'현재의 문제' 순서로 알려져 있다. 각각의 주제와 관련해 삼성 임원진들이 실제로 했거나 했음직한 질문을 담고, 보고서 작성 팀이 답을 하는 방식으로 전개한 것이다. 보통의 보고서 형식을 벗어나 의미 있는 제목들만 추려 짠 목차다. 무엇보다 내용 기술이 질의응답 방식이라 읽는 사람들의 눈에도 잘 들어왔을 것이다.

이러한 구성은 21세기 정부에서 쓰는 보고서보다 혁신적이다. 이 보고서가 30년이 지난 지금까지도 참고할 가치가 있다며 거론되는 이유 중 하나다.

**구조는 주장의 관계다**

보고서의 논리 구조란, 목차가 아닌 주장의 연결이다. 이야기들을 나열하다 결론으로 슬쩍 넘어가는 방식은 논리적이지 않다. 그렇게 뛰어넘는 과정이 문단 사이, 제목 사이 구획으로 가려지기 쉽다. 내용 연결이 끊어지는 것이 목차만 갖춘 보고서의 맹점이다. 따라서 문단마다 맨 앞에 표제어를 강조(괄호 안 볼드체나 고딕체로 표현)하는 방식으로 문단을 요약하고 논리 구조의 흐름을 만들어 내기도 한다. 이처럼 주장과 구조를 눈에 띄도록 만든 보고서는 독자에게 친절하다.

보고서가 논리 구조를 제대로 갖췄는지를 확인하는 방법이 있다. 핵심적인 내용을 쭉 이어서 말해보는 것이다. 흔히 공무원들이 회의에서 보고서를 읽듯이 개조식 단락을 서술식 문장으로 변환해서 이어 읊는 것이 아니다. 보고서의 요지를 몇 개의 짧은 문장으로 구성된 하나의 문단으로 설명하는 것이다. 이때 흐름상 뭔가 어색한 점이 발견된다면, 보고서 본문에서 부족하고 빠진 부분이 있는 것이다. 이를 찾아 보완해야 한다. 이렇게 연습해본 문단은 시간에 쫓기는 상사에게 짧고 확실한 구두 보고를 할 때도 유용하다.

〈건립 사업의 경우〉

(상황) 현재 △△ 센터 부지를 다시 선정해야 하는데,

(대안) 대안으로는 ○○ 지역이 적절할 것 같습니다.

(근거) 현재 가장 비용 효과적이고 저항도 적은 대안이기 때문이고,

(계획) 기존 예산 범위 내에서 당장 하반기에 착공할 수 있습니다.

〈회의 준비의 경우〉

(상황) 내일 관계기관협의에는 꼭 참석하셔야 하고,

(대안) 우리 부에서는 ~ 관련 안건 2개만 제출하려고 하는데,

(근거) 앞으로 추진과정에서 ○○부 협조가 긴요한 사안입니다.

(계획) 모두에서 말씀하실 요청사항은 첨부 자료로 만들었습니다.

논리 구조에서 빠진 부분뿐만 아니라 중복되는 부분도 알아채야 한다. 흔히 강조하려고 중언부언하지만, 쓰고 싶은 말을 다 쓰다 보면 보고서는 너무 길어진다. 설득력에 확신이 없을 때도 좀체 글자 수를 줄이지 못한다. 빠진 부분을 메워 넣는 것이 더 어려운지, 빠져도 될 부분을 골라내는 것이 더 어려운지는 사람마다 다를 것이다. 어느 경우든 없어도 되는 부분을 식별하는 안목과 걷어내는 결단력이 필요하다.

### 보고서는 두괄식이어야 한다

좋은 보고서는 영화 스포일러처럼 재빠르게 결말부터 얘기해준

다. 보고서는 계산과정을 거쳐서 마지막에야 답을 내는 수학 문제 풀이도, 기승전결의 작법을 따르는 소설도 아니다. 어떤 반전이나 폭로가 나올지 몰라 궁금하고 두근거리는 추리소설은 더욱 아니다. 처음부터 결론을 들이밀면 보고서의 흥미가 반감될 거라고 걱정하는 사람도 있다. 그러나 무엇을 말하는지 모르는 문장으로 시작해 애써 결론을 찾아가야 하는 보고서는 결코 흥미롭지 않다. <u>흥미를 끌려면 오히려 결론부터 내미는 것이 바람직하다. 그 다음 논리와 근거를 연역적으로 붙인다. 보고서를 받아보는 사람들 대부분은 귀납식 보고서를 참을성 있게 읽어낼 시간이 없다.</u> 하루에도 수십수백 건의 보고서를 읽어야 하고, 읽는 시간마저 내기 어려울 정도로 회의와 행사가 많다.

결론을 내놓고 근거를 의미의 덩어리로 정교하게 짜맞추는 것이 구조다. 근거로는 과거 사례, 법적 근거, 관계기관 의견, 유사 제도, 관련 통계, 외국 사례, 여론 및 명분 같은 것들이 모두 포함된다. 개별적 근거들을 엮어주는 것이 바로 논리다. 이 흐름이 물 흐르듯 전개돼야 좋은 논리 구조를 가지는 것이다. 서로 상충하는 근거들을 비교해서 어디에 중점을 두어야 할지도 결정해주어야 한다. 이미 주장해놓은 결론에는 대안의 장점과 단점도 포함되어야 함은 물론이다.

대안의 숫자가 너무 많아서는 곤란하다. 4개 이상은 비교하기도 결정하기도 어렵다. 3개 이하라면 평면에 표나 매트릭스로 표현하기 쉽다. 장점이 확실한 대안, 단점의 개수가 적은 대안을 한

눈에 비교할 수 있다. 하나의 대안을 확실히 주장하는 보고서를 선호하는 윗사람도 있고, 방향을 확정하지 않은 채 대안 비교를 해주는 보고서를 원하는 윗사람도 있다. 후자일 경우, 상황에 대한 정확한 판단과 대안의 결정 기준을 결론으로 제시할 수 있다.

　보고서가 두괄식이어야 한다면, 그 결론을 과연 어디다 써줘야 할까? 서술식 줄글이라면 주제를 담은 한 문장으로 시작하는 것이 가능하다. 하지만 서문 없이 목차로 시작하는 개조식 보고서에서 두괄식을 구현하기는 어렵다. 실무적으로 두괄식을 만드는 방법은 세 가지 정도가 있다.

① **제목**　효과적으로 결론을 보여줄 수 있는 위치는 우선 제목이다. 도무지 내용을 짐작 못하게 하는 중립적인 제목 대신, 제목만으로도 내용을 알 수 있게 쓰는 것이다. 예를 들어 정부는 2024년 상반기에 〈제11차 전력수급기본계획〉을 내놓았지만, 언론에서는 이를 바탕으로 〈2038년까지 원전 4기 추가 건설〉, 〈2038년, 무탄소전기 70.2% 채운다〉 같은 헤드라인을 단 기사를 내놓았다. 정부보고서의 범위나 맥락이 다르기 때문에 언론처럼 제목을 뽑을 수는 없다. 다만, 보고서에서도 제목 아래 부제 한두 줄을 헤드라인처럼 넣을 수 있다. 결론이 길고 복잡하거나 확정적이지 않아 제목으로 소화하기 어려운 경우도 있다. 그렇다면 다른 방식이 필요하다.

② **요약 보고서**  보고서가 수십 장을 넘어가면, 한두 장짜리 요약본이 필요하다. 많은 경우 요약본만 읽기도 하므로, 그 자체로 보고서 역할을 한다. 그런데 요약본, 요약 보고서는 어떻게 써야 하는 것일까?

요약 보고서 자체도 두괄식으로 쓰는 것이 바람직하다. 그러기 위해서는 서론에 해당하는 배경이나 상황을 너무 길게 기술하지 않아야 한다. 그러나 현실에서는 다소 기계적으로, 본 보고서의 내용을 목차별로 추려놓은 요약 보고서를 자주 본다. 정부에서 발주한 연구 용역보고서에서 이런 요약본을 많이 쓰는데, 고작 목차의 상세본인 셈이라 두괄식을 적용했다고 보기 어렵다. 오히려 학술지에 실리는 연구 논문에서 흔히 보는, 서술식으로 쓴 1/2장 정도의 요약문이 두괄식 요약 보고서의 취지에 더 부합한다.

③ **요약 박스**  분량이 길지 않은 보고서에는 흔히 제목 아래 '글상자'를 만들어 '요약 박스'로 사용한다. 이 글상자 안에는 한두 개 문장으로 보고서 내용을 압축할 수 있다. 요약 박스 자체는 보고서 양식에서 쉽게 접하지만, 꽤 많은 보고서 작성자들이 요약 박스를 어떻게 활용할지 잘 모르고서 제목만 풀어 써넣는다. 가령 제목을 〈~ 해결을 위한 대책 방안 보고〉라 붙여놓고, 요약 박스 안에다 '~ 해결을 위한 대책방안을 검토하여 보고드림'이라고 제목을 반복한다. 제목 아래 가장 주목도 높은 공간을 활용하는 방법으로는 매우 실망스럽다.

그림 3-1

- 드론산업 허브센터 건립사업 -
## 부지사용 협약변경 관련 현안 및 대책 보고

**요 약**

□ **드론산업 허브센터 건립 개요**
- 위　　　치 : 사하구 하단동 산12-3일원, [동아대 부지-20년간 무상사용]
- 사업규모 : 연면적 1,575.60㎡, 옥외시험장 600㎡ [지상4층 / 지하1층]
- 소요예산 : 108.85억원 [시비 93.85, 민자 15]

□ **공유재산 관리계획 시의회 심의 결과 및 동아대 최종 의견**
- 심의결과 : 아래 부대의견 이행조건으로 '**원안가결**' (309회 임시회, 10.7)
  ① 협약서 내용에 부지제공 기간 만료 시 소유권을 관련 법령 및 절차에 따라 '제공자'에게 매각 등의 방법으로 이전할 것을 명시하고 동아대학교 이사회 의결을 거쳐 그 결과를 위원회에 보고
  ② 드론 산업 허브센터 준공 후 별도 운영비 지원 없이 자체 운영할 것
  ③ 허브센터 진입로 확장에 추가 비용이 발생할 경우 동아대에서 부담하도록 할 것
  ④ 사회적 약자를 위한 드론 관련 무료 프로그램 개설하여 사업추진 방안 마련

  ➪ 「드론산업 허브센터」 부지사용 협약변경 필요
- 동아대 최종 의견 : 부대의견 원안 수용 불가 입장 확고
  ▷ 시의회 의결 부대의견에 따른 협약변경은 산학협력법 제37조 저촉
  ▷ 부지제공기간 만료 후 건물 매각을 통한 소유권 이전에 따른 재정부담 발생 등 예상
  ▷ 도로개설 추가 비용에 대한 부담 등으로 수용 불가 입장 확고 등
  ➪ 「드론산업 허브센터」 부지 이전이 불가피한 실정임

□ **현안 및 대책**
- 동아대에서 시의회의 공유재산 관리계획 부대의견 수용불가 입장에 따라 **신속한 대체부지 확보 및 그에 따른 행정절차 이행** 필요
  ➪ 부산TP 지사단지내 유휴부지로 위치 변경하여 허브센터 건립사업 신속 추진
- 그간 집행한 사업비 매몰 비용(57,657천원) 조치 방안 필요
  ➪ 법무담당관실의 컨설팅을 받아 동아대와 협상 추진

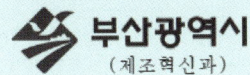
부산광역시
(제조혁신과)

실무에서 요약 박스의 효과적인 활용법은 다음과 같다.

첫째, 보고서 작성 배경(사건, 지시), 작성 경과(자문, 회의, 출장 등 자료수집 이력), 개요(회의 일시, 장소, 참석자)를 서너 개 문장으로 정리해준다. 이 경우 서론에 해당하는 내용에 할애하는 공간이 줄

그림 3-2

- 드론산업 허브센터 건립사업 -
## 부지사용 협약변경 관련 현안 및 대책 보고

「드론산업 허브센터 건립」 공유재산관리계획(변경) 시의회 의결 부대의견에 대한 동아대 수용 불가에 따른 현안 및 대책을 보고드림
- 건설본부 건축2팀-3815(2022.12.5.), 동아대 건설과-1718(2022.12.13.)호 관련

### Ⅰ. 사업개요
- 사 업 명 : 드론산업 허브센터 건립
- 위    치 : 사하구 하단동 산12-3일원 [동아대 부지-20년간 무상사용]
- 사업규모 : 연면적 1,575.60㎡, 옥외시험장 600㎡ [지상4층 / 지하1층]
- 소요예산 : 108.85억원 [시비 93.85, 민자 15]

| 총건립비 (백만원) | 재원별 | 연차별 투입계획 | | | | |
|---|---|---|---|---|---|---|
| | | 소계 | '20년 | '21년 | '22년 | '23년 |
| 10,885 | 시비 | 9,385 | 500 | 1,000 | 2,085 | 5,800 |
| | 민자 | 1,500 | 1,000 | 500 | 500 | 500 |
| | | 1,500 | | | | 500 |

어들고, 그 덕분에 가장 중요한 추진방향이나 전략, 계획을 보고서의 첫 장에 몰아 넣을 수 있다.

둘째, 보고서에서 검토한 대안, 주장하려는 결론(예: 현재 상황에 대해서 두어 가지 해결방안을 제시하면서 그 중 장점이 많고 단점이 적은 한 방안을 건의하고 구체적인 조치까지 함께 제시)을 바로 쓴다. 스포일러가 될까 걱정된다면, 보고서 구조가 두괄식이어야 한다는 말을 아직도 이해하지 못하는 셈이다.

실제 예를 보자. 2022년 12월 작성된 부산광역시의 〈드론산업 허브센터 건립사업〉 관련 보고서(그림 3-1, 그림 3-2)는 요약 보고서와 요약 박스의 사용법을 모두 담고 있다. 요약이 중복되고는

있지만, 각각의 활용 예로는 좋은 편이다. 우선, 보고서의 맨 첫 장(표지)인 그림 3-1이 1장 요약 보고서를 겸하고 있다. 비록 글 상자 안에 들어있지만, 충분히 길기 때문에 흔히 사용하는 요약 박스로 취급하지는 않는다.

다음으로, 이 보고서의 두 번째 장에서 시작되는 문서 본문 첫 부분에서 다시 요약 박스(그림 3-2)를 썼다. 박스 안의 기술 내용은 좀 간략한데, 표지에 요약 보고서가 이미 나왔기 때문인 듯하다. 나쁜 예는 아니라고 본다. 적어도 요약 박스에서 제목을 반복하지 않기 때문이다.

### 눈높이를 맞춘다

보고서 쓰기에도 다른 모든 글쓰기와 같은 원칙이 적용된다.

쉽게 써야 한다. 읽기 쉽고, 이해하기 쉽게. 쉽게 쓰기는 특별히 어렵게 쓰려고 노력하지 않는 데서 시작한다. 보고받는 사람의 눈높이를 생각하고, 굳이 '있어 보이려는' 표현도 쓰지 않는다.

외국에서 유년시절을 보낸 분을 상사로 모신 적이 있다. 정부의 문서들이란 한자어투성이라는 사실을 그의 눈을 통해 새삼 깨달았다. 보고 때마다 단어 하나하나에 "그게 대체 뭐죠? 무슨 뜻이에요?"라는 질문이 이어졌고, 그때마다 다들 진땀을 흘리며 뜻을 설명했다. 결국 한자어 사용을 줄이고 용어 설명을 각주로 붙이고 나서야 무사히 보고를 할 수 있었다.

　이렇듯 보고하는 사람과 보고받는 사람 사이 눈높이와 상식의 불일치는 의외로 자주 발생한다. 평생 공무원만 해본 사람들끼리 일한다면 보고서에 쓰는 용어 고민은 하지 않아도 될 것이다. 그러나 공직의 다양성을 제고하기 위해서 개방을 점차 확대하는 추세다. 정무직 같은 조직의 최상층뿐만 아니라 중간 관리자, 실무자까지 다양한 배경과 경험을 가진 사람들로 채워지고 있다. 그러니 각자 자신에게 익숙한 표현과 용어를 고집하기보다는 모두가 이해할 수 있는 언어의 교집합을 찾아 나가는 것이 마땅하다.

　여러 상황과 눈높이에 두루 맞추기 위해서는 최대한 쉽게 쓰는 것이 좋다. 어렵고 쉬운 기준은, 물론 주관적이다. 내가 모르면 어렵고, 내가 알면 쉽다. 여기서 어쩔 수 없다고 포기하지 말아야 한다. 실무 수준에서 일상적으로 쓰는 표현들을 최상층에서 모르는 경우는 많다. 다 이렇게 써왔다면서 '원래 그런 것'이라고 밀어붙이지 말자.

　이제 글을 쉽게 쓰는 몇 가지 요령을 구체적으로 확인해보자.

　<u>첫째, 평범한 일상어를 쓰고 어려운 용어는 풀어 쓴다.</u>
　때로 평범해지기 위해 의식적으로 노력할 필요도 있다. 공무원들이 자주 쓰는 용어에 너무 물들면 평범함이 어떤 것인지 잊어버릴 수도 있기 때문이다. '비난'을 '폄훼'라고 하면 한층 엄중하게 느껴질 수 있겠지만, 폄훼라는 말을 모르는 사람에게는 오히려

와닿지 않는다. 그렇다고 '평가절하'를 쓰면 경제학적 의미가 담긴 표현이 된다. '욕하고 흉봄'이라는 평범한 표현은 너무 구어체라 곤란하다. 역시 비난은 '비난' 정도로 타협하되, 구체적인 비난 내용을 인용해서 가져오는 편이 낫다.

정부보고서에 자주 쓰여 사자성어처럼 되어버린 '민관협력' '상생공영' '성과거양' '체감효과 증대' '신속대응' 같은 말들은 한 뭉치 관용어구에 불과해졌다. 차라리 이런 말들을 풀어 쓰면 의미와 흐름이 살아나기도 한다. '정책 체감효과 증대 노력'이라 쓰는 대신, '정책의 효과를 (국민들이) 직접 (빨라진 처리속도로/실수령하는 금액으로) 느낄 수 있도록 노력'한다고 써보자. 고착된 한자어 대신 구체적인 내용이 드러난다.

한자어만 문제가 아니다. '거버넌스governance 확립' '로우키low-key 대응' '인프라infra-structure 확충' '데마쉐démarche 실시' '원스톱 서비스one-stop service 구축' '컨트롤타워control tower 마련'처럼, 정부보고서에서 지겹게 등장하는 외국어·외래어 문구만이라도 피하면 좋겠다. 이런 말들은 누군가 처음 썼을 때는 신선하고 주의를 환기하는 효과도 있었을 것이다. 하지만 지금은 그저 '있어 보이는' 단어로 전락한 채 남발되고 있다.

최근 정부보고서에서는 '샌드박스sandbox' '리빙랩living lab' 같은 낯선 단어들을 마주치기도 한다. 검색해 보고서야 의미를 알게 된 이들 단어에는 어쩐지 '이런 말도 모르면 무식한 거지'라는 우격다짐이 담겨있는 것 같다.

한자어나 외국어도 아닌데 주석을 부르는 용어들도 늘어났다. 배경과 의미 설명이 필요한 역사적 사건이나 각종 시사용어뿐만 아니라, 정부에서 만들어낸 갖가지 사업명도 설명 없이는 이해하기 어려울 때가 많다. 설명을 어떻게 붙일까? 인터넷 연결이 안 된다면 전자문서에 넣은 하이퍼링크는 무용지물이다. 보고서 끝(미주)이나 하단(각주)의 주석으로는 가독성이 떨어진다. 공무원들은 이왕이면 바로 옆이나 위아래에 속 시원한 설명이 바로 붙는 편을 선호한다. 정부보고서에서 주석을 넣는 방법은 주로 두 가지다. 화살표로 바로 위에서 설명하는 것, 그리고 별표(*) 주석을 밑에 달아주는 것이다.

---

　　　　　　　　┌─▶ 자신에 관한 정보가 언제 누구에게 어느 범위까지 알려지고
　　　　　　　　│　　이용되도록 할 것인지를 결정하는 권리
○ 공공 마이데이터 서비스 안내서 발간
○ 공공 마이데이터 서비스 안내서 발간
　　※ 공공 마이데이터 서비스 : 국민이 정보 주체로서 행정 공공 기관에게 보유한
　　　본인 행정정보를 본인이 원하는 곳에 제공하도록 요구할 수 있는 서비스

---

둘째, 가급적 단문으로, 짧게 쓴다. 주어와 서술어가 하나씩만 있는 단문을 쓰면 문장을 줄이기 위해 고심할 필요가 적어진다. 수식어까지 절제하면 문장은 대부분 한 줄 이내로 끝난다.

한편 한 문장(단락) 안에 이유나 조건을 말하는 절, 즉 '~한다면' '~할 경우' '~하는 바' '~(으)로 인해'와 같은 부분들이 들어있으면

복문이다. 과거에는 복문 사용 비율이 높았지만, 최근에는 단문으로 끊어버리는 경우가 더 많다. 단문 사용이 반드시 지켜야 할 철칙, 가장 좋은 방법은 아니다. 단문만 연속으로 사용할 경우 단조로워지고 흐름이 끊길 수도 있다. 그보다는 복문과 중문을 적절히 섞어주는 편이 낫다.

보고서 문단 첫머리 괄호 안에 핵심어를 넣어 강조하거나, 조건(~할 경우, ~시 등)을 넣어 조건절을 대신하는 것은 비교적 최근에야 나타난 방식이다. 괄호 안의 단어는 그대로 소목차 역할도 하고, 문단을 줄이면서 내용을 충분히 넣는 데도 도움을 준다. 이런 유용성 때문에 첫머리 괄호 사용법은 모든 정부부처와 기관들에 확산되고 있다.

그림 3-3

□ 추진 배경
  ○ 시도에서도 중앙과 같이 재난방송(TV자막) 및 재난문자를 원클릭 발송할 수 있도록 **시도 경보통제소 시스템 개선사업 추진**(붙임1 참조)

< 사업 개요 >
  ▸ 대상/일정 : 시도 경보통제소 / '23.1월~ (제주는 '24.6월 완료 예정임)
  ▸ 소요 예산 : 총 9억원(행안부에서 재난안전특별교부세 지원)
  ▸ 주요 내용 : 재난문자, TV자막 등을 원클릭 발송할 수 있도록 시도 시스템 개선

  ○ **시도 시스템을 재난방송, 재난문자 시스템과 연계 조치 필요**
    - (재난방송) 중앙경보통제소에서 사용 중인 자체 TV자막시스템과 연계를 고려하였으나, 개발사 폐업으로 중앙경보통제소에서 예비로 사용 중인 **재난정보통신과 통합재난문자시스템\*과 연계 필요**
      * 재난문자(CBS, DMB), 재난방송(TV자막) 통합관리 시스템
    - (재난문자) 연계 완료\*, 그간 훈련에서 제기된 요청사항\*\* 반영 필요
      * 중앙경보통제가 통합재난문자시스템과 기 연계('23.3월)되어 있어, 자체적으로 시도 연계
      \*\* 훈련상황도 통합재난문자시스템에 표출되도록 개선 요청(서울, 경기 등)

그림 3-3은 2024년 3월, 행정안전부에서 작성한 〈재난방송 및 재난문자 개선방안〉 보고서 중 일부를 따온 것이다. 단문, 중문, 복문을 모두 쓴 것을 볼 수 있다. 1줄과 2줄이 기본이지만, 3줄을 쓰기도 했다. 문단을 짧게 하기 위해 참고 내용은 괄호로 묶어 문단 끝에 넣거나, 별표(*)와 함께 작은 크기 고딕체를 쓰는 것은 정부보고서에서 공통적으로 보는 기법이다. 앞서 언급한 별표 주석 용법도 확인할 수 있다.

<u>셋째, 시각적 자료를 적절히 넣는다.</u>
한눈에 보고 이해하기 쉽기로는 역시 시각적 자료만한 것이 없다. 제시된 숫자의 의미와 절차를 말로 풀어 쓰기보다 그래프와 그림을 활용하는 것이다. 통계는 표로만 표현하기보다 그래프로 나타내는 편이 낫다. 복잡한 과정과 관계를 그림으로 보면 이해가 쉬워진다. 사안에 따라 좌표평면, 알고리즘, 벤다이어그램 같은 방식도 적극적으로 쓰기를 권한다.

정부보고서는 여전히 그래프와 그림을 쓰는 데 인색하다. 어느 부처와 기관이든 컬러 프린터를 보유하고 있다. 그런데 색색의 잉크는 제목에 색깔을 입히고 멋을 내는 데 주로 쓰인다. 한때는 자원절약과 보고서 단순화 차원에서 컬러 보고서가 금지되기도 했다. 이처럼 이유 있게 흑백을 강요하는 상황이 아니라면 이왕 쓰는 색깔을 그저 보기 좋게만이 아니라, 의미 전달의 효과를 높이는 방식으로 활용할 필요가 있다.

그림 3-4

| 1 | 반도체 미래기술 |

○ **(R&D)** 정부는 **연구개발, 인력양성, 산업 지원** 등을 위한 **반도체 전략**˙을 선제적으로 발표하고, **정부 R&D 투자 강화**(' 23, 5,635억원)

　　* K-반도체 전략('21.5), 반도체 R&D 생태계 및 인프라 확충방안('21.11), 반도체 관련 인재양성방안('22.7), 반도체 초강대국 달성전략('22.7) 등

○ **(산업·기술현황)** 우리나라는˙DRAM·NAND 등 **메모리 반도체 초격차 유지**와 더불어 **시스템 반도체 역량 확대**를 위한 투자 확대 중

　　※ 국가별 반도체 매출 대비 R&D 투자비율은 미국(16.9%)이 가장 높으며, 중국(12.7%), 일본(11.5%), 대만(11.3%), 한국(8.1%) 수준(IC Insights, '21)

○ 연구방향성 제시 및 체계적 핵심기술 확보를 위한 **기술 로드맵 부재**

< 반도체 기술 방향 >

- **(소자)** 고집적·저전력 반도체 생산을 위한 미세화 경쟁으로 **3nm까지** 구현했으나, 한계˙에 다다른 CMOS를 대체 가능한 내구성·재현성 등이 개선된 **신개념 소자 개발 시급**
  * 1nm이하는 원자 크기 레벨로 물리적 한계에 따른 기술·공정 난이도 급증, DRAM의 휘발성 등
- **(설계)** 빅데이터, 딥러닝 활용도 증가로 병렬처리에 특화된 **AI 반도체** 및 연산과 저장 기능을 통합한 **PIM 반도체 개발**이 중요
- **(공정)** 초미세화 기술 난이도 상승으로 前공정 기술을 통한 칩 성능 향상이 둔화됨에 따라, **後공**정을 통해 성능 고도화를 좌우하는 **첨단 패키징 고부가가치 기술개발** 필요

　그림 3-4는 2023년 4월, 비상경제장관회의 직후 보도자료에 첨부하여 발표한 〈반도체·디스플레이·차세대전지 3대 주력기술 초격차 R&D 전략〉 보고서(관계부처 합동)의 '현황 및 시사점'에서 첫 부분만 가져온 것이다. 이 문건은 완성도 높게 쓰인 과학기술 분야의 공개본 정책보고서다. 특이하게도 전체 13장에서 단 한 개의 표나 그래프를 찾아볼 수가 없었다. 최근 보고서의 경향성과는 사뭇 다르다. 발췌한 부분만 보아도 정부 R&D 투자 확대 의의, 국가별 투자비율 비교 등은 충분히 시각화 자료로 표현할 수 있

었다. 그래프가 들어갔다면 훨씬 입체적이고 전달력 좋은 보고서가 되었을 것이라는 아쉬움이 있다. 당시 이 공개 보고서를 바탕으로 쓴 기사에서는 해당 부분에 대한 그래프(그림 3-5)를 따로 만들어 쓰고 있었다. 국가별 투자비율을 표현한 이 그래프는 한국도 다른 외국들에 뒤처지지 않도록 반도체 R&D를 늘려야 한다는 당시 언론 기사에서 가장 중심적 위치를 차지하고 있다.

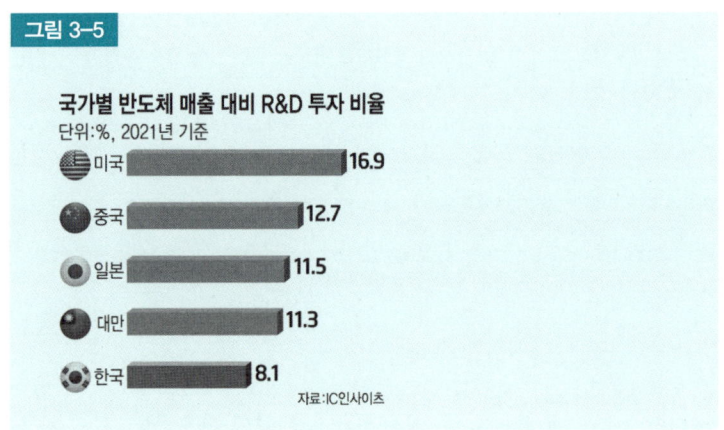

## 뼈를 고른다

보고서는 구조(뼈대)를 잘 짜는 것뿐 아니라 문장에서 핵심(뼈)을 돋보이게 쓰는 것도 필요하다. 할 말을 다 쓰고 나서 간결하게 다듬는 것에는 두 가지 방법이 있다.

① **개조식을 쓴다** 개조식個條式으로 글을 짓는 것은 물리적으로 글자를 덜어내는 방법이다. 개조식은 정부, 군대의 공문서에서 주로 쓰인다. 문장 전체의 딱딱한 분위기 외에 가장 먼저 눈에 띄는 것은 끝맺음의 '~함' '~음' '~임' 등이다. 처음 쓰기 시작한 것은 1895년 갑오개혁 때다. 대한제국 말기까지 관리가 쓰는 국한문 혼용체의 끝맺음은 대개 '~하니라'나 '~니라'였다. 이전까지 쓰이지 않던 '~흠'이란 맺음 방식은 일본 정부에서 왔다. 개조식이라는 단어도 일본어 '카죠-카키簡条書き'와 상응한다. 이후 개조식 문체는 일제강점기를 거쳐 대한민국 정부까지 면면히 이어졌다. 다만 그 뿌리 깊은 '개조식'이 정식 단어로서 국어사전에 등재된 것은 2003년의 일이다.

 공무원이 되면 좋든 싫든 개조식의 세계로 깊숙이 발을 들여놓게 된다. 적어도 보고서를 쓸 때는 서술식 문장을 버려야 한다. 그렇게 시간이 지나다 보면 개조식 아닌 글을 쓰기가 어색해지고 어려워진다. 심지어 업무수첩이나 쪽지에도 개조식을 쓰고 있는 자신을 발견한다. 서술식 문장 쓰는 법을 잊어버리고 싶지 않다면 따로 일기라도 쓰는 습관을 들이는 게 좋다. 정부 공문은 서술식이되, 매우 제한된 서술식이다. 고작 몇 개 유형의 문장을 가지고 조립해야 하므로 재량은 거의 없다. 개조식 문장에 공손하기만 한 어미('해주시기 바랍니다')를 붙인 것이 공문의 문체다.

 개조식은 쓰다 보면 익숙해진다. 숙련도에 개인차는 있어도 본질적으로 어려운 것이 아니다. 요즘에는 프레젠테이션 장표(슬라이드)를 만들 때도 개조식 축약을 하는지라, 정부와 기업을 막론하고 보고서에서 개조식의 활용도는 여전히 높은 편이다.

그렇다면 과연 어느 정도로 개조식이어야 진정한 개조식, 더 고급스러운 개조식으로 취급되는 것일까?

개조식이란 목차, 표제어, 핵심어 정도를 단어로 나열하고 그 아래 내용은 대충 오므려놓은 것이라 생각하기 쉽다. 하지만 정부에서 쓰는 개조식 문장은 축약의 정도가 높다. 모든 내용이 빠짐없이 개조식으로 시작해서 개조식으로 끝나야 한다. 소위 '음슴체'로 불리는 '순한맛' 개조식보다 훨씬 간결한 '매운맛' 개조식이 공무원 보고서의 완성형으로 여겨진다.

일단 서술식 문장 하나를 개조식으로 옮겨보자.

■ 서술식
○ 한국 정부가 최근 한국을 향해 강성 발언을 한 싱하이밍 주한 중국대사를 초치해 항의하자 중국 당국이 정재호 주중 한국대사를 불러 항의하며 맞불을 놓았다. (2023.6.11., 연합뉴스 기사 중에서)

■ 1단계 변환 : 순한맛 개조식
○ 최근 한국 정부의 싱하이밍 주한 중국대사 초치에 대한 맞대응 차원에서 중국 당국이 정재호 주중 한국대사를 불러 항의하였음.

→ 문장을 간략하게 하고, '음'으로 끝냈다.

시간 순서대로 기술한 것은 서술식과 같다.

조사와 어미를 줄이면서 3줄 문장이 2줄로 줄었다.

■ 2단계 변환 : 매운맛 개조식

○ 중국 당국, 정재호 주중 한국대사 초치 및 항의 (2023.6.11).
- 우리 정부 싱하이밍 대사 초치(6.9) 관련 맞대응 차원 판단

→ 문장에서 조사와 어미를 빼고, 마지막은 단어로 끝낸다.

가급적 한 줄로 끊어질 수 있도록 다듬는다.

날짜와 같은 상세 정보는 괄호 안에 넣는다.

독자가 이미 알고 있는 정보는 뺀다. (강성 발언을 한)

표현은 순화하되, 피아를 확실히 구분한다. (우리 정부)

단어를 좀 더 들여다보자. 기사에서는 조금 더 통속적이고 자극적인 '맞불'이라는 표현을 쓸 수 있지만, 정부보고서에서는 보다 건조하고 중립적인 '맞대응'이라는 표현이 선호된다. 아울러 마지막 단어도 '맞대응'이나 '맞대응 차원'이라고만 끝내지 않는다. 이를테면, '맞대응 조치로 볼 수도 있다' '맞대응이라고들 한다' '맞대응이라고 우려된다' 등등의 열린 서술이 가능하기 때문이다. 선택사항이기는 하지만, '판단'이라는 단어를 넣어주면 보고자의 의도가 좀 더 명확해진다.

한글 문장은 흔히 주어 없이도 성립하고 통용된다. 그리고 수

동태는 주어가 없어도 별로 이상하지 않다. 영어에서도 간혹 주어가 자명해서 생략되는 경우(일기, 대화체 등)는 있지만, 예외적이다. 그래서 한글을 영어로 번역할 때 가장 큰 난관은 없는 주어를 만들어내는 것과 수동태를 능동태로 바꾸는 것이다. 한글의 생략된 주어와 수동태는 개조식에서는 더 자연스럽다. 정부보고서에서 주체는 주로 정부(또는 해당 부처, 기관)이기 때문에 독자가 헷갈리는 일은 드물다. 다만 정부 내에서도 복수의 부처 간, 기관 간 역할이 나뉘거나 민간이 수행해야 할 부분이 따로 있는 경우에는 혼선이 생긴다. 이럴 때는 주어를 꼭 넣어야 한다.

서술식 문장에서 의견 제시에 많이 쓰는 마무리는 '~로 보인다'와 '~인 것 같다' '~로 생각한다' '~로 느껴진다' '~를 해야 한다' '인 것이 필요하다(요구된다)' 정도다. '보인다'는 영어 It seems, It looks 등에서 따온 것으로 엄밀하게 말하면 바람직한 어법은 아니지만 실제로 많이 쓰여서 예로 들었다. 이들을 개조식으로 옮기면 모두 '보임' '인 것 같음' '생각함' 정도로 끝나게 될까? '톡'에서 쓰임직한 '~인 듯' '~할 각' 같은 말들이 끼어들 여지는 없을까? 하다못해 '할까?'나 '일까?'로 끝나는 의문문은 어떻게 개조식이 되는가? 나름의 규칙이 있다. 다음의 문장 변환이 매우 자연스럽게 보인다면, 충분히 공무원 물이 들었다는 증거다.

적극적인 태도를 보인다. → 적극적 태도 시현/관찰

심각한 오류인 것 같다. → 심각한 오류로 추측/추정

연내 상승할 것 같다. → 연내 상승 전망

부적절한 접근으로 생각한다. → 부적절한 접근 판단

무리한 요구로 느껴진다. → 무리한 요구 판단

근본적인 대책을 세워야 한다. → 근본 대책 수립 요망/요구

섣불리 대응하지 않을 것이 요구된다. → 섣부른 대응 금지

신속히 대응해야 한다. → 신속한 대응 필요/긴요

과연 적합한 조치일까? → 과연 적합한 조치인지 의문/의문시

    개인적 관점을 배제해야 하므로 '생각'이나 '느낌'과 같은 단어는 정부 개조식 문장에서는 거의 쓰지 않는다. 굳이 판단까지 안 되는 상황이라 해도 모두 '판단'으로 대치할 수밖에 없다. 이외 주장 관련 동사 표현들은 모두 상응하거나 대신하는 명사로 바꾼다. 정부 개조식 문서에서 많이 쓰이는 동사를 대신하는 명사(그러나 실생활에서는 잘 쓰지 않는 단어) 중에는 예로 든 '시현示現(보였다)' 외에도 '지득知得(알게 되었다)'이나 '득문得聞(들었다)' 같은 것들이 있다. 정부에서 일하지 않으면 접하기 어려운 말들이다.

    개조식 끝맺음에서는 종종 시점과 시제가 불분명해진다. 쓰는 실무자가 마음만 먹는다면 얼마든지 과거, 현재, 미래를 혼용해가며 상황을 흐릿하게 만들어서 그 표현들 뒤에 숨을 수도 있다. 가령 '시행' '추진' '대응'으로만 끝나는 문장을 보면, 이미 한 것인지, 하고 있는 것인지, 할 것인지 읽는 사람으로서는 알기 어렵다.

시점이나 시제는 분명하게 쓰는 것이 바람직하다. 가령 '시행'으로 현재를 표현하려면 '시행 중', 과거는 '기旣 시행' 또는 '이미 시행', 미래는 '(~경) 시행 예정'으로 쓴다.

여기까지 끝마무리에 대해 감을 잡았다면, 이제부터는 문장 중간에 늘어진 부분들을 정리하면 된다. 우선 조사는 최소화한다. 조사만 빼도 개조식 완성형과 꽤 비슷해진다. 한글 특징상 주어는 종종 생략되지만, 그래도 써주는 경우가 있다. 이때 주격 조사(은, 는, 이, 가)는 쉼표로 대치된다. 실무자들 가운데 가끔 이와 같은 쉼표의 의미를 잘 모르고 쓰는 사례를 본다. 쉼표는 주격 조사 대신이므로 주어에 해당하는 말 다음에 써야 한다. 다음에서 두 번째는 잘못된 쉼표 사용법이다.

행정안전부, 디지털플랫폼정부 연내 실행방안 구체화 (○)
○○재단, 사업승인 검토 (×)

주격 조사 외에 다른 조사와 접속사들도 가급적 다 뺀다. 물론 다 제거할 경우 도무지 말이 되지 않기도 한다. 그럴 때는 어쩔 수 없이 조금씩 아껴가며 넣는다. 조사도 안 되는데, 보조사는 될까? '도' '만' '조차' 같은 보조사는 객관적 기술에 머무르지 않고 주관적 판단을 담는 표현이므로 더욱 절제하는 것이 원칙이다.

보통 거론하는 글쓰기 원칙에 따르자면, 조사 '의'와 대명사 '것'

은 모두 빼야 한다. 이에 더해 '~적' 같은 연결 만능어와 나열할 때 쓰는 '등' 같은 말은 금기다. 이런 단어들이 들어간 글은 딱딱해지기 때문이다. 그러나 공공영역에서 쓰는 개조식 보고서란 바로 그런 딱딱함을 지향하는 글이기에, 다른 글쓰기와 달리 '~의'나 '~적'은 오히려 권장되는 편이다. '등'은 상황에 따라 매우 중요한 의미를 가지는 단어이기 때문에 (구체적으로 거론하지 않은 많은 것들을 대신해주는 의미) 주의해서 사용해야 하건만, 실무 현장에서 남발되는 경향이 있다.

비슷하게 딱딱해지는 개조식 표현의 예는 많다. '에 대해서'는 보통 '관련'으로 바꾼다. '와(과)'와 '그리고'는 쉼표와 '및'으로 대체된다. 접속사 '따라서' '그러므로' '그리하여' '그래서' 등은 말머리 부호 대시(-)가 대신한다. '참고로'나 '예를 들면'과 같은 표현은 참고표(※)와 별표(*)가 대신한다. '하지만'과 '그러나'는 대신할 부호가 없어서 개조식에서도 종종 그대로 쓴다. 특이하게 '다만' '한편' '아울러' '특히'처럼 전체를 수식하는 부사가 문단 첫머리에서 자주 사용되는데, 주의를 환기하고 강조하는 기능 때문이다. 같은 문장 부사라도 '아무튼' '어쨌든' '하여튼' '아무래도' 등은 정부보고서에서는 찾아보기 힘들다. 직전까지의 논리 전개를 무너뜨리기 때문이다.

이외에 부처, 기관에 따라 보다 짧은 개조식을 만들기 위해 문어체스러운 한자를 그대로 쓰는 경우도 종종 있다. 대표적으로 내內, 외外, 하下, 전무全無, 별무別無 같은 단어들이다. 살펴보면 막상 글자를 절약하는 의미는 크지 않은 것 같다. 단지 관행을 따르거나 '음슴체'를 피하기 위한 용도로 보인다. 반드시 필요하지 않은 한자 사용은 줄여도 될 것이다.

외자 : 조직 內, 조치 外, 참석 下, 未 시행, 旣 집행, 발생 時, 조치 完

단어 : 징후 全無, 특이사항 別無, 가능성 不排除

(각각 전혀 없음, 별로 없음, 배제하지 않음과 상응)

② **기름기를 걷어낸다** 개조식이 조사나 어미를 없애고 한자어를 써서 물리적으로 글자를 줄이는 방법인 데 비해, 간결성을 얻기 위해 문체를 바꾸는 '화학적' 방법도 있다. 문장에서 쓸모 적은 말들을 쓸모 있는 말들로 대신하고 장황한 표현들을 걷어낸다. 쓸모가 적은 말이란 형용사, 부사와 같은 수식어에 한정되지 않는다. 각종 부사절도 의미 전달에는 쓸모가 적다.

아래의 첫 문장을 보면, 뭔 말인지는 알겠지만 장황하게 느껴진다. 1차로 줄인 문장에서는 절과 수식어를 없애고 핵심 단어만 건져내서 짧게 축약했다. 이때 조사를 전부 걷어내지는 않았다. 2차로 줄인 문장에는 기름기를 더 빼내어 보았다. 남은 명사들의 부대낌이 느껴지지만, 의미는 더 명료해졌다.

앞으로 세계 경제와 국제금융시장 상황이 급격히 변화할 수 있는 가능성을 배제할 수 없는바, 정부 차원에서 보다 기민한 대비 태세 확

립 필요
→ 향후 세계 경제와 금융시장 급변에 정부 차원에서 대비할 필요
→ 세계 경제 및 금융시장 급변, 정부 대비 필요

보고서에서 중언부언 말을 늘리는 방법은 많다. 대표적으로 '확대' '강화' '추진' '거양' '구체화' '체계화' '내실화'와 같은 단어들을 문장 끝마다 붙인다. 이런 단어들은 빠져도 의미를 전달하는 데 지장이 없지만, 없으면 허전하다고 여기는 사람들이 많다. 문장에서 기름기를 걷어내자면 꼭 필요한 말들만 건져야 한다.

소상공인 및 서민에 대한 포용금융 지원 확대 강화
→ 소상공인 및 서민에 대한 포용금융 확대

위 문장에서는 잘 하겠다는 각오를 강조하기 위해 끝부분에 여러 단어를 겹쳐 썼다. 이런 경우 겹친 단어는 줄이되, 어쩌면 생소할 수 있는 '포용금융'이 무엇이며 얼마나 확대하는지 구체적으로 써주는 편이 의미를 전달하는 보고서 문장으로는 훨씬 낫다.

다음 한 줄은 정부에서 일하는 사람들에게는 매우 친숙하다. 정확한 의미를 설명하기는 어렵지만 어쩐지 좋아 보여서 너도나도 자주 쓰는 '유기적인 협조체제 구축'이라는 정부보고서의 '클리셰cliché'를 썼다. 의미를 따져보면 기관들끼리 당연히 해야 할 협조를 잘 하겠다는 다짐에 불과하다. 서로 다른 기관들이 하나

의 유기체도 아닌데 그렇게 한몸처럼 움직여줄 리는 만무하다. 이상적인 목표에 비해 상태가 어떤 것인지, 어떻게 하겠다는 것인지 알 수 없다. 이처럼 관습적으로 쓰는 수식어나 클리셰를 빼면 오히려 의미가 드러난다.

> 유관기관 간 긴밀하고 유기적인 협조체제 구축
> → 유관기관 비상연락망 구축 및 정기점검

이외에도 정부 클리셰는 꽤 많다. '원스톱 서비스' '맞춤형 솔루션' '고객지향형 행정' '쌍방향 소통 리더십' '라포 형성'과 같은 표현들도 여러 분야에서 차용해왔다. 꼭 필요한 경우도 있지만, 실무자가 정확한 의미를 따지지 않고 쓰는 일도 많다. 표현 자체가 아니라 맥락의 문제이기도 하다. 어떤 표현이든 사용한 이유를 정확히 설명할 수 없다면 차라리 쓰지 않는 편이 낫다.

1940년 영국의 윈스턴 처칠 수상이 전시 내각의 공무원들에게 쓴 간결성brevity에 대한 메모(지시사항)를 참고삼아 가져왔다(그림 3-6). 내용을 봐선 그럴 필요가 있을까 싶지만, 전시라 그런지 '비밀secret'로 분류되어 있다. 내용이 중요해서 메모의 전문에 대해 한글 번역문을 만들었다. 처칠은 스스로 소박하고 간결한 문체의 전범을 보여주기 위해서 이 메모를 직접 썼다고 한다.

간결성

총리 지시사항

우리는 일을 하기 위해 많은 문건들을 읽어야 합니다. 그것들 중 대부분은 너무 깁니다. 이런 전시에 에너지는 필수적인 데만 쓰여야 합니다.
나는 내 동료들과 직원들이 모두 보고서를 짧게 쓰길 바랍니다.

(i) 보고서는 짧고 간결한 문단으로 핵심 주장을 해야 합니다.
(ii) 복잡한 요소의 상세 분석이나 통계가 필요하면 별도 첨부하세요.
(iii) 완전한 보고서가 아니어도 필요시 구두로 추가 설명할 수 있다면, 표제어만으로 된 쪽지 보고 Aide-memoire로 충분합니다.
(iv) 이런 말들은 이제 쓰지 않도록 합시다. "다음과 같은 고려사항을 염두에 두는 것도 매우 중요합니다."라든가, "실행에 옮겨질 가능성도 고려할 필요가 있습니다."와 같은 장황한 문구들은 단지 문장을 부풀리는 것이고, 다 들어내거나 한 단어로 대체해도 됩니다. 비록 대화체라도 짧고 표현력 있는 구절들을 쓰는 것을 주저하지 맙시다.

내 제안대로 쓰는 보고서는 관가의 전문용어들을 사용한 매끄러운 글들과 비교하면 처음에는 좀 거칠어 보일 수도 있습니다. 하지만 시간이 매우 절약될 테고, 진짜 논점을 간결하게 쓰는 것은 보다 명료한 생각을 하는 데도 도움이 됩니다.

### 그림 3-6

(THIS DOCUMENT IS THE PROPERTY OF HIS BRITANNIC MAJESTY'S GOVERNMENT).

S E C R E T.

W.P.(G)(40) 211.   COPY NO. 51

9TH AUGUST, 1940.

WAR CABINET.

BREVITY.

Memorandum by the Prime Minister.

To do our work, we all have to read a mass of papers. Nearly all of them are far too long. This wastes time, while energy has to be spent in looking for the essential points.

I ask my colleagues and their staffs to see to it that their Reports are shorter.

(i) The aim should be Reports which set out the main points in a series of short, crisp paragraphs.

(ii) If a Report relies on detailed analysis of some complicated factors, or on statistics, these should be set out in an Appendix.

(iii) Often the occasion is best met by submitting not a full-dress Report, but an Aide-memoire consisting of headings only, which can be expanded orally if needed.

(iv) Let us have an end of such phrases as these: "It is also of importance to bear in mind the following considerations......", or "Consideration should be given to the possibility of carrying into effect.....". Most of these woolly phrases are mere padding, which can be left out altogether, or replaced by a single word. Let us not shrink from using the short expressive phrase, even if it is conversational.

Reports drawn up on the lines I propose may at first seem rough as compared with the flat surface of officialese jargon. But the saving in time will be great, while the discipline of setting out the real points concisely will prove an aid to clearer thinking.

W.S.C.

10, Downing Street.
9TH AUGUST, 1940.

퇴임 후 회고록 《제2차 세계대전》으로 노벨문학상까지 받은 처칠은 평생토록 긴 보고서를 진심으로 싫어했다. 그는 위 메모 외에도 이렇게 비꼬는 말을 어록에 남겼다.

'This report, by its very length, defends itself against the risk of being read(이 보고서는 바로 그 길이로 인해 읽힐 위험에서 스스로를 지킨다).'

21세기 우리 정부의 윗사람들은 어떨까. 처칠 같은 지시문을 쓴 적은 없지만, 마음만은 다르지 않다. 시대와 장소를 막론하고 관리자들은 짧고 담백하고 요령 있게 핵심만 다루는 보고서를 받아보고 싶다. 그런 보고서라야 쉽게 이해하고 자신의 것으로 만들어 다른 사람들(주로 더 윗사람들이나 언론이나 일반 국민)에게 설명할 수 있기 때문이다. 간결성의 미덕은 여전히 유효하다. 다만 기계적으로 자르고 욱여넣은 간결함이 아니라, 단어에서부터 거품을 빼는 소박하고 정직한 간결함이 필요하다.

### 양식을 다듬는다

과거 노무현 정부 청와대에서는 〈보고서 작성 매뉴얼-보고서 잘 쓰는 방법〉이라는 90장짜리 자료를 만들어 배포했다. 대통령 비서실 직원들이 몇 달간 작업해서 완성한 이 매뉴얼은 이후 〈칭찬받는 보고서 작성법〉이라는 행정자치부 요약본으로도 나왔고, 대통령 비서실에 대한 소개를 덧붙여 《대통령 보고서》라는 제목의 책으로도 출간됐다. 이 매뉴얼·책의 특징이라면, 보고서를 받아 보는 최종 수요자인 대통령의 입장을 반복해 강조하면서 효율적인 문서 관리를 위한 '표준화'에 집중한다는 것이다. 결국 보고서 작법에 관한 충실한 내용에도 불구하고, 사람들의 기억 속에 각인된 것은 글자 모양과 크기, 제목, 글상자의 색깔, 문서의 상하좌우 여백까지 지정해준 보고서 양식에 대한 세세한 지침이었다.

정부 차원에서 만든, 현재까지 유일한 공식 보고서 쓰기 매뉴얼에서 그리도 강조하던 양식이 과연 얼마나 중요한 것인가 생각해 보자. 우선, 보고서의 양식은 쉽게 무시할 수 있는 것이 아니다. 양식을 맞추지 못한 보고서는 질서와 일관성을 추구하는 공무원들의 마음에 본능적인 거부감을 유발한다. 양식은 내용을 결정하고 구성하는 데 영향을 미친다. 양식에 따라 어조와 방향이 달라질 수 있다. 분량이 제한되면 주의사항은 생략되고 대안의 개수도 줄어들 수 있다. 반면 내용 없는 보고서도 양식만 맞춰놓으면 그럴듯해 보이거나 필요 이상 과하게 부풀려지기도 한다. 양식이란 결코 무시할 수 없지만, 그것만이 전부인 양 끌려가서는 안 된다.

첫째, 보고서의 양식은 변한다.
각 정부, 기관, 부처, 부서마다 선호하는 양식이 있다. 조직의 장이 바뀌면 선호 역시 변한다. 노무현 정부 청와대의 보고서 양식은 지금도 매뉴얼에 들어있지만, 쓰지 않은 지 오래다. 게다가 실무 현장은 양식들이 난립하는 춘추전국시대다. 과거와의 차별성, 경쟁자와의 차별성을 위해서라도 새로운 양식이 계속 생겨난다. 법으로 엄격히 정하지 않은 이상(실제로 많은 법령들이 주요 공문서 표준 서식을 별지에서 정해놓고 있다) 문서 양식이란 끊임없이 달라진다. 문서를 꾸미는 데 각 조직이나 개인이 저마다 의욕을 발휘하고 취향을 칠하기 때문이다. 그러니 양식에 대해서는 집착을 내려놓는 편이 좋다. 변화와 다름을 인정하고 유연하게 대응할 필요가 있다. 실무자로서는 사실 양식을 고민할 필요가 거의 없다. 보통 조직 전체의 문서 양식은 미리 정해서 배포하며, 마음대로 바꾸지 못하기 때문이다.

둘째, 양식보다 기술에 유의해야 한다.

전체적인 양식이 아무리 통일되어도 문장 기술 방식에서 차이가 나면 문서를 통일성 있게 관리하거나 하나의 문서로 만들기가 어렵다. 문서 여백이며 글자 모양이며 문단 모양이며 다 지정해 줬는데도, 여러 군데서 생산한 문서들을 취합하는 작업은 적잖은 시간을 잡아먹는다. 스타일 복사 기능을 써서 덮어씌우는 것이 어려워서가 아니다. 용어의 사용, 문장의 밀도, 문체 차이가 나기 때문이다. 용어야 '찾아 바꾸기' 기능으로 통일하면 되겠지만, 문장의 밀도와 문체는 하나하나 다듬어야 한다. 현장에서 '평탄화'

라고 부르는 작업이다. 취합하는 사람에게 시간이 없는 경우 짐짓 모르는 체 이어붙이기만 하는데, 문서 전체의 완성도는 현저히 떨어진다. 그러니 취합을 맡은 쪽에서는 문서 양식뿐 아니라 기준이 될 만한 사례(샘플) 보고서를 미리 배포하는 게 좋다.

셋째, 결국 중요한 것은 내용이다.

실무자들에게 초안만큼은 양식 없이 쓰기를 권한다. 처음부터 양식에 맞추려 하다 보면 자연스러운 생각의 흐름이 막힌다. 흐름이 막히면 형식적으로 쓰게 된다. 보고서를 위한 보고서가 양산되는 까닭이다. 보고서의 덩어리 내용을 쓰는 것이 조각이라면, 양식은 마무리 사포질과 같다. 모양새만 맞추느라고 자간과 장평을 줄여가며 땜질하듯 문서를 편집하면 결국에는 보기에 더 난삽해진다. 오히려 마지막에 가서야 양식을 맞추고, 표현의 불순물들을 다시 한번 걷어내는 편이 효율적이다.

## 보고한다

### 보고는 누가 하나?

보고서를 썼으면 보고를 해야 한다. 보고는 가능한 작성자가 직접 하는 것이 바람직하다. 대면보고라면 작성자가 들고 가서 직접 설명하고, 서면보고라면 보고서에 작성자의 이름을 써내는 것이다.

그런데 대면보고에서 작성자 보고가 어려워지는 상황이 적잖다. 중간관리자들이 자주 작성자를 대신해 보고하기 때문이다. 보고서 작성자를 제치고 관리자급에서 보고하는 이유를 짚어보자.

• **합리적인 이유** 관리자들이 입안과 집행에 책임을 져야 하는 경우, 검토 과정에서 관리자의 의견이 강하게 들어간 경우, 관리자 입장에서 보고서를 쓴 실무자의 보고 경험이나 요령이 부족하다고 판단되는 경우, (보고서 쓴 실무자를 데리고 들어가서) 보고하는 법을 가르쳐주고 싶은 경우, 보고 대기가 밀려서 다른 구두 보고 건들과 함께 보고하는 것이 효율적인 경우.

• **비합리적인 이유** (잘 쓴 보고서라서) 관리자들이 윗사람들한테 잘 보이고 싶은 경우, 실무자가 직접 들어와 보고하는 것이 예의가 아니라고 생각하는 윗사람이 있는 경우.

내가 실무자일 때는 죽이 되든 밥이 되든 보고는 직접 하고 싶었다. 내가 쓴 보고서는, 설사 다른 사람들이 마구 고쳐서 누더기가 되었다고 해도, 내가 제일 잘 알기 때문이다. 보고 과정에서 질문이 들어오면 가장 잘 대응할 수 있는 사람은 작성자인 나라고 생각했다. 그런데 번번이 내가 쓴 보고서를 상사들이 가져가 보고하는 관행에 좌절했다. 보고결과가 좋지 못하면 마음속으로 보고를 대신 한 그들 탓을 했다. 그래서 내가 관리자가 되고 나서는 웬만한 보고는 보고서를 쓴 사람이 하는 것을 원칙으로 했다. 그러나 이내 관리자가 직접 보고해야 하는 상황도 있다는 것을 깨닫게 되었다. 공을 가로채는 것이 아니라 책임을 지기 위해서 말이다.

보고서에 관련된 사람들이 다 같이 들어가서 보고를 하면 세부사항 뒷받침, 보고요령 습득, 보고내용 공유처럼 필요한 모든 것들이 한꺼번에 해결되기도 한다. 이럴 때도 보고는 작성자가 직접 하되 관리자는 거들고 조정하는 정도가 바람직하다고 믿는다. 보고서를 쓴 사람이 보고에서 소외되는 것처럼 기운 빠지고 사기 떨어지는 일도 없다.

**대면보고 : 서면보고**

아직도 공직사회에서는 대면보고가 우선시 된다. 대면보고란 직접 만나서 하는 보고다. 전자결재 시스템이 갖추어진 지 오래되었고 지난 수년간 팬데믹을 겪었지만 서면보고가 '뉴노멀'로 자리잡지는 못했다. 윗사람들의 사무실 앞에는 오늘도 결재판을 들고 보고를 기다리는 대기 줄이 길다.

대면보고는 직접적인 소통에 유리하다는 장점이 있다. 만약 시간에 쫓겨 보고서 완성도에 자신이 없다면 대면을 선택해야 한다. 서면으로는 부족한 설득력을 구두설명으로 보완해낼 수 있다. 특히 언변이 좋은 실무자라면 대면이 훨씬 유리하다. 대면보고에서는 언어적 소통 외에 비언어적 소통도 가능하다. 보고받는 사람의 표정으로 보고서의 운명은 물론, 후속 보고서나 수정 보고서가 필요한지도 가늠할 수 있다.

대면보고를 효과적으로 하려면 예상 질문에 촘촘히 대비해야 한다. 어떤 사안이든 과거 이력이나 유사 사례 질문은 자주 나온다. 잘 알려지고 흔히 쓰는 것이라도 약어의 뜻은 정확하게 알아야 한다. 보고서에 대한 사소한 질문들에 대해서도 막힘없이 답한다면 보고자에 대한 믿음과 보고서에 대한 신뢰도가 함께 높아진다.

여러 장점에도 불구하고 대면보고는 시간이 많이 걸린다는 단점이 있다. 보고 자체에만 시간이 더 걸리는 게 아니다. 보고자들의 대기시간을 늘리고 시급한 사안의 보고 적기를 놓치게 한다. 윗사람들의 시간은 귀하지만, 아랫사람들의 시간도 소중하다. 서면보고를 지금보다 더 권장해야 하는 이유다. 바라기로는 서면이 주가 되고 대면으로 보완하는 쪽이 되면 좋겠다.

어느 조직에서나 덜 중요한 사안, 일상적이고 반복적인 내용은 서면보고만으로 끝나기도 한다. 다만 서면보고라고 해서 간단하게 여길 일은 아니다. 서면으로만 진행하는 경우, 대면보다 완성도에 더 신경을 써야 한다. 구두로 보완하거나 질문에 답할 기회가 없기 때문이다. 질문이 나올 만한 부분들은 보고서 안에 답이 들어 있어야 한다. 보고받는 사람의 인식 흐름을 따라 대목마다 궁금해할 만한 점들을 적절히 해소시켜 주어야 한다. 약어나 용어는 풀어 쓰고, 예상 문제점에 대한 해결방안도 완비되어야 하는 건 물론이다. 보고서를 다 읽은 후 혹시나 미진한 점이 없도록 상세한 첨부자료도 빼놓을 수 없다. 가능한 모든 것을 손에 쥐고 있다는 안정감을 주도록 (물론 느낌만이 아니라 실제로도 그러하도록) 작성해야 한다.

### 짧게 보고하기

보고를 시작하려고 들어서자마자 "진짜 중요한 사안입니다." "이건 꼭 보셔야 합니다."를 연발하며 불안감 혹은 기대감을 한껏 올려놓는 사람들도 있다. 일종의 보고 기법인 모양인데, 반복되면 '늑대가 나타났다'는 외침처럼 효과가 떨어진다. 반대로 "별 건 아닌데요." "간단한 건입니다."라고 안심시키고 시작하는 사람들도 있다. 이런 말을 들으면 안심은 되겠지만 기대감이 떨어지고, 다소 느슨하게 보고받게 되는 부작용도 있다. 게다가 예고보다 간단한 건이 아니라면 화가 날 법도 하다.

　대면보고를 하면서, 처음부터 끝까지 (개조식 만드느라 떼어낸 조사와 어미를 일일이 붙여가며) 보고서를 읽는 상황도 자주 만난다. 아무리 잘 쓴 보고서라도 그대로 읽어 내려가면 지루해진다. 말보다 눈이 빠르기 때문이다. 핵심만 말하고 덜 중요한 참고 부분 같은 것은 생략해도 된다. 미리 시간 조절을 해두지 않으면, 보고가 가로막히거나 통째로 잘리기도 한다. 보고하는 시간은 길어도 10분 이상 끌지는 않도록 하자.

'엘리베이터 피치Elevator Pitch'라는 것이 있다. 엘리베이터를 타고 올라가는 30초, 길어야 60초 이내에 주장을 펼치고 설득한다는 뜻이다. 피치는 투수가 공을 던지듯 아이디어를 투척함을 의미한다. 대면보고에서 적극적으로 활용해야 하는 개념이다. 미국의 경영대학원에서는 이런 보고 방법도 분석해서 가르친다. 지금보다 나은 보고를 하고 싶다면, 이렇게 짧은 시간 안에 보고 개요를 설명하는 연습을 추천한다. 이런 연습은 할수록 나아지고 자신만의 요령도 생기게 마련이다.

## 보고에 대해 보고하기

흔히 보고reporting는 아래에서 위로 하는 것으로만 생각한다. 하지만 업무 현장에서 하는 보고는 상하좌우 여러 방향의 소통이다. 오히려 브리핑briefing이 실질에 더 가깝고, 또 그래야만 한다. 보고 과정에서 일방적 내용 전달로 끝나지 않고 다양한 의견교환이 있기 때문에, 보고 후 보고와 관련된 내용을 관련자들에게 설명하는 디브리핑debriefing은 보고만큼이나 중요하다. 디브리핑은 보고서에 대한 검토, 협조, 결재 단계에 참여한 모두에게 고르게 이루어져야 한다. 보고서 작성자와 보고자가 달랐다면, 보고서 작성자가 상세한 디브리핑 대상이 된다. 보고서 작성 과정에는 참여하지 않았더라도 해당 보고서의 영향을 받거나 집행에 관여하게 될 사람들에게도 적절한 디브리핑이 필요하다.

디브리핑은 글과 말, 모두 가능하다. 상황에 따라 명확하고 오해의 소지가 적은 방법을 택해야 한다. 일반적으로 보고 과정에서 의견 개진, 지시, 질문은 말로 이루어진다. 이럴 때는 글로 다시 정리해서 전파한다. 중요한 사안일 경우 디브리핑 내용을 다시 서면으로 보고하여 점검받는 절차도 필요하다.

어떤 보고는 최종결재권자까지 가서도 한번으로 끝나지 않는다. 여러 차례 수정 보고를 하는 상황도 발생한다. 상하좌우 모든 관련자에게 보고 내용과 과정에 대한 설명까지 마쳐야 비로소 하나의 보고 과정이 마무리된다.

# 4 보고서, 한 걸음 더 나아가기

### 진정한 한 장 보고서

'1-pager'라는 용어가 있다. 한글로는 '한 장 보고서.' 시간에 쫓기는 윗사람들에게 가장 필요한 것은 한눈에 훑어볼 수 있는 딱 한 장짜리 보고서라는 주장이다. 내가 미국에서 연수하던 2000년대 초반, 백악관 참모로 일했던 교수들이 학생들에게 1-pager를 강조하며 수시로 연습을 시키곤 했다. 취직하면 꼭 필요하다면서. 그 무렵 미국에서는 이미 정부든 기업이든, '보고서는 짧게, 가급적 한 장'이라는 공감대가 형성되어 있었다.

한국 기업들에도 한 장 보고서 유행이 찾아왔었다. 2019년 한 시중은행에서는 '1-1-1 캠페인'(회의 자료는 1장 이내, 회의 시간은 1시간 이내, 결과보고는 1일 이내)이라는 것을 했다. 한 장 보고서를 주제로 하는 책들도 꽤 나왔다. 귀찮은 보고서를 딱 한 장만 써도 된다니 매력적이지 않은가. 한 장 보고서 얘기는 우리 정부에서도 진작부터 했다. 지켜진 적이 없을 뿐이다. 누군가는 "아닌데? 정부에 한 장 보고서 많이 있던데?"라고 할 수도 있다. 이를테면 〈○○회의 개최 계획〉이나 〈△△신청 승인 검토〉 같은 것이다. 보통 한 장으로 해결된다. 가끔 도저히 몇 줄 이상 나올 수 없는 내용을 가지고 굳이 한 장을 꽉 채워 써내는 보고서 달인들도 봤다.

한 장 보고서를 논할 때 누구나 진정으로 원하는 것은 '어떻게 이 복잡하고 많은 내용을 한 장으로 썼지?'라는 감탄이 나오는, 그런 보고서다. 나 역시 한 장 보고서를 매우 좋아한다. 하지만 보고서를 한 장으로 만들어 달라는 요청을 하면, 실무자들의 표정은 십중팔구 일그러진다. 이후 실무자가 들고 오는 것은 억지로 한 장에 욱여넣은 보고서다. 한 장 보고서를 만드는 '꼼수' 또는 요령은 대략 다음의 세 가지다.

첫째, 보고서의 줄 간격, 문단 간격, 용지 좌우 여백을 줄인다.

기업들에서 한 장 기획서를 가져오라고 하면 주로 글자 크기를 줄인다고 한다. 우리 정부에서는 글자 크기를 마음대로 줄일 수 없다. 미국 정부에서 쓰는 보고서는 Times New Roman이나 Arial 글꼴로 12포인트를 넘지 않는다. 11포인트도 자주 쓴다. 우리 정부에서는 보고서 글자 크기의 표준이 휴먼명조(예전에는 신명조) 15포인트 아니면 14포인트다. 각주나 캡션을 달 때만 간신히 12포인트를 쓴다. 보고서에 왜 그렇게 큰 글씨를 써야 하냐고

초임 시절 주변에 물었더니, 윗사람들 노안 때문이라고 했다. 20세기 말에는 심지어 본문에 16포인트까지 썼다. 국무총리실에서는 대정부질문 답변서처럼 현장에서 총리가 직접 읽어야 하는 문서는 18포인트로도 쓴다. 현재는 14포인트가 주로 쓰이는데 이조차 21세기 들어 많이 작아진 결과다. 이처럼 글자 크기가 정해져 있는 상태에서 물리적으로 줄일 수 있는 것은 문서 여백, 줄 간격, 글자 간격(자간), 글자의 가로세로 비율(장평)밖에 없다. 효과는 극적이지 않고, 무엇보다 결과물이 보기 좋지 않다.

둘째, 보고서의 구체적인 내용을 첨부로 돌려버린다.

이 방법은 흔히 한 장 보고서를 쉽게 만드는 비법처럼 전수되어왔다. "보고서가 너무 길다고? 다 뒤에 붙여버려." 하는 식이다. 이 방법은 권할 만한 것이 못 된다. 보고서는 짧아졌지만, 판단의 근거가 되는 구체적인 사항들, 반드시 본문에 들어가야 할 내용들이 모조리 빠진다. 시각적 자료들도 사치다. 모두 첨부로 들어간다. 이런 첨부는 보라고 붙이는 것인가, 보지 말라고 붙이는 것인가. 어차피 읽어야 할 분량이 줄어들지도 않는다면, 이런 식의 한 장 보고서는 속임수에 불과하다.

셋째, 보고서의 문장들에서 뼈를 골라 다듬고 재조립한다.

문장의 거품과 기름을 최대한 걷어낸다. 순한맛 개조식은 매운맛 개조식으로, 만연체는 간결체로 바꿔야 한다. 적어도 이 방법은 줄 간격을 줄이는 것보다 효과적이다. 문단으로 내용을 늘어놓기보다 표로 만든다. 그래프나 사진은 단순하고 작은 버전으로 고른다. 현재 정부보고서 제약 아래에서는 가장 성의 있게 타협하는 방안이다. 궁리도 많이 해야 하고, 품도 적잖게 든다. 이렇게 만든 결과물은 한 장 보고서의 취지에도 잘 부합한다.

그런데, 정말 여기까지가 최선일까? 문제는 가능한 모든 방법을 동원해 아무리 노력해도 보고서 한 장의 밀도를 획기적으로 올리기 어렵다는 데 있다. 한 장에 필요한 모든 내용이 다 담긴 간명하고 치밀한 보고서를 원한다면서 글자 크기는 그대로 유지하라는 것은 무리한 요구다. 바라건대 보고서 쓰는 실무자들에게 현재보다 글자 크기를 1~2포인트라도 줄일 수 있도록 해주면 좋겠다. 그럼 윗사람들의 노안은 어떻게 하냐고? 돋보기를 쓰자.

실제 한 장 보고서의 예로 미국 정부의 보고서부터 가져와봤다. 우리 정부의 진정한 한 장 보고서는 공개하기 어려운 경우가 대부분이기 때문이다. 그림 4-1은 2023년 6월 비밀해제되어 일반공개된 미국 국가정보국Director of National Intelligence, DNI의 북한 핵무기 사용에 관한 시나리오를 다룬 보고서다. 공개된 두 장 중에서 한 장은 글, 한 장은 표(그림 4-2)로 된 것이다. 두 장의 보고서는 사실 같은 내용이다. 표로 된 보고서는 색과 기호를 요령 있게 사용해 3개의 시나리오를 비교했고, 글로 요약한 보고서는 서술식 문장이지만 핵심 주장만 담았다.

이 보고서가 우리 정부 보고서와 다른 점은 한눈에 들어오는 작은 글자 크기 외에도 몇 가지가 더 있다.

그림 4-1

## North Korea: Scenarios for Leveraging Nuclear Weapons Through 2030

January 2023                                                                                     NIE 2023-00262-B

### (U) Key Takeaway

During the period of this estimate, North Korean leader Kim Jong Un most likely will employ a variety of coercive methods and threats of aggression to try to make progress toward achieving his national security priorities. He may be willing to take greater conventional military risks, believing that nuclear weapons will deter an unacceptably strong US or South Korean response. The IC continues to assess that North Korea is unlikely to use nuclear weapons unless Kim believes his regime is in peril, and that he cannot achieve his strategic goals using conventional or chemical means. We judge it to be much less likely that Kim will choose an offensive pathway in which he seeks to use force, including the possible use of nuclear weapons, to split the US–South Korea alliance and establish clear political and military dominance on the Peninsula. We also judge it to be very unlikely that Kim will seek to use his nuclear arsenal solely as a deterrent and will refrain from coercive threats or aggressive behavior.

**Key Judgment 1**: We assess that through 2030, Kim Jong Un most likely will continue to pursue a strategy of coercion, potentially including non-nuclear lethal attacks, aimed at advancing the North's goals of intimidating its neighbors, extracting concessions, and bolstering the regime's military credentials domestically. Kim, who has relied largely on non-lethal coercive measures throughout his rule, probably will employ targeted diplomatic and covert actions and may use limited military force to raise tensions as a means to press key foreign governments into adopting positions favorable to his objectives, confident that his growing nuclear capabilities will deter any unacceptable retaliation or consequences.

**Key Judgment 2**: We assess that an offensive strategy that seeks to seize territory and achieve political dominance over the Peninsula through the use of force, including the use of nuclear weapons, will be much less likely than the strategy of coercion. An offensive strategy would become more likely if Kim believed he could overmatch South Korea's military while deterring US intervention and maintaining China's support, or if he concluded that a domestic or international crisis presented a last chance to accomplish revisionist goals.

**Key Judgment 3**: We assess that it also will be very unlikely that North Korea will follow a defensive strategy—characterized by forgoing both nuclear-backed coercion and more escalatory aggressive actions, such as kinetic attacks—during the period of this estimate. A defensive-focused North Korea would still continue to test, produce, and field missiles and nuclear weapons. In such a scenario, we might also see a sustained lessening of tensions on the Peninsula.

출처
https://www.dni.gov/files/ODNI/documents/assessments/NIC-Declassified-NIE-North-Korea-Scenarios-For-Leveraging-Nuclear-Weapons-June2023.pdf

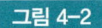

### North Korea Scenarios: Definitions and Drivers

This NIE considers three scenarios for how Pyongyang could perceive the value and purpose of a growing nuclear arsenal through 2030. North Korea most likely will continue to use its nuclear weapons status to support coercive diplomacy, and almost certainly will consider increasingly risky coercive actions as the quality and quantity of its nuclear and ballistic missile arsenal grows.

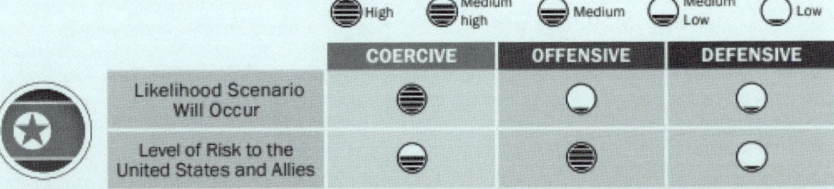

| | COERCIVE | OFFENSIVE | DEFENSIVE |
|---|---|---|---|
| Likelihood Scenario Will Occur | High | Medium Low | Medium Low |
| Level of Risk to the United States and Allies | Medium high | Medium | Medium Low |

 **COERCIVE PURPOSE**

North Korean leader Kim Jong Un employs threats—including nuclear threats—and possibly limited use of military force to achieve some political objectives while maintaining escalation control and trying to minimize the risk of regime-threatening retaliation. The North's nuclear weapons serve as a deterrent to a US-South Korea response to such actions.

 **OFFENSIVE PURPOSE**

A revisionist Kim seeks to fundamentally shift the balance of power on the Peninsula through the use of force. Nuclear weapons serve as an offensive option through use or the threat of use to dominate the South, achieve a decisive advantage in determining the future of the Korean Peninsula, or compel other desired outcomes.

 **DEFENSIVE PURPOSE**

A responsible Kim adopts a nuclear doctrine that emphasizes defense, abandons coercion as a diplomatic tool, and possibly engages in sincere confidence-building measures. Kim maintains nuclear weapons solely as a deterrent.

**COERCIVE DRIVERS**
- Confident coercion will yield political, economic, or military benefits
- Confident diplomatic, economic blow-back is manageable
- Confident military escalation risk is containable
- Resigned to few external lifelines

**OFFENSIVE DRIVERS**
- Underlying interest in revising peninsula's status quo
- Confident in the conventional balance of power
- Empowered by fully demonstrated battlefield and strategic nuclear missile capability
- "Now or never" crisis
- Confident Beijing and Moscow will not oppose
- Confident that the United States and its allies have been deterred

**DEFENSIVE DRIVERS**
- Lack of offensive ambitions
- Satisfaction with nuclear deterrent
- Confidence in regime resilience
- Willingness to discuss arms control
- Desire for greater integration into the international community
- Intent for economic opportunity

우선 표 사용법이 영리하다. 우리 정부보고서들은 많은 경우 표에서 기본적인 구분 항목에만 의미 없는 색깔을 사용한다. 앞머리의 픽토그램도 내용을 요약하는 의미가 있다. 또한 보고서 목차 사용이 훨씬 유연하다. 1. 2. 3으로 이어지는 형식적인 목차가 없다. 핵심 요지, 핵심 판단으로만 소목차가 구성되어 있다. 우리 정부의 보고서들은 번호 목차가 없으면 안 되는 줄 안다. 게다가 불필요한 장식 요소가 없다. 글꼴 사용은 두 가지 이하로, 기관 엠블럼이나 그래픽은 보고서의 품격을 위해 최소한으로만 쓴다. 우리 정부보고서에서는 글자도 이미 충분히 큰 데다, 단어마다 줄마다 크기와 글꼴과 강조(볼드, 이탤릭, 음영)를 달리하곤 한다.

결과적으로 보고서 본문을 전부 접하지 않고도 이 요약본 각 한 장만으로도 핵심 내용을 이해하기에 무리가 없다.

114쪽 문서는 과거 역사적 상황을 전제로 내가 직접 한 장 보고서를 만들어본 것이다. 외부에 공개되지도 않고 문서로 등록조차 되지 않는 간략한 내부 정책보고서 또는 전략보고서의 느낌을 살펴보기 위해서다. 1444년 2월 17일, 훈민정음에 반대하는 최만리의 상소(동년 2월 15일)가 올라간 이후 세종에게 올리는 가상 보고서다. 작성자는 왕의 현재 상황과 불편한 심정을 잘 헤아리는 승정원의 승지쯤으로 상정했다. 현재로 치면 대통령(비서)실의 행정관쯤에 해당한다. 사실史實을 따른 것은 상소 내용과 이후 일부 조치 내용 정도다. 실록에 의하면 세종도 조목조목 따지는 상소

# 훈민정음(訓民正音) 창제 이후 대응방향 검토

■ 상황 평가

o 1/4분기 탐문·안색조사시 조정 신료들 중 언문 반대파는 96% 이상 추정
  - 특히 최만리(집현전 부제학) 등이 며칠 전 반대 상소를 주도, △중국측과 외교문제 초래 가능성, △오랑캐들과 유사한 행태로 보일 가능성, △신라부터 쓰던 이두의 유용성, △백성들의 혼란 초래 등을 근거로 제시

o 반대파를 제압하기 위해서 보다 강력한 대처가 필요한 시점으로 판단
  - 상(上)이 오랜 세월 고민하여 직접 창제한 언문을 막판에 내부 반대에 밀려 포기한다면 오히려 집권 26년차 통치에 심각한 누수를 불러올 우려

■ 대응방향

o [대외] 중국에는 사신교환시 언문이 보조적 수단임을 지속 강조
  - 중국측이 문제를 제기할 가능성은 매우 낮으나, 기정사실화 작업 진행
  - 신숙주, 성삼문 등 언문 이해도가 높은 학자들을 사신으로 임명

o [대내] 반대파 제압과 함께 편찬사업을 추진하면서 반포 적기 모색
  - 대화로 해결하는 모습을 보이기 위해 차기 어전회의시 공개 토론회 개최
  - 토론 이후 반대파에 대한 귀양, 국문, 파직 등은 그간 쌓아온 성군(聖君) 이미지에 타격 불가피하나, 필요시 제한적으로 사용
    * 최소한 주도자 10인 이내 의금부 단기 하옥 조치 정도는 적극 고려

■ 향후 조치

① 반포준비 : 향후 3년 계획으로 진행 (※동궁을 출판·언문청 준비팀장으로 임명)
  - 훈민정음 해례 → 용비어천가 → 불교 관련 서적, 순서로 출판 준비
  - 왕실 종친들을 중심으로 언문 익히기와 언문 서한 쓰기 운동 확산

② 신상별별 : 찬성파는 충분히 보상하되, 반대파는 인사 불이익 조치
  - 집현전 학사 중 핵심 그룹에 승진과 포상(약재, 희귀 서적 등) 실시
  - 노골적 반대파는 향후 정승, 판서, 참판 기용 불가 방침 천명

③ 심신안정 : 내년 초까지는 창제과정에서 악화된 상(上)의 건강 회복에 주력
  - 온양 행궁 설치 및 내의원에 소갈병 치료 강화 명령

붙임 (1) 최만리 상소(전문), (2) 향후 사신교환 일정, (3) 언문청 준비팀 조직도

에 매우 분격했던 것으로 보이고, 최만리 등은 하루 정도 의금부에 하옥되기도 했다. 최만리 상소에 대한 세종의 반박이나 세종의 뜻을 따르는 신료들의 입장은 기록으로 남아 있지 않으니, 이 부분을 가상의 보고서로 재구성해 보았다. 집권 후반기 왕권통치 누수와 연결될 수 있기에 단호한 조처와 치밀한 대응이 필요하다는 점도 부각했다. 당대 어법을 쓴 것은 왕의 호칭인 상上밖에는 없고, 그 외에는 오늘날의 어법과 문체를 사용했다. 매우 짧은 보고서이기에 목차는 유연하게 사용하고 장식 요소는 배제했다. 세종이 이미 보았음직하거나 다소 실무적이고 집행적인 자료들은 보고서 본문에 넣지 않고 첨부로 돌렸다.

끝으로 길이가 긴 과거 보고서도 한 장으로 요약해보았다(116쪽 참고). 재료는 국가기록원 사이트에서 찾은, 1994년 문화관광부 예술진흥국에서 작성한 6장짜리 〈일본대중문화 개방대책 검토〉 보고서다. 일본이 한류韓流를 걱정해야 하는 지금에 와서는 그야말로 격세지감이 느껴진다. 그래도 1990년대 초에는 일본대중문화 개방이 사회적으로나 정책적으로나 매우 심각한 의제였다. 그런 무거움 때문인지 보고서의 길이는 내용에 비해 길다. 그렇다고 해도 6장이나 되는 보고서를 펄럭펄럭 넘겨가며 회의를 오래 한들 다뤄야 할 문제가 수월해지는 것은 아니다. 6장을 한 장으로 줄였을 때의 확실한 미덕은 모든 상황과 논점이 빠르게 한눈에 들어온다는 것이다. 이 한 장 보고서는 앞의 훈민정음 보고서와는

## 일본 대중문화 개방, 어떻게 할 것인가?

금년 4월 대통령 방일을 계기로 향후 일본 대중문화 제한을 해제하는 원칙 하에 부작용을 최소화하기 위한 4단계 개방대책을 검토, 수립하였습니다.

### 1. 현황

o △국민 반일감정 △일본 대중문화의 저급성을 고려, 일본 대중문화 유입 제한중이나, 일본 정부는 법적, 제도적 근거 없는 제한 조치 해제 요구 지속

| | 현재 허용 분야 | 현재 비허용 분야 |
|---|---|---|
| 순수예술 | 문학, 미술, 학술분야 공동조사 연구, 일본 극단의 번역극, 전통극 공연, 클래식 음악 공연, 무용 일반 | |
| 대중문화 | 문화, 교육영화, 만화영화, 국제영화제, 국제가요제 참가, 미술, 곡예, 무용 등 공연, 순수클래식 음반, 문화, 교육 비디오, 왜색 없는 청소년용 만화비디오, 비디오 게임물 | 극영화(한일합작, 제3국과 일본합작 포함), 우리 영화 일본배우 출연, 우리 가수의 일본대중가요 공연 및 일본어 가창, 코미디, 연예물, 일본어가창 음반, 대중가요 음반, 비디오 영화, 왜색 현저한 비디오게임물 |

### 2. 고려사항

o 개방의 문제점은 감정적이고 불확실한데 비해, **현 상황에서는 비개방시 문제점이 보다 증가**하고 있으며, 대내외 압력에 대응할 필요도 점증

| 개방의 문제점 | 개방의 필요성 |
|---|---|
| ▸ 정서적 거부감, 여론조사 반대 60-80%<br>▸ 일본의 저질 퇴폐 문화 무분별한 유입<br>▸ 서양문화보다 파급력이 클 것으로 예상<br>▸ 청소년층 일본문화 오염 가속화 우려<br>▸ 취약한 국내문화산업에 타격 | ▸ 국제화 개방화 시대에 정당한 이유없는 제한은 국제무대에서 설명하기 곤란<br>▸ 제한은 행정시책에 불과, 법적 근거가 없어 수입 강행시 법적 대응 능력 미흡 |

### 3. 개방대책

☐ 원칙 : 국민정서를 해치지 않고 우호증진에 기여하는 시점에 단계적 개방
  - 건전청소년물, 장소적/시간적 영향과 문화산업 영향이 적은 분야부터 진행

☐ 세부 방안 : **분야별로 4단계 구분, 단계적으로 파급효과를 보아가며 진행**
  (1) 가요, 음반 : 불법 음반, 카세트 등을 통한 국내 범람 현상 감안, 현 상황에서는 **대일역조가 심각할 것으로 예상**되므로, ① 국제가요제, 문화행사 등 계기시 일본어 대중가요 가창 허용 (현재 시행중) ② 호텔 등 제한된 공간에서 일본인 상대로 한 국내 가수의 일본어 가창 허용 ③ 일본가수의 일본어 가창 허용 ④ 음반수입(공연 완전 허용 이후)
  (2) 영화, 비디오 : 일본 영화가 사양길에 접어들고 할리우드 투자 등으로 돌아섰다는 점, '80년대 대만의 일본영화 개방 사례 등을 참고하면 **타격이 크지 않을 것으로 예상**, 역시 단계적으로 개방 진행 ① 일본과 제3국의 합작영화 수입 (왜색 없는 영화) ② 국산영화에의 일본배우 출연, 한일합작영화 제작 및 수입 ③ 일본 극영화 수입 (순수문예물로부터 상업성영화로 확대) ④ 일본 비디오 및 비디오 게임물

첨부: ① 일본 영화수입 개방에 대한 여론, ② 일본 영화계 현황

달리 요약 박스와 번호 목차를 다 살렸고, 현황과 입장의 대비표도 그려 넣었다. 21세기에 들어 작성된 실제 보고서라면 각 문화예술 분야별 개방도 그래프 같은 것을 사용하고, 외국 사례나 역사적인 경험도 인용해 보고서를 더욱 풍부하게 만들었을 법하다.

## 개조식, 그렇게 중요한가

정부에서 쓰는 개조식 보고서의 장점으로는 가독성과 효율성이 꼽힌다. 익숙해지기만 하면 더 빠르게 읽히고, 글자 수가 줄어드니 한정된 면에 더 많은 내용을 담는다. 존댓말(경어체)과 반말(평어체)을 고민할 필요가 없다는 장점도 덧붙여진다. 반론의 여지는 있다. 더 빠르게 읽힌다는 건 공무원에게나 가능한 얘기다. 일반 국민은 친절하지 않은 개조식 문장을 암호해독 수준으로 읽어내야 한다. 효율성이라는 것도 보고서 쓰는 실무자들에게는 별로 와닿지 않는다. 문장이 길어지면 안 된다는 강박과 순수하게 명사만으로 조립해야 한다는 집착은 스트레스가 된다.

1960년대부터 10년 단위로 보고서를 골라 각 한 장씩을 가져와 보았다. 다음 7개의 보고서는 그간의 변화를 보여준다. 한자 사용은 줄고, 편집기술과 함께 장당 정보밀도가 지속적으로 높아졌다. 반면 절대 변하지 않은 것은 개조식의 전통이다.

**1960년대 보고서**: 〈독일탄광시찰결과 검토 및 조치되어야 할 문제점〉이라는 제목의, 1967년 1월 노동청(고용노동부의 전신)이 작성한 매우 긴 보고서에서 한 장(그림 4-3)을 가져왔다. 1970년대까지는 손글씨로 많은 정부 문서를 썼다. 이 보고서에는 한자 전용이라고 할 만큼 한자가 많이 쓰였고, 서술식에 가까운 순한맛 개조식으로 쓰였다.

그림 4-3

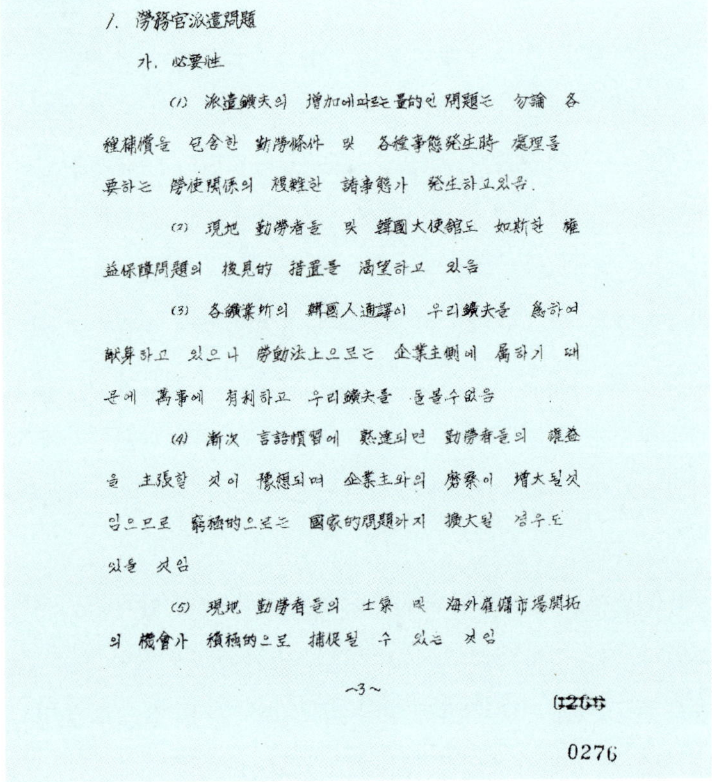

1. 勞務官派遣問題
   가. 必要性
   (1) 派遣鑛夫의 增加에 따르는 量的인 問題는 勿論 各種補償을 包含한 勤勞條件 및 各種事態發生時 處理를 要하는 勞使關係의 複雜한 諸事態가 發生하고 있음.
   (2) 現地 勤勞者들 및 韓國大使館도 如斯한 權益保障問題의 抜本的 措置를 渴望하고 있음
   (3) 各鑛業所의 韓國人通譯이 우리鑛夫를 爲하여 獻身하고 있으나 勞動法上으로는 企業主側에 屬하기 때문에 萬事에 有利하고 우리鑛夫를 돌볼수없음
   (4) 漸次 言語慣習에 熟達되면 勤勞者들의 權益을 主張할 것이 豫想되며 企業主와의 摩擦이 增大될것임으로 窮極的으로는 國家的問題까지 擴大될 境遇도 있을 것임
   (5) 現地 勤勞者들의 士氣 및 海外雇傭市場開拓의 機會가 積極的으로 捕捉될 수 있는 것임

~3~

0276

**1970년대 보고서** : 1976년 8월 보건사회부에서 작성하여 대통령 주재 국무회의에 보고한 〈불우아동건전육성대책〉 보고서 중 일부(그림 4-4)다. 국력신장에 걸맞게 해외입양을 줄이자는 보고서에서 문제점 부분만 옮겨보았다. 1970년대에는 이처럼 단문으로 작성된 순한글 문서들을 자주 만나게 된다.

그림 4-4

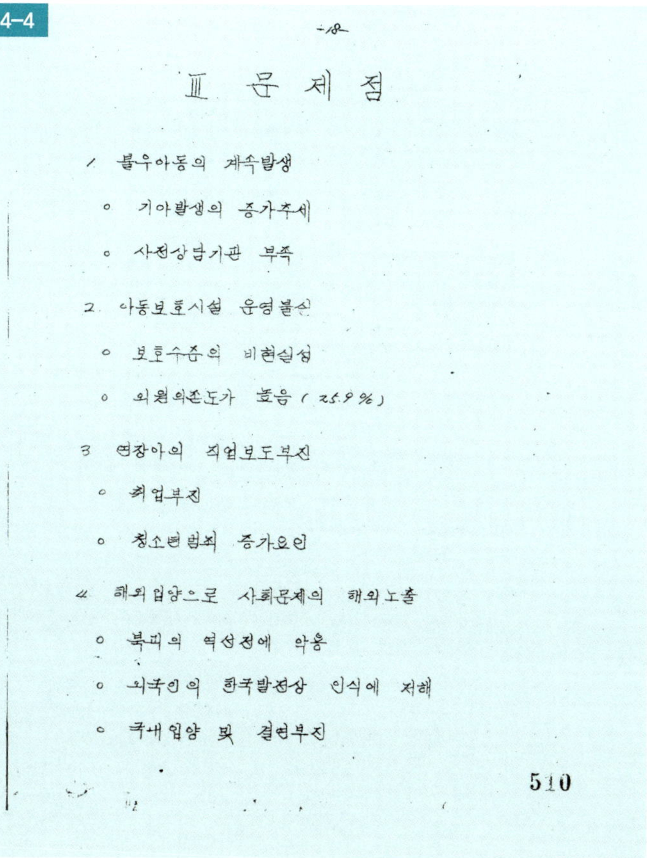

― 18 ―

Ⅲ 문제점

1  불우아동의 계속발생
   ○ 기아발생의 증가추세
   ○ 사전상담기관 부족

2  아동보호시설 운영불신
   ○ 보호수준의 비현실성
   ○ 외원의존도가 높음 ( 25.9% )

3  연장아의 취업보도부진
   ○ 취업부진
   ○ 청소년범죄 증가요인

4  해외입양으로 사회문제의 해외노출
   ○ 북피의 역선전에 악용
   ○ 외국인의 한국발전상 인식에 저해
   ○ 국내입양 및 결연부진

510

**1980년대 보고서**: 그림 4-5는 1987년 7월에 작성된 〈제4차 로잔느 남북체육회담 대책 보고서〉(체육부/국가안전기획부/국토통일원)다. 조사를 제외하고 가능한 모든 단어에 한자를 썼다. 긴 만연체 문장을 잘라낸 개조식은 비슷하다. 인용한 부분은 단 세 개의 문장으로 이루어져 있다.

### 그림 4-5

2. 北側態度 展望

  o 북측은 아직도 IOC仲裁案에 대한 무조건 受諾을 回避하고 있으며, 지난 5월말 IOC調査團의 평양방문시에는 『5개條件』을 제시함으로써 從前보다 强硬한 態度를 보이고 있음

  o 이같은 북측의 態度로 미루어 볼때 그들이 로잔느 南北體育會談에서 얻어내려는 것은

    - 단순히 『종목追加配定』문제가 아니라 서울과 평양에서 각기 別途로 『2개의 올림픽』을 開催할 수 있는 輿件을 확보하는데 注力하되

    - 그들의 企圖가 관철되지 않을 경우에는 會談을 일방적으로 決裂시키고 그 責任을 IOC와 한국측에 轉嫁하면서 88 서울올림픽의 순조로운 개최를 妨害하려는데 있다는 점을 看取할 수 있음

  o 따라서 북측은 금반 第4次 會談(7. 14-15)에서는

    - 8개종목 配定要求를 비롯 大會名稱, 組織委構成, 開·閉會式, TV放映權등 그들이 제시한 소위 『5個條件』을 관철시켜 보려고 策動할 것이며

    - 최근 國內政局과 관련하여 國際體育界 一角에서 擡頭되었던 『서울올림픽 懷疑論』을 재환기, 아직도 問題點이 尙存하는 듯이 왜곡함으로써

    - 共同主催가 실현되지 않으면 『올림픽』 運動이 심각한 危機에 直面할 것이라는 구실을 내세워 共同主催 주장을 合理化시키고, 이에대한 支持輿論을 유도해 보려고 劃策할 것임

**1990년대 보고서** : 그림 4-6은 1997년 2월 IMF 외환위기 및 구제금융 시기의 신호탄이 되었던 한보그룹 부도 사태와 관련하여 쓴 국무조정실의 〈한보 부도 관련 주요 현황 및 대책〉 중 일부다. 한자 사용은 줄어들고 보고서의 밀도는 과거보다 한결 높아졌다.

그림 4-6

4. 韓寶 不渡이후 主要 狀況 및 向後 對策

(1) 金融市場 동향

□ 금융시장은 신축적 資金供給, 投信社 외국인투자펀드 增額 등 정책적 노력에 힘입어 안정된 모습을 보이고 있음

 \* 한보부도와 설날, 부가세 납부 등에 따른 자금시장 경색이 없도록 6兆원의 資金供給計劃을 발표하고, 2.3일 현재 5.5조원 공급

|  | 96말 | 1.23 | 2.1 | 2.3 | 2.4 | 2.5 |
|---|---|---|---|---|---|---|
| · 회사채수익율(3년, %) | 12.60 | 12.02 | 12.00 | 12.00 | 12.00 | 12.00 |
| · 종합주가지수(포인트) | 651.22 | 676.91 | 683.13 | 687.25 | 695.95 | 698.60 |
| · 환율(원/달러) | 844.20 | 853.60 | 864.50 | 864.50 | 866.80 | 868.60 |

□ 國際金融 市場에서 우리나라 銀行이 資金調達에 애로를 겪는 등 어려움이 있었으나, 韓國銀行의 지원발표 후 正常 회복

(2) 韓寶鐵鋼 經營正常化

□ 金融機關 資金管理團에서 운영자금 1,000억원을 舊正前에 긴급지원하고 L/C개설 600억원도 지원키로 의결

 \* 2.5 현재 150억원이 당진현장 자금관리단에 공급되었으며 이중 132억원이 실제지급(인건비 64억원, 운임 21.6억원, 잡역비 17.3억원, 고철구매비 24.5억원등)

□ 1.28 法定管理 신청후 財産保全處分이 내려지고 浦鐵에서 經營支援을 하기로 함에 따라 經營正常化의 기반 마련

 \* 당초 박득표씨를 보전관리인으로 추천키로 했으나, 포철의 지원 강화차원에서 현직 포스코개발 회장인 손근석씨를 추천

**2000년대 보고서** : 그림 4-7은 2004년 12월 대통령비서실이 작성했고, 당시 이례적으로 일반에도 보도자료와 함께 배포된 〈소득 2만불 시대 실현을 위한 신일자리 창출전략〉 보고서다. 이제 보고서에서 한자는 사라졌고 문서 밀도는 좀 더 높아졌다.

그림 4-7

### 3. 시사점 및 과제

1) 시사점

□ 선진국의 경험으로 볼 때 소득 2만불 시대 실현 및 경제양극화 해소를 위해 **고용구조가 다음과 같이 변화하여야 함을 시사**

① **자영업(특히, 도소매음식숙박업) 부문의 감소 필요**

  ○ 그간 우리나라의 자영업자(자영업주 + 가족종사자) 비중이 점차 감소하여 왔으나, 선진국에 비해 높은 수준 유지

    ※ 자영업종사재(비농 전산업) 비중 추이(%) : 34.0('80)→28.8('90)→30.1('95)→31.1('00)→29.9('03)

  - 특히 자영업은 특별한 기술없이 시장진입이 가능한 업종이 많아 **IMF 이후 40대 남성계층의 진출이 증가**

    ※ '92~'01년 여성 자영업주(비농전산업) 비중은 안정적인 반면, 남성은 26.0%에서 30.0%로 증가, 40대 자영업주는 573천명 증가(전체 증가의 76.8%)

  ○ 그 결과 최근 소매·음식·숙박·미용·택시·화물업 등을 중심으로 다수업체에서 공급과잉에 따른 경영악화 문제 발생

  ○ 선진국 고용구조와 비교할 때, 자영업 비중이 높은 **도소매음식숙박업에서 약 60~290만개의 일자리 감소 필요**

② **사회서비스 부문의 일자리 창출**

  ○ 사회서비스 부문은 공공행정·교육·보건복지 분야로 구성되어 상당부분 **공공부문의 예산지출과 관련**

  ○ 우리나라의 **사회보장을 위한 일반예산지출**은 '00~'03년 평균 GDP 대비 **3.7%**로 주요 선진국과 큰 차이를 보임

  - 사회안전망에 대한 일반재정의 기여도가 상대적으로 적은 미국과 영국도 경제성숙도에 따라 일정 수준 증가(표4)

  ○ 또한 **GDP 대비 사회보장비 구성**('97년)에 있어서도 OECD 평균은 24.7%임에 비해 우리나라는 8.4%에 불과

**2010년대 보고서** : 그림 4-8은 대통령기록관에서 찾은, 2015년 9월에 작성된 〈따뜻하고 활기찬 명절을 위한 추석 민생대책〉 제하 관계부처(보건복지부, 외교부, 여성가족부, 행정안전부, 문화관광부) 합동보고서다. 내용을 강조하기 위해 글상자와 기호를 적극적으로 활용하고 있다.

그림 4-8

Ⅱ. 추석 민생대책

1  코리아 그랜드세일 붐 확산으로 활기찬 명절

◇ 추석以前 2주간 한가위 스페셜위크
  추석直後 2주간 한국판 블랙프라이데이 → 추석前後 한달간
  참여업체+3,000 · 할인폭최대 50~60%) 확대    국가적 세일 붐 조성

□ 추석전 2주간(9.14~25)을 '한가위 스페셜위크'로 설정해 대규모 세일행사 전국 동시다발 실시 → 민족 명절을 최대 '대목'化

 ○ 참여업체(+3천여개)', 할인 폭(최대 50~60%), 할인품목(준내구재 +(비)내구재), 대상(外+內國人) 대폭 확대
  * (기존) 백화점·대형마트 중심 → (확대) 하나로·바다·산림조합 마트, 전통시장, 나들가게, 슈퍼마켓, 체인점, 인터넷쇼핑몰 등 3,000여개 추가

 ○ 주요 카드사 최대 5개월 무이자 할부 행사(10월까지) 병행

 ○ 백화점·마트 추석세일, 전통시장·나들가게 그랜드세일 등 각종 세일행사를 '코리아 그랜드세일' 통일브랜드下에 실시
  - 대형현수막 등을 활용 · 집중홍보'해 홍보효과 극대화
   * 전광판, 정부·공공기관 홈페이지 링크·팝업창 등 온오프라인 활용

 ○ 추석전 정부·공공기관 고위급 코리아 그랜드세일 현장방문, 그랜드세일 업체와 가을체육행사 워크숍 연계(물품구매·회식 등)

 ① (농수협 등 그랜드세일, 9.12~25) 전국 2,141개 하나로·바다·산림조합 마트를 코리아 그랜드세일에 참여시켜 성수품·선물세트 10~35% 세일
   ○ 전국 500개 지자체·지역농협 직거래장터·직매장에서 한가위 스페셜위크 중 추석 성수품 10~35% 세일
 ② (대형유통업체 추석세일, 9.7~30) 백화점·마트 추석세일을 "코리아 그랜드세일" 통일브랜드로 실시하고 대형현수막 등 홍보 강화
 ③ (전통시장 그랜드세일, 9.7~25) 300개 시장 참여, 세일폭 확대 (최대 30→50%), "코리아 그랜드세일" 현수막 등 홍보 강화
 ④ (나들가게 그랜드세일, 9.12~21) 나들가게까 일반슈퍼마켓·체인점까지 참여하는 "우리동네 그랜드세일"로 확대 : 참여업체(300→400개)·세일폭 확대(최대 50→60%), "코리아 그랜드세일"로 홍보강화

- 2 -

**2020년대 보고서** : 그림 4-9는 2023년 〈제1차 고독사 예방 기본계획('23~'27)〉 제목의 관계부처(보건복지부, 고용노동부, 교육부, 여성가족부, 문화체육관광부, 국토교통부, 지자체 등) 합동보고서다. 시각화 자료를 사용하는 경향이 뚜렷해졌다. 핵심어를 괄호 안에 넣는 방식도 등장했다.

그림 4-9

Ⅱ. 정책 여건

1. 국내 정책 여건

□ **사회구조 변화에 따른 개인의 고립 및 단절 심화**

○ **(가족돌봄 약화)** 혼인·부양에 대한 가치관 변화, 1인 가구 중심의 가족구조 변화로 전통적 가족돌봄 기능 지속 약화

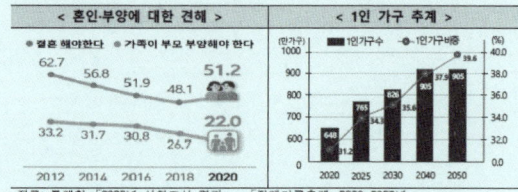

○ **(사회관계망 약화)** 개인주의 문화 확산, 코로나-19로 인한 사회적 거리두기 장기화 등에 따라 사회 구성원 간 고립·단절 심화

※ '22년 OECD 사회관계망 지표(도움이 필요할 때 의지할 수 있는 사람이 있다) :
OECD 평균(91%), 한국(38위/80%), 영국(22위/93%), 일본(29위/89%)

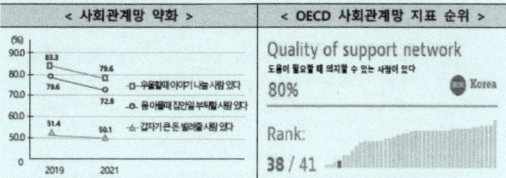

2018년, 제프 베즈스 아마존 CEO는 아마존 내부에서 파워포인트 프레젠테이션을 모두 금지시키는 대신 '서술적으로 구성된 6장짜리 보고서narratively structured six-page memos'라는 것을 주문했다. 아마존 직원들은 정성들여 쓴 좋은 보고서great memos를 다 같이 한참 동안 묵묵히 읽어나가는 것으로 회의를 시작했다. 이 서술식 6장 보고서는 이후 아마존의 경쟁력을 높이는 데 상당한 기여를 했다는 평가를 받는다.

우리 정부의 개조식 보고서는 아마존의 서술식 보고서와 프레젠테이션용 파워포인트 보고서 중간쯤에 위치한다. 전체 길이 면에서는 서술식 보고서와 비슷하지만, 기술 방식은 매우 조밀한 파워포인트 보고서에 가깝다. 끊김 없이 읽히는 '서사성'보다는 가급적 세부사항을 끌어 담는 '정보성'에 더 무게를 두고 있다. 11포인트 서술식 보고서와 14~24포인트를 넘나드는 파워포인트 보고서 사이 어중간한 글자 크기처럼 '읽힘성'도 중간쯤 된다. 이런 개조식 보고서로 구두 대면보고라도 하려면 슬라이드 노트처럼 자연스럽게 말로 옮길 수 있는 원고가 따로 필요해질 법하다.

앞서 언급한 노무현 정부의 <보고서 작성 매뉴얼>도 맨 마지막 별첨 자료에서는 '행정문서에 탄력성을 부여하는 방법'이란 제하의 글에서 개조식의 한계를 지적하고 일부 문서에 시범적으로 서술식을 도입해보자는 제안을 하고 있다. 관가의 동료들끼리도 비슷한 얘기를 나눈 적이 몇 번 있었다. "보고서 다듬기 정말 힘들

그림 4-10

# Ⅰ 추진 배경 : 인도-태평양 지역의 전략적 중요성

대한민국은 인도-태평양 국가이다. 인태 지역의 안정과 번영은 대한민국의 국익에 직결된다. 세계 인구의 65%가 거주하는 인태 지역은 세계 GDP의 62%, 무역의 46%, 해양 운송의 절반을 차지한다. 또한, 반도체를 비롯한 미래 전략 산업의 핵심 협력 국가들이 소재하는 경제·기술적 역동성이 높은 지역이다.

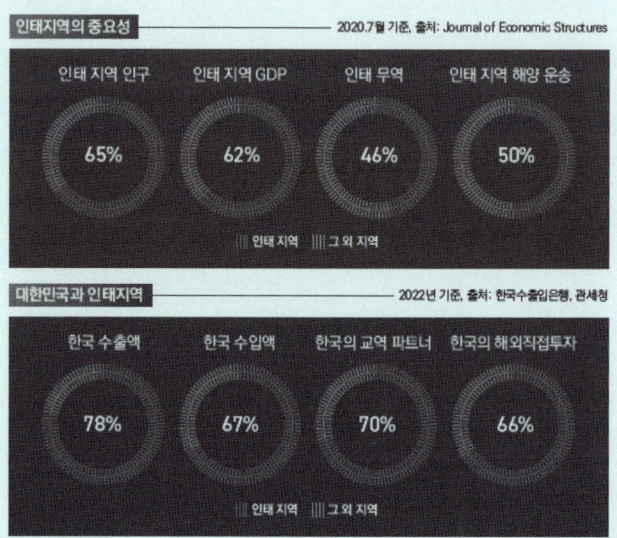

출처
https://www.president.go.kr/newsroom/press/HC81IhZw

인태 지역의 전략적 중요성에 주목하여 이미 역내외 주요국들은 독자적인 인태전략을 제시하고 관여를 적극적으로 확대하고 있다. 대한민국도 윤석열 정부 출범과 함께 우리 고유의 인태전략을 구상해 왔다. 대한민국의 인태전략은 경제와 안보를 아우르는 포괄적 지역 전략으로, 우리 대외정책의 예측 가능성을 높이고 전략적 활동 공간을 넓힐 것으로 기대된다.

　대한민국이 성취한 민주주의와 경제성장을 가꾸어 더욱 크게 도약하기 위해서는 인도-태평양 지역의 평화와 안정이 뒷받침되어야 한다. 대한민국은 2021년 기준으로 대외교역이 국내총생산(GDP)의 약 85%를 차지하고, 경제성장에 대한 수출의 기여도가 높은 개방형 통상국가이기 때문이다. 이 중 인태 지역은 대한민국 전체 수출액의 약 78%, 수입액의 약 67%를 차지한다. 대한민국의 20대 교역 파트너 과반수가 인태 지역에 위치하며, 우리의 해외직접투자 66%가 인태 지역에 집중되어 있다는 점은 대한민국과 인태 지역의 긴밀한 관계를 명확히 드러낸다.

　또한, 인태 지역에는 전략적으로 중요한 핵심 해상물류 통로가 다수 존재한다. 대한민국은 무역의 대부분을 해상 교통로에 의존하며, 이 중 상당량이 호르무즈 해협-인도양-말라카해협-남중국해를 거쳐 이동한다. 특히, 남중국해는 우리나라 원유 수송의 약 64%와 천연가스 수송의 약 46%를 차지하는 핵심 해상 교통로이기도 하다.

　최근 인태 지역 내 자유, 평화, 번영을 위협하는 복합적인 도전이 증대되고 있다. 안보 환경의 불확실성이 높아지면서 역내 질서를 안정적으로 유지하는 것이 점점 어려워지는 추세이며, 최근 일부에서는 민주주의가 후퇴하고 자유, 법치주의, 인권 등 보편적 가치가 도전받고 있어 이에 대한 우려도 커지고 있다.

다." "보고서도 기사처럼 줄글로 쓰면 좋겠다." "외교전문처럼이라도 쓸 수 있으면 낫겠다." 하는 말을 서로 했지만, 실천하지는 못했다. 아래에서는 아무도 '고양이 목에 방울 달기' 같은 일에 나서지 않았고, 위에서는 누구도 마음먹고 변화를 주창하지 않았다.

2023년 1월, 국가안보실에서 최초로 정부 입장·전략에 대한 공개 보고서인 〈한국형 인도태평양전략 최종보고서〉를 서술식으로 써낸 것(그림 4-10)이 눈에 띈다. 본문의 첫 부분을 옮겨봤다. 이 보고서는 미국 정부가 대외정책과 관련한 입장을 낼 때 사용하는 문건의 기술 방식과 매우 유사하다. 한국 정부에서도 국제사회의 기준에 맞추고 일반 국민의 눈높이를 배려하다 보면 개조식이 아닌 보고서도 쓰게 된다는 것을 알 수 있다.

| @ 쓸모 있는 보고서를
| 위하여

보고서 쓰기를 중시하고 보고서 쓰기를 업무 능력의 잣대로 삼는 공무원 사회에서조차 가끔 '보고서 써봤자 아무짝에도 쓸모없다'는 불평이 터져 나온다.

우선 기획단계에서부터 '쓸모없는 보고서'라는 것들도 세상에는 존재한다. 정부에서는 할 일이 없을 때도 일을 하는 것처럼 보이는 (더구나 실제로 일거리도 만들어내는) 방법이 있다. 회의를 하는 것, 용역을 주는 것, 현장점검과 출장을 가는 것이다. 모두 적당한 보고서들을 생산해낼 수 있다. 회의를 개최할 구실이 부족해지면 새로 회의체(각종 위원회, 협의회 등)를 만들기도 한다.

새로운 회의체는 법령, 예산, 조직 등의 행정 필요를 창출한다. 회의체에 대한 회의도 얼마든지 가능하다. 이 모든 것이 '국민적 합의'에 기여한다거나 '중장기 대책'에 필요하다는 명분으로 진행된다. 아무리 바쁘게 돌아가는 것처럼 보여도 이런 일은 '가짜노동'에 불과하며, 이 과정에서 쓴 보고서들도 별 쓸모가 없다.

진짜 노동으로 만들어낸 보고서조차 안타깝게도 보고 단계에서 쓸모없어지기도 한다. 성공하지 못한 보고에 쓰인 보고서들이 바로 그것이다. 보고는 보고서만으로 완성되지 않는다. 똑같은 보고서를 들고 가도 누군가는 허락과 칭찬을 받지만, 또 다른 누군가는 퇴짜, 추궁, 질책까지 듣고 나오기도 한다. 보고서가 다소 미흡해도 구두 설명과 설득이 잘 이루어지면 보고는 성공한다. 평소 신뢰관계도 중요하고, 보고서 지시를 확인하는 과정에서의 의사소통도 관계 형성의 일부다. 보고서만 잘 써간다고 보고서가 스스로 알아서 보고하고 설득해 주는 것이 아니다. 잘 쓴 보고서는 성공적인 보고와 결실을 맺기 위한 필요조건이 아니라 충분조건이다. 보고서를 꾸미고 다듬는 데 시간과 노력을 많이 썼다면, 쓸모없어진 보고서에 대한 환멸이 더 크게 다가온다.

어떤 이유로든 보고와 의사결정이 따로 돌아가는 경우에도 보고서는 쓸모를 잃어버린다. 종종 결정은 보고에 기속되지 않는다. 실무선에서는 어떤 사업을 계속해야 한다고 보고하고 결정권자의 결재까지 받았는데, 얼마 지나 느닷없이 사업이 중단되었다는 통보를 받을 수도 있다. 이미 어떤 정책을 발표했는데, 뜻밖에 역풍을 맞아 정책을 취소하거나 철회해야 하는 경우도 있다. 정책이 정치에 휘둘린다면 실무자 수준에서는 할 수 있는 일이 없다. 원인은 크게 두 가지 정도로 나뉜다.

첫째, 보고서의 최종 수요자(결정권자)가 보고를 받은 이후 마음을 바꾸었기 때문이다. 결정권자도 사람이니 변덕을 부릴 수 있다. 그러나 아무래도 제반 상황이 달라져서 결정권자의 판단이 바뀌는 경우가 더 많을 것이다. 불의의 사건사고로 인한 여론 변화, 느닷없는 장애물 출현, 천재지변과 국제관계 변동 등이 그런 상황 변수의 예다. 그때는 맞고 지금은 틀리게 된 셈이다. 이런 경우 상황에 맞게 보고서를 고치고 다시 보고를 하는 편이 낫다. 위법하고 부당한 간섭이나 개입이 일어나지 않았다면, 단지 처음 보고서에 썼던 대로 의사결정이 되지 않았다고 절망할 일은 아니다.

둘째, 보고서 작성 계선이 아닌 또 다른 계선이 영향을 미치기 때문이다. 같은 사안에 관심을 가지고 보고(서)를 만드는 부서들(또는 참모들)이 조직 내외에 여럿 존재할 가능성도 있다. 각 부처에서 올린 보고서는 국무조정실이나 대통령(비서)실에서 취합되면서 방향이 달라진다. 지방자치단체의 사업들도 중앙정부와 조율하는 단계에서 제동이 걸리기도 한다. 행정 조직에서도 정치가 작동한다. 보고서를 준비할 때부터 소위 '정무 감각'을 발휘할 필요가 있었던 것이다. 보고서를 둘러싼 안팎의 상황을 반영해야 하고, 다른 곳에서 어떤 일들이 벌어지고 있는지도 알아야 한다. 잘 쓴 보고서가 폐기되는 사태를 막으려면, 보고를 받고 공유하는 사람들의 생각과 관계를 파악하는 작업을 게을리해서는 안 된다.

이렇게 보고서가 주저앉는 현실과 맞닥뜨리면 쓰는 보람과 의미가 퇴색한다. 오로지 보고서만 잘 쓰면 그걸로 다 됐다는 보고서 만능주의도 곤란하지만, 겉치레에 불과한 보고서라면 아무렇게나 써도 상관없다는 보고서 무용론 역시 바람직하지 않다. 조직 전체의 사기를 위해서라도 보고서의 쓸모는 일정 수준 이상으로 관리해야 한다. 이를 위해서는 조직 최상층 관리자들의 안목과 능력이 더욱 절실하다. 쓸모없는 보고서 따위에는 힘을 덜 쓰는 것, 쓸모 있는 보고서를 더 많이 만들어내는 것, 보고서를 쓰는 실무자들을 좌절케 하지 않는 것, 모두 보고서를 주문하고 검토하며 활용하는 윗사람들에게 달려있다.

# 말씀자료 쓰기

II

말하기를 위한 글쓰기가 공공영역에서도 필요하다. 조직을 대표하는 사람들의 활동은 글보다 말로 이루어지기 때문이다. 회의에서 발언하고, 국회에서 답변하며, 행사에서 연설해야 한다.

말하기를 위한 글쓰기, 특히 연설문을 쓰는 '스피치 라이터'라는 전문 직업이 존재한다. 그러나 대부분의 정부 조직에서는 이런 전문가를 활용하기 어렵다. 그래서 많은 공무원이 조직을 대표하는 사람들을 위해 길고 짧은 '말씀자료'를 일상적으로 쓴다.

보고서만큼 자주 쓰지는 않아도 보고서보다 쓰기 어려운 것이 말씀자료다. 보고서의 화자話者는 쓰는 사람이지만, 말씀자료의 화자는 말하는 사람이다. 다른 사람의 입장에서 글을 쓰는 것이 당연히 더 까다롭다.

# 1 말씀자료 이해하기

### 이걸요? 제가요? 왜요?

우리는 '말씀자료'를 쓸 때도 종종 계기와 이유를 헷갈린다. 계기야 비슷하다. 원래 그게 일이어서, 위에서 써 오라고 해서, 달리 쓸 사람이 없어서, 잘 쓸 것처럼 보여서, 관련 업무 담당자라서. 정작 실무자들이 궁금한 이유는 '남이 하는 말을 내가 왜 대신 쓰나?'일 것이다. 말씀자료 쓰라는 지시를 반가워하는 공무원은 거의 없다. 누군가를 대신해 공식석상에서 말할거리를 생각해낸다는 것 자체가 어려운 일인데, 본 적도 별로 없고 친하지도 않은 장관이 어디 가서 과연 무슨 말을 하면 좋을지 사무관, 주무관이 어떻게 알 수 있단 말인가. 그래도 지시가 떨어지면 써야 한다. 피할 수 없다면 즐기라고 했던가. 혹시 즐기는 데 약간 도움이 될지도 모를, 말씀자료를 쓰는 이유부터 짚어보자.

첫째, 말씀자료는 정부의 입장과 정책을 이해하기 쉽게 해준다.

말씀자료란 정부의 글과 말을 잇는 매개다. 개조식으로 쓴 정부보고서는 자주 공개되지 않는다. 보고서가 민감한 의사결정 과정의 정보들을 담고 있거니와 국민 입장에서는 읽고 이해하기에 친절하고 재미나는 문건도 아니다. 국민이 보고서를 바로 읽고 이해하는 걸 기대하기 어려울 때 정책을 설명할 다른 방법이 필요해진다. 먼저 공개가능한 부분을 서술식 기사처럼 정리한 보도자료가 그 중 하나다. 다만 보도자료는 그 자체로 국민과 직접 소통하기보다 기사화를 목표로 한다. 언론사가 쓰는 기사가 매번 정부 의도를 정확히 반영해주지는 않는다. 정부의 입장과 정책을 명확한 직접화법으로 전달하기 위한 수단은 그래서 필요하다. 정부의 각 부문을 담당하는 각료와 고위직의 얼굴과 목소리를 빌려 말을 하는 것이다.

사람들에게 말은 글보다 친근하게 다가간다. 국회에 보고서를 제출하고도 장관들은 구두보고를 하고 대통령은 시정연설을 한다. 선거 홍보책자를 만들어 배포하면서도 정치인들은 현장에서 연설을 한다. 전달효과를 높이기 위해 글과 말을 함께 쓴다. 궁금한 것이 있을 때 백과사전을 찾아보거나 인터넷 검색을 하는 대신 각종 동영상 플랫폼에서 말로 하는 설명을 찾아보는 사람들이 더 많아진 요즘 세태까지 감안하면, 공공영역에서조차 말의 중요성은 작지 않다.

둘째, 말이라는 결과물만큼 말씀자료 작성과정도 중요하다.

말씀자료에는 대개 작성자의 이름을 달지 않는다. 특히 연설문에서는 처음부터 연설자의 이름을 넣어놓는다. 바로 그 때문에 쓰는 사람의 효능감이 가장 낮은 글쓰기로 치부된다. 하지만 말씀자료를 쓰고 검토하고 수정하는 것은 조직 내에서 '우리가 하는 일을 어떻게 외부에 효과적으로 알릴까'에 대해 의논하는 과정이다. 말하는 한 사람만 돋보이게 하려는 작업이 아니다. 실무자들이 쓴 말씀자료를 조직의 장이 사용하는 것은 그 자료를 쓴 사람들의 의견을 그만큼 존중하고 신뢰한다는 뜻이기도 하다. 그런 의미에서 부처의 장관이나 조직의 대표가 하는 답변이나 연설은 해당 개인의 업적으로 남는 것이 아니라 전체의 자산으로 여겨진다.

셋째, 언젠가 작성자도 좋은 연설을 하기 위해서다.

세상에는 역사에 남는 연설, 사람들의 마음을 움직이는 연설, 누군가에게 오래 기억되는 연설이라는 것도 있다. 역사에 남는 보고서만큼이나 역사에 남는 연설도 아주 많지는 않다. 그렇다고 지금 내가 쓰고 있는 글이 장차 국가의 역사나 누군가의 인생을 바꿀 연설이 되지 말란 법도 없다. 당장은 아니라 해도 언젠가는 그런 연설문을 쓰기 위한 연습을 하는 중일 수도 있다. 게다가 연설문 원고를 쓰던 실무자들이 언젠가 직접 연설을 해야 하는 자리로 올라갔을 때 과거 경험을 토대로 보다 나은 연설문을 고르고 완성하는 안목을 터득할 수도 있다. 그런 안목을 지닌 사람들이 하는 연설은 남이 써준 원고를 그저 읽기만 해온 사람들의 연설보다는 분명 나을 것이다. 그러니 작성자는 장차 자신의 연설을 훌륭히 해내기 위해 연설문을 쓰는 훈련부터 한다고 생각하자.

이와 같은 세 가지 이유를 읽고 나서도 실무자로서는 별 감흥도 없고 내키지 않을 수도 있다. 그렇다면 뭐든 쓰고 싶은 대로 자신의 입장에서 써 보기를 권한다. 자유로운 생각으로 쓰고 싶은 대로 쓴 글은 자연스레 나름의 논리와 설득력을 갖게 마련이다. 일단 써놓고 나면 고쳐줄 사람들은 많으니 안심하자. 어차피 말씀자료는 말할 사람이 결재하고 마무리해야 마땅하니까.

## 말씀자료를 나누는 방법

넓은 의미의 말씀자료는 긴 연설문speech과 짧은 토킹포인트talking point, 그리고 연설문도 토킹포인트도 아닌 더 좁은 의미의 말씀자료로 나눌 수 있다. 말씀자료는 현장에서 토킹포인트와 자주 혼용되는 용어이기도 하다. 여러 부처나 기관들 간에 이런 용어 구분에 대해 합의된 정의는 없다. 말씀자료를 토킹포인트의 우리식 표현으로 쓰는 곳도 있거니와 여러 종류의 연설문을 포괄적으로 일컫기도 하지만, 이 책에서는 말씀자료를 넓은 의미의 대표어로 사용하는 분류법을 따른다.

```
        말씀자료
   연설문      토킹포인트
```

　여기서는 간략하게 분류만 짚고 넘어가고, 이어지는 장에서 연설문 쓰기를 좀 더 자세히 다루면서 토킹포인트 쓰기도 간략하게 짚어볼 것이다. 좁은 의미의 말씀자료란 이렇다 할 특징이 적으므로 분류에서 언급하는 것으로 그친다. 연설문과 토킹포인트 중간쯤에 걸쳐져 있기 때문에 글쓰기도 두 가지 방법을 적절히 응용하면 될 것이다.

① **연설문**　청중이나 대중을 대상으로 하는 연설을 위해 쓰는 원고가 연설문이다. 연설문은 전체를 아우르는 표현이다. 실제로는 축사, 답사, 격려사, 환영사, 개회사, 폐회사, 기념사, 취임사, 이임사, 발간사, 기조연설, 모두 발언, 마무리 발언, 인사말, 성명, 담화, 공표문, 발표문, 발언문 등등 상황과 맥락에 따라 다른 이름을 붙인다. 용도에 따라 종류를 나누는 실익은 적다. 연설은 어떤 매체를 사용하느냐에 따라 서면, 현장, 영상으로 나눌 수 있지만 상황에 맞춘 길이 외에 작성법이 달라지는 것은 아니다. 서술식 문장으로 써서 그대로 읽는 연설문은 한 종류로 묶어 보았다. 연설문의 실제 사례는 이후 연설문 쓰는 순서에서 본격적으로 다루기로 한다.

② **토킹포인트** 토킹포인트는 정부 내에서 '대화 요지'나 '말씀 요지'에 상응해 자주 쓰는 말인데, 콩글리시는 아니다. 국제사회에서도 쓰는 표현이며 한국에서 쓰는 의미와도 거의 같다. 토킹포인트는 통상 연설문보다 짧다. 하나의 주제나 질문에 대한 언급 분량이 비교적 짧아서다. 짧은 연설문들을 묶어서 긴 문서를 만드는 경우도 있으니 문서 전체의 길이와는 무관하다.

내가 국제기구에서 근무할 때는 메모(보고서, memorandum)나 프로포절(기획서, proposal)보다 토킹포인트를 더 자주 썼다. 국제기구의 대표와 간부들을 위해 각국의 프로파일과 함께 토킹포인트를 항상 업데이트하고 있어야 하기 때문이다. 만날 상대방이 많은 경우는 발언 요지를 일목요연하게 표로 정리한다. 내용은 과거 협력관계, 개인적 인연 상기, 해당 국가 및 기관의 현안에 대한 관심 표명, 그리고 가장 중요한 협조사항이다. 우리 공무원들도 국제회의에 참석하게 된다면 비슷한 자료가 필요할 것이다.

141쪽 문서는 세계보건기구WHO 사무총장과 미국 국무장관 간 면담을 위해 내가 직접 작성했던 토킹포인트 사례다. 중요한 면담이었기에 다자회의용 토킹포인트보다는 길게, 거의 보고서처럼 작성했다. 영어 토킹포인트의 차이점은 명령문을 자주 쓴다는 것이다. 사례에서 보듯이 '인정해주세요Acknowledge' '표현하세요Express' '확인하세요Confirm' 처럼 명령어로 시작하는 문장을 썼다. 두괄식을 확실히 구현하기 위해 요지Key messages가 먼저 나오

| Title | Talking Points on WHO's humanitarian project in DPRK |
|---|---|
| Date/ Place | 3 June 2019/ Bern |
| Reviewed by | Laila Christine MILAD, Manager, EXR, CRM |
| Originator | Soun JEONG, Senior Resource Mobilization Officer, EXR, CRM |

### Key messages

- **On U.S. leadership:** Acknowledge the leading role of the U.S. to attain the 'FFVD (final, fully verified denuclearization)' of the DPRK in a peaceful and negotiated settlement.

- **On health security concerns in the DPRK:** Express concern about the fragility of health security in DPRK – especially considering the imminent 'hunger crisis,' which could be further aggravated in a short period of time. Note that a massive famine coinciding with wide-spread communicable diseases in the DPRK may trigger a chain of events that would undermine the health security of the people in DPRK as well as the people in neighboring countries.

- **On WHOs commitment:** Confirm WHO's commitment to the people of DPRK in light of the overarching mission being "attainment by all peoples of the highest possible level of health". The people of DPRK are no exception, and WHO is ready to respond to health emergencies and provide guidance as well as technical assistance on health issues, should the situation in the DPRK necessitate this.

- **On WHO-U.S. collaboration:** The current situation in the DPRK and the region pose unique challenges and opportunities at the same time, thereby necessitating closer cooperation between WHO and the U.S. WHO is always ready to play a constructive role in creating a breakthrough by engaging the DPRK in areas that both WHO and the U.S. find appropriate and essential.

### Background

- ROK government had been the main donor for WHO's humanitarian operations in DPRK. From 2006 to 2015, ROK provided USD 56 million for the project 'Improving Women and Children's Health (IWCH) in DPRK.'

- In 2017, WHO has submitted to ROK, a proposal for IWCH of USD 45 million to regenerate the previous project, a proposal on Tuberculosis Control of USD 30 million, and a proposal on Malaria Control of USD 3.7 million, but none of these have been funded. Since then, no large-scale project supporting DPRK has been launched by WHO.

**그림 1-1**

## 사회부총리-지사님 오찬 토킹포인트

☐ 지난 8월 교육개혁 특강 및 대학총장 간담회에 이어, 교육혁신 일정으로 가장 먼저 전남을 방문해 주신 **이주호** 사회부총리님께 깊이 감사.
- 부총리님 취임 이후 돌봄 영역·디지털 교육혁신·대학개혁 등 3대 정책 과제가 착착 추진, 대한민국 교육 대전환의 토대 구축.

☐ **(글로컬대학)** 지난 13일, 순천대 글로컬대학 선정으로 지역의 미래를 열어나갈 창의인재 육성의 중요한 발판 마련.
- 글로컬대학30 전라남도-순천대학교 거버넌스를 운영, 대학의 발전전략과 지역산업을 촘촘히 연결, 가장 성공적인 지역-대학 동반성장 모델을 만들어 가겠음.
  ※ **(3대 특화분야)** 그린스마트팜, 애니메이션·문화콘텐츠, 우주항공·첨단소재

【전라남도 지원 사항】 * 도비 1,349억 원(❶+❷) + α(❸ 지역산업 육성)
❶ (글로컬사업-글로컬대학 직접투자) 3,012억원(국비 1,380, **도비 500**, 시군비 110, 기타 1,022)
❷ (글로컬사업-도/순천대 공동참여) 3,930억원(국비 2,148, **도비 849**, 시군비 625, 기타 308)
❸ (지역산업 육성) 4조 3,948억원(국비 2조 7,563, 도비 7,041, 시군비 6,831, 기타 2,513)

☐ **(RISE)** 인구절벽·수도권 쏠림 현상으로 지역과 지방대학 위기.
- 전남은 라이즈(RISE) 시범지역으로, 지역대학과 협력해 지역발전 전략과 연계된 인재양성-취업·정주체계를 구축 중. 대학과 함께 공동위기를 극복하고 새로운 지방시대를 열어가겠음.

【RISE 추진계획 수립안】
▸ (비  전) 지역과 대학이 주도하는 미래 **전남 혁신성장** 실현
▸ (기간/예산) '25. ~ '29. / **5,000억 원**+α(국비 5,000, 지방비 α)
▸ (주요 내용) 전남 RISE 센터 운영, 지역 산업 기반 특화 인재 양성, 지역 평생·교육 체계 강화, 글로벌 인재유치, 취·창업 활성화

고, 배경Background은 나중에 따른다. 우리 정부의 일반적인 토킹 포인트나 보고서와는 다른 배치 구조다. 내용 면에서는 국제기구 직원으로서 해당 기구의 입장에서 최대 공여국인 미국과의 관계를 우호적으로 관리하려는 취지에서 작성했지만, 한편으로는 북한 문제에 관한 한국 정부의 존재감과 입지 또한 강조했다. 다만, 미국의 대북제재가 강화되었던 시점이라 미국 정부를 탓한다는 느낌이 들지 않도록 표현 수위에 유의하면서도 당시 한국 정부의 노력이나 의도를 필요 이상 노출하지 않으려고 했다.

국내 사용 예를 보자. 그림 1-1은 2023년 11월, 전라남도에서 도지사를 위해 작성한 '토킹포인트' 자료의 첫 장이다. 서술형 개조식 문체로 인사말 외의 내용은 보고서와 비슷하다. 도지사가 반드시 언급해야 할 것으로 판단하는 핵심어(글로컬대학, RISE)가 눈에 띄게 강조되어 있어서, 대화 흐름 중에 누락되는 일이 없도록 상기시키는 역할을 하고 있다. 정보공개포털에서도 직접 토킹포인트라는 제목을 단 공개 자료는 매우 드문데, 이 지자체는 지속적으로 공개해오고 있다. 투명 행정 차원으로 보인다.

③ **그 외의 (좁은 의미의) 말씀자료**  연설문도 토킹포인트도 아닌 영역의 말씀자료라면, 연설문이라고까지 부르기는 어려운 짧은 서술식 발언문 정도를 떠올릴 수 있다. 회의 시작이나 마무리에 붙이는 그다지 길지 않은 (1분 이내, 1장 이내) 서술형 개조식의 '인

사 말씀'이나 '마무리 말씀'만을 말씀자료라 칭하는 곳도 있다. 업무 현장에서 '말씀'과 '연설'을 가르는 기준은 길이에 한정되지 않고 다소 모호하다. 비공개 회의라면 개조식 토킹포인트에 살을 붙여가며 자연스럽게 말하지만, 언론에 일부라도 공개하는 회의라면 준비한 발언문을 그대로 읽는다. 둘 다 말씀자료지만 준비하는 느낌과 완성도는 달라진다. 때로는 보고서와 유사한 '말씀참고자료'들까지 말씀자료에 포함되기도 한다.

조직에 따라서는 말씀자료 대신 '말씀카드'라는 용어를 쓰기도 한다. 말씀카드란 회의나 행사에서 짧은 언급사항들을 적어 회의 진행자나 주재자(의장, 좌장 등)에게 제공하는 것이다. 진행자 입장에서 말씀카드는 식순과 시나리오이고, 주재자 입장에서는 토킹포인트를 의미한다. 정확히 어떤 것이 기대되는지는 실무자가 확인할 부분이다. 적어도 카드라면 휴대하기 좋은 형태로 만들어야 한다. 태블릿이나 휴대전화에 전자문서로 담아도 되고, 작게 인쇄해서 수첩에 붙이는 방법도 있다. 연설자 앞에 원고를 담은 프롬프터 장치가 놓여있다면 말씀카드는 필요치 않겠지만, 만일의 경우에 대비해 함께 마련하기도 한다.

분류와 용어상의 불명확한 부분은 조직의 약속된 관행(프로토콜)에 익숙해지면 해결된다. 실무적으로 좀 더 유의해야 할 사항은 따로 있다. 큰 회의나 행사에서는 여러 형식으로 작성된 일련의 말씀자료들이 한꺼번에 필요하다는 것이다. 관련된 모든 원고

**그림 1-2**

## 제15회 차관회의 국무조정실장 말씀(4.13.)

지난주, 성남 분당의 하천 교각이 붕괴되면서 안타까운 인명피해가 발생했음. 해당 교각이 '93년 준공인만큼 노후화 되긴 했으나, '21년 정밀점검 결과는 '보통' 등급을 받고 보수작업을 진행했으며, 지난해 정기 안전점검에서 '양호' 판정을 받았음. 안전 등급이 양호하다고 판단된 시설이 붕괴되면서 안전점검에 대한 국민들의 염려가 커지고 있는 상황임.

4월 17일부터 6월 16일까지 두 달간 국민과 함께하는 '대한민국 안전대전환 집중안전점검'이 실시될 예정임. 국민의 생명과 안전을 지키는 것이 가장 중요한 국가의 책무인 만큼, 이번 점검 기간에 무엇보다 제대로 잘 점검하는 것이 중요할 것임.

안전 전문가들이 점검하는 중요 포인트를 관리 부서에 알려 미리 스스로 점검해볼 수 있도록 하는 것도 좋은 방법 일 것이며, 철저하고 면밀히 점검할 수 있도록 적극 챙겨 주시기 바람.

를 한 사람이 작성하기도 하지만, 분량 때문에 몇 사람이 분담하는 경우도 적잖다. 자료들 간 일관성이 중요하지만, 그렇다고 모두 똑같이 작성해서는 곤란하다. 메시지는 통일하되, 각각의 용도에 맞는 적절한 형식, 문체, 표현을 선택해야 한다.

그림 1-2는 2023년 5월 국무조정실장의 '말씀'으로 각 부처에 전파되었다가 문화체육관광부 문서에 첨부하여 정보공개포털에 공개된 자료다. 차관회의에서 있었던 발언 중 일부분을 떼 내어 '말씀'으로 정리했다. 사전에 작성된 말씀자료가 있었을 테지만, 사후에 정리한 이 자료와 내용은 대동소이할 것으로 추정된다. 이런 식의 '말씀' 전달·전파는 앞서 언급한, 보고 이후 서면으로 하는 '디브리핑'의 한 방식이기도 하다.

# 2 | 연설문, 좋거나 나쁘거나

### ✎ 짧고 쉬운 구어체로 이야기한다

좋은 연설문이란 과연 어떤 것일까? 각자의 입장에 따라 다를 것이다. 작성자 입장에서는 초안을 쉽게 빨리 써서 수정을 많이 하지 않고 마무리되는 연설문이 제일 좋다. 연설자 입장에서는 사람들 앞에서 자신을 똑똑하고 멋지고 재미있는 사람으로 보이게 해주는 것을 선호한다. 청중의 입장에서는 무엇보다 짧고 이해하기 쉬운 연설에 가장 호감을 느낀다.

연설문은 보고서와 달리 청중까지 고려해야 한다. 청중은 단지 그 자리에 모인 사람들일 수도 있고, 그 자리에 없는 정책 관련자들일 수도 있고, 일반 국민일 수도 있고, 나아가 세상 전체일 수도 있다. 이렇게 폭넓은 청중과 연설자가 좋은 소통을 할 수 있도록 돕는 것이 연설문의 목적이다.

연설문을 짧게 쓰면 많은 문제가 해결된다. 짧아야 쓰는 사람이 고칠 부분이 상대적으로 적어지고, 짧아야 말하는 사람이 똑똑하고 멋지게 보이며, 짧아야 사람들이 귀를 기울이고 마음에 담아둔다. 물론 짧은 것만으로는 부족하다. 글이 짧아도 딱딱한 문어체 문장들로 이루어져 있다면 마치 로봇의 대사처럼 들릴 것이다. 쉬운 구어체로 자신의 이야기를 담을 수 있다면 인간적인 매력이 더해진다. 매력 있는 연설에는 청중이 호응하고 감동할 가능성이 높아진다. 즉 좋은 연설문의 요건은 간단하다. 짧고, 쉽고, 구어체이고, 연설자만의 이야기가 담겨있어야 한다.

우리 국회의원들이 그 오랜 세월 해온 수많은 연설들 중 일반 국민의 기억 속에 제대로 남은 연설이 극히 드물어 안타깝다. 직업 정치인들의 연설이 이러하니, 공직자들의 연설도 청중에게 인상을 남기지 못하기는 매한가지다.

최근 가장 인상적이었던 연설 중 하나로 꼽히는, 윤희숙 의원의 '저는 임차인입니다' 연설 도입부를 옮겨본다.

> 존경하는 박병석 국회의장님, 그리고 동료 선배 의원 여러분,
> 저는 서초갑 윤희숙 의원입니다. 저는 이 자리에 오늘 표결된 주택임대차법에 대해서 말씀을 드리려고 나왔습니다.
> 저는 임차인입니다. 제가 지난 5월 이사했는데 이사하는 순간부터 지금까지 집주인이 2년 있다가 나가라 그러면 어떻게 하나 하는 걱정을 달고 살고 있습니다.
> 그런데 오늘 표결된 법안을 보면서 제가 기분이 좋았느냐, 그렇지

> 않습니다. 저에게 든 생각은 4년 있다가 꼼짝없이 월세로 들어가게 되는구나, 하는 생각이었습니다. 이제 더 이상 전세는 없겠구나. 그게 제 고민입니다. 제 개인의 고민입니다.
> 임대시장은 매우 복잡해서 임대인과 임차인이 서로 상생하면서 유지될 수밖에 없습니다. 임차인을 편들려고 임대인을 불리하게 하면 임대인으로서는 가격을 올리거나 시장을 나가거나 입니다. 그러면 제가 임차인을 보호하는 것으로 반대하느냐? 절대 찬성합니다. 그러면 어떻게 해야 하느냐? 정부가 부담을 해야 합니다. 임대인에게 집을 세놓는 것을 두려워하게 만드는 순간 시장은 붕괴하게 돼있습니다. (후략)

이 연설은 제한시간 때문에 전체 5분이 되지 않았는데도, 당시 반향은 컸다. 정치적 입장이나 내용의 옳고 그름을 떠나 좋은 연설의 조건을 두루 갖췄기에 그랬다고 본다. 짧고, 어렵지 않았으며, 인상적인 도입부(국회의원인데도 서민과 같은 처지의 임차인이라는 고백을 하는 의외성)로 대중의 관심을 끌었고, 자신의 이야기를 담아 연설을 끌고 나갔다. 몇 년이 지난 후에도 윤 의원의 예상처럼 전세 제도가 사라지지는 않았지만, 당시 연설은 국민의 경각심을 불러일으켰다는 면에서 소기의 성과를 거둔 셈이다.

노무현 대통령은 연설을 잘 했던 인물이다. 재임 중 사람들의 기억에 남을 연설을 많이 했다지만, 더 많은 이들의 심금을 울린 것은 퇴임 이후 인근 초등학교 운동회에서 한 연설인 것 같다. 그는 운동회 자리에 모인 아이들에게 경험 많은 어른으로서 해줄 법한 좋은 말을, 쉬운 표현만을 써서, 그것도 매우 짧게 했다.

> 내가 7번 선거를 해서 4번을 졌거든요.
> 그런데 대통령도 했어요.
> 그래서 곰곰이 생각을 해보니까
> 인생은 항상 겨루기지만
> 반드시 항상 이기는 것만 좋은 것이 아니고,
> 진 사람도 다시 이길 수 있는 기회가 있는 사회,
> 그 사회가 좋은 사회이고,
> 한번 겨루기 해서 진 사람도
> 다음 겨루기에서 또 이길 수 있는 사람,
> 그 사람이 훌륭한 사람 아니겠어요.
>
> 오늘 이기는 사람도 다음에 질 수 있기 때문에
> 기분은 좋지만 겸손하고 또 친구를 격려할 줄 알고,
> 오늘 진 사람은 다음에 또 이길 기회가 있기 때문에
> 이긴 친구들을 축하하고,
> 또 앞으로 더 열심히 연습해서 또 이기고,
> 또 꼭 달리기에서 못 이기면 공놀이에서 이기고,
> 공놀이에서 못 이기면 착한 사람 겨루기에서 또 이기고
> 그렇게 할 수 있는 거 아니겠어요. 그렇죠?
>
> 그래서 이기고 지는 데 너무 집착하지 말고
> 여러분 첫 번째로 최선을 다하시고
> 또 첫 번째로 정정당당하게 규칙을 지켜서
> 오늘 열심히 겨루세요.

연설문은 글이 아니라 말이다. 청중이 귀를 기울이게 만들어야 한다. 초안을 쓰는 실무자가 꼭 기억해야 할 점이다. 감동이니 여운이니 역사의 평가니 하는 것들은 모두 그 뒤에 따라온다. 여기에 재미나 유머 요소가 들어간다면 더욱 좋은 연설문이 될 수 있다. 하지만 쉽게 되는 부분은 아니므로 요건에서는 제외한다.

## 지루하거나 진부하거나 옳지 않거나

좋은 보고서가 아니라고 해서 다 나쁜 보고서는 아니듯, 좋은 연설문이 아니라고 해서 모두 나쁜 연설문이 되는 것은 아니다. 대부분은 그저 그런 시시한 글로 남을 뿐이다. 한 귀로 들어와서 다른 한 귀로 흘러갈, 아주 시시한 연설문이 세상에는 많다.

가장 보편적이고 기본적인 행사 관련 연설문 구성을 보자. 처음 1/3은 줄줄이 내빈소개와 감사인사, 다음 1/3은 행사에 참석하는 감회와 의의, 마지막 1/3은 갖은 덕담과 성공기원으로 마무리한다. 이 공식대로 써 나가기는 쉽다. 재미가 없을 뿐이다. 재미가 없다고 다 나쁜 것은 아니지만, 재미없음의 도가 지나치면 그 자체로 나쁘다. 어떻게 하면 그냥 시시한 연설문도 본격적으로 나쁜 연설문이 될 수 있는지, 어떤 종류의 나쁜 연설이 가능한지 확인해보기로 하자.

## 길고 지루한 연설

연설의 내용이 재미없어서 실제보다 길게 느껴질 수도 있지만, 절대적으로 긴 분량의 연설은 반드시 지루해진다. "설교가 20분을 넘어가면 어떤 죄인도 구원하지 못한다(No sinner is ever saved after the first 20 minutes of a sermon)."고 마크 트웨인은 말했다.

실제로 사람들은 20분이 넘는 연설을 참아내기는 한다. 정상인이라면 연설이 길어진다고 해서 소리를 지르고 머리를 쥐어뜯으며 회의장 밖으로 뛰쳐나가지는 않는다. 그래도 고통 때문에 들은 내용을 잊어버리거나 연설자를 미워하게 될 수는 있다. 북한을 비롯한 독재국가의 최고지도자들은 종종 한 시간이 넘게 연설을 하고, 그 나라 사람들은 똑바로 서거나 앉아서 표정 변화조차 없이 듣고만 있다. 이런 연설이 끝나면 청중은 대개 손바닥이 부서질 듯 열렬한 박수와 함께 환호를 하는데, 길고 긴 연설이 마침내 끝난 데 대한 격한 기쁨을 표현하는 방식으로 보인다.

결과적으로 카타르시스를 안겨준다 할지라도 극히 예외적인 경우를 제외하면, 정상적인 자유민주주의 국가에서 20분을 넘기는 연설은 하지 않는 것이 좋다. 보통 연설은 10분 이내가 바람직하다. 5분 이내라면 더 좋다. 연설문이나 말씀자료는 쓰다 보면 길어지기 쉽다. 더구나 연설을 하다 보면 즉흥적으로 추가되는 내용들도 생긴다. 따라서 초안부터 시간을 재어가며 전체 분량을 관리해야 한다.

연설문을 쓰는 사람이라면 짧은 연설문에 대체로 반대하지 않을 것이다. 하지만 연설을 하는 사람은 긴 연설의 유혹을 떨치기 어렵다. 만약 연설자로서 긴 연설을 열렬히 하고 싶다면, 희미해진 과거를 소환해 보자. 월요일 조회마다 20분은 너끈히 넘기던 교장 선생님의 훈화를 즐겁게 들은 기억이 있는지. 그 무수한 훈화 중에서 최소한 한 구절이라도 기억나는 것들이 있는지. 아마도 교장 선생님은 매주 훈화를 공들여 준비하며 한 문장도 빼기 어려워서 고민했을 것이다.

### 진부한 말들로 가득한 연설

보고서의 좋은 점 중 하나는 흔히 사람들이 사용하는 속담이나 금언 같은 것을 쓸 공간이 없다는 것이다. 고작 한두 줄 개조식 문장으로만 구성되는 보고서에서는 그런 말들이 들어갈 물리적 공간을 애초에 찾을 수 없다. 반면 온전한 서술식 문장으로 이어지는 연설문을 쓸 때 직면하는 가장 나쁜 점은 이런저런 말들을 인용해가며 장황해질 여지가 있다는 것이다.

'옛말에도 ~하듯이' '~한 속담이 있듯이' '~가 일찍이 말했듯이' 등으로 시작하는 인용 유혹은 상당하다. 인용을 하면 내용도 풍성해지고 신뢰와 공감도 생길 것만 같다. 살면서 그런 연설을 많이 들어왔기 때문이다. 처음부터 진부한 말들이란 없다. 모든 신조어와 표현들이 사회성을 막 갖게 되었을 때는 신선하다. 너무 자주, 너무 오래, 너무 일정한 맥락에서 쓰다 보니 초기의 신선함을 잃는 것이다. 속담과 명언, 사자성어만 진부하겠는가. 계절, 명절, 절기에 대한 관용적 언급, 특정 기념일에 늘 나올 법한 표현들은 대개 다 진부하다.

세상에는 진부한 문장이나 어구만 있는 게 아니다. 너무 오래 씹어서 단물이 다 빠진 껌과 같은 말들도 있다. 비상한 각오를 말할 때 자주 쓰던 '분골쇄신粉骨碎身'이라는 한자어는 이제 누구에게도 감흥을 주지 못한다. 그런데 놀랍게도 여전히 쓰인다. 누군가 이 말을 '뼈가 가루가 되고 살이 떡이 되도록'이라고 풀어 쓴 것을 들었는데, 그나마 말의 뜻을 곱씹어보게 만들었다는 점에서는 나았다.

우리는 대체로 진부한 말을 듣는 건 싫어하면서, 남의 연설문에는 뻔한 말들을 별 죄책감 없이 집어넣는다. 내가 쓸 것도 아니니까 고심하여 지어낼 유인이 별로 없는 탓이다. 어쩌다 한번 연설문을 쓴다면 있는 정성 없는 정성 다 기울일 법도 하지만, 매일 연설문을 써내야 하는 전담 작성자 혹은 종종 비슷한 연설문들을 써야 하는 실무자 입장에서는 참신한 문장을 고르고 다듬어낼 의욕은 줄어들게 마련이다. 결국 작성자 수준에서는 초안을 쓸 때 진부한 말을 마구 넣지 않으려는 노력만이라도 해야 한다.

### 정치적으로 올바르지 못한 연설

인종, 민족, 국가, 성별, 종교, 직업, 그리고 세대, 계층, 지역에 대해 편견을 암시하거나 특정 집단을 차별하는 표현이 공개 연설에 담기는 일은 없도록 주의해야 한다.

세상에는 정치적으로 올바르지 못한 말을 떠들썩하게 하고 잘 활용하는 정치인들이 많다. 그들은 어떤 사람들에게는 속시원하지만 또 다른 사람들에게는 한없이 속 터지는 말을 자주 함으로써 존재감을 부각하고 열렬한 지지를 얻는다. 지지층을 결집하고 노이즈 마케팅에 활용할 목적으로 일부러 그런다면 어쩔 수 없다. 문제는 알지 못하는 사이에 잘못 쓰는 경우다. '사실인데 뭐가 문제냐'라는 태도에서 비롯된다. 자신의 성취와 지위에 매몰되어 있는 사람들이라면 특히 그런 함정에 빠질 가능성이 높다.

비하하고 차별하는 표현들만 문제가 아니다. 추켜세우고 기대는 표현도 문제가 된다. 정치인들이 특정 지역을 방문해 '~의 아들/딸/사위/며느리'임을 강조하는 연설을 종종 한다. 그런 표현들은 당장은 문제가 안 되어도 다른 맥락에서는 부메랑이 되어 돌아오기 십상이다. 지역뿐만이 아니다. 세대와 성별도 발화성이 매우 높은 이슈다. 좋은 마음으로 청년들을 위로하다 보면 뜻밖에 노인들이 상처를 받는다. 딱하다고 '이대남' 편을 들어주면 자극받은 '이대녀'가 돌아선다. 대상을 언급하는 순서만 바뀌어도 대중의 분노를 일으킬 수 있다. 사석이나 소셜미디어에서 흔히 쓰는 표현들을 인용한 것에 불과하다 해도 공식 석상의 연설에서는 문제가 된다. 현장에서는 청중으로부터 호응을 얻었다 해도 언론을 통해 전파가 된 후에는 문제 발언으로 뭇매를 맞는다. '발언의 취지'나 '앞뒤 문맥'을 봐야 한다는 말은 유효한 변명이 되지 못한다. '악마의 편집'이라고 항변해도 소용이 없다.

그러니 말씀자료를 쓸 때는 누구도 불필요하게 자극하거나 상처를 주지 않도록 엄격한 기준을 적용해야 한다. 연설자의 욕심으로 추가된 부분은 연설자가 책임질 몫이다. 다만 초안을 쓰는 실무자는 어디까지나 정치적으로 중립을 지켜가며 올바르게 써야 한다. 어떤 좋은 말, 무난한 말, 사실인 말도 일반 국민의 눈높이에서 어떻게 들리고 재해석될 것인지 점검하자. 초안에 무심코 넣어둔 표현들이 나중까지 살아남아 뜻밖의 문제를 일으키지 않도록 각별히 유의해야 한다.

# 3 연설문 쓰는 순서

### ✎  재료를 추린다

먼저 연설의 재료를 모은다. 실무자가 이미 가지고 있는 재료는 정책과 입장이며, 새로 모을 재료는 실제 사람들과 이야깃거리다.

조직의 장이 하는 연설이라면, 초청한 단체와 인연이 있는지 참모나 측근에게 알아본다. 최소한 그 단체가 표방하는 이상이나 목표와 관련된 일과 어떤 접점이 있는지 찾아내야 한다. 단체의 주요 인물들을 확인하고, 그 인물들과의 인연을 찾아본다. 그 인연이 공개할 수 있는 것인지도 함께 확인해야 한다. 혹시 안 좋은 일로 연루된 적이 있다면 굳이 공식석상에서 언급할 필요가 없다. 직접적이고 긍정적인 인연의 실마리가 없다면 뜻을 같이한다는 연결지점이라도 강조해야 한다.

주최 측에 직접 연락해서 초청한 이유를 알아보고, 특별히 원하는 바가 있는지 알아보는 것도 필요하다. 단지 괜찮아 보일 것 같아서 초청하는 사례도 있다. 별다른 초청 이유가 없다면 연설자가 평소 하고 싶었으리라 짐작되는 이야기를 풀어봐도 좋다. 연설자의 최근 기자회견과 인터뷰 자료, 기고문, 과거에 쓴 글도 찾아본다. 거기에는 연설자가 중요하게 여기는 키워드가 들어있게 마련이다. 많은 경우 실무자가 직접 찾지 않아도 된다. 비서실이나 메시지를 관리하는 부서·팀에 먼저 물어보자.

청중이나 내빈·외빈이 따로 있는 행사가 아니라 한정된 참석자만 있는 회의나 면담이라면 이야기를 다루는 방식이 조금 달라진다. 공식 회의라면 회의 안건과 같은 용건에 집중하는 편이 낫고, 우호적인 분위기를 형성할 필요가 있는 면담이라면 인연과 환담 소재를 좀 더 적극적으로 가미해야 한다.

어떤 경우든 연설자의 경험담이나 최근 사례 같은 재료가 필요하다. 연설자가 직접 겪었던 일을 찾아 문안에 녹여 넣으면 정책이나 입장을 설명할 때 설득력이 높아진다. 개인적인 재료가 부족할 때는 다른 재료들도 구한다. 연설의 주제와 관련된 소설 구절, 영화 대사, 노래 가사 등이다. 함축적이고 통찰력 넘치는 문장은 웅변을 대신한다. 주재료는 못 되어도 부재료로는 쓸 만하다.

재료들 가운데 끝까지 업데이트하며 챙겨야 할 것은 누락되거나 틀리면 언짢아할 주요 참석자들의 이름과 직함이다. 현장에 없는 사람을 현장에 있는 듯 언급하는 것처럼 민망한 일도 없고,

반대의 경우도 난처해지기는 마찬가지다. 불참하거나 온라인으로만 참석하는 사람들을 마지막까지 확인하고 수정해야 한다.

　연설의 호응도를 한층 높이고 싶다면, 직전 연설 내용을 언급해도 효과적이다. 어떤 종류의 행사든 유관 부처 장관이나 행사를 주최하는 기관의 장이라면 연설자들 중 마지막 순서가 된다. 연설의 릴레이를 마무리하고, 온갖 축사에 답사를 하는 입장에서는 다른 연설들을 경청했음을 보여주는 것이 좋다. 실무 차원에서 다른 연설문을 입수해 처음부터 문안에 반영할 수도, 현장에서 간략히 추가할 수도 있다.

　재료들이 모아졌다면, 연설자의 입장에서 상상해본다. 내 앞에 있는 청중에게 어떻게 말을 걸 것인지를. 연설문에는 최대한 현장의 느낌을 반영해야 한다. 청중, 장소, 시간을 모두 고려한다.

## 구조를 짠다

재료를 모았으면, 배치를 한다. 연설문의 구조는 비교적 단순하게 전개된다.

① 인사말
② 꼭 해야 하는 말
③ 끝내는 말

연설문 본문이 등장하기 전 첫 부분 또는 맨 앞장에는 해당 연설의 이유(축사, 격려사, 개회사, 기조연설, 보고 등)와 함께, 언제, 어디서, 누구에게 하는 것인지를 담은 글상자가 하나 들어가는 것이 바람직하다. 행사나 회의 등에 대한 검토보고가 이미 수차례 있었다 하더라도, 연설자 입장에서는 연설문만 받아들어서는 이전 보고내용을 다 기억해내기 어렵기 때문이다.

처음 인사말에는 어디서 왜 연설·말씀을 하게 되었는지를 쓴다. "뜻깊은 제○회 기념식에 참석하게 되어서 반갑습니다."와 같은 말이다. 그리고 참석자들에 대해 모은 재료들을 활용해 일일이 거명하고 인사와 감사를 건넨다. 보이지 않는 곳에서 행사를 준비한 실무자들, 자리를 풍성하게 만들어준 평범한 청중에 대한 감사도 넣는다. 인사말 부분의 마무리로는 "오늘의 행사가 ~하는 계기가 되기를 기대합니다." 정도를 흔히 쓴다.

본론을 '꼭 해야 하는 말'이라고 한 것은 결코 길어져선 안 된다는 뜻이다. '하고 싶은 말'이나 '할 수 있는 말' 아니라 '반드시 해야만 하는 말'이다. 본론은 용건만 간단히 보고서처럼 할 수도 있다. 성과보고, 국회 업무보고, 시정연설 같은 것이 그렇다. 이런 경우는 내용이 중요하니 다들 열심히 들어 준다. 본론은 한 덩어리로 쓰기도 하고, 여러 덩어리로 나누어 쓰기도 한다. 논점이 나뉘는 경우 순서를 매기거나, 3단 전개(현황-문제점-대책)를 할 수도 있다. 상황에 따라 길이나 구성은 탄력적이어야 한다. 어떤 경우에도 문서를 읽고 있다는 느낌이 들지 않도록, 이야기하듯 쓰는 게 중요하다.

　잘 마련된 연설문에는 그 연설자만이 할 수 있는 독특한 이야기가 담겨있다. '제가 ~에 갔을 때' '제가 ~ 나이였을 때' '제가 처음 ~을 접했을 때'와 같은 말들로 시작하는 개인의 경험담은 흥미를 유발한다. 다만 경험담은 길어서는 안 되고, 맥락 없는 자랑이 아니어야 한다. 연설자가 자신의 실패담이나 흑역사를 털어놓으면서 소위 '셀프 디스'를 하면 청중으로부터 인간적인 호감도 얻고 본론의 전달력도 높일 수 있다.

　차관급, 장관급 이상 정무직 공무원의 연설이라면, 연설문의 완성도를 넘어 연설하는 사람의 이해관계를 폭넓게 고려해야 한다. 현장에서 들을 사람들, 그리고 현장에는 없지만 어디선가 듣고 보고 모니터링까지 하고 있을 사람들을 만족시켜야 한다. 현장에서는 딱딱한 정책을 감싸는 부드러운 스토리텔링이 필요하다. 그렇다고 현장의 참석자들만 바라보고 얘기한다면 더 큰 잠재적 청중이 아쉬움을 느낄 수 있다. 정무직 공무원의 연설에서 정책방향이나 국정철학과 같이 다소 큰 줄기의 이야기들을 빼놓지 못하는 까닭이다.

　끝내는 말은 대개 감사와 격려, 그리고 당부와 축원의 인사다. 계기와 자리의 의의를 재차 언급할 수 있다. "~를 다시 한번 축하하면서 (또는 ~가 성공적인 행사가 되기를 기대하면서, 또는 ~에 대해 관심과 협조를 부탁드리면서), 오늘 이 자리에 함께 해주신 모든 분들의 건강과 행운을 기원합니다." 정도가 무난한 마무리다. 게다가 연설자가 이후에도 함께 하는 일정이 있다면, 작별 인사는 과하지 않은 쪽이 자연스럽다. 계절 인사, 명절 인사도 마무리로 자주 쓴다. 좀 더 강한 인상을 남기고 싶다면, 상황에 어울리지만 진부하지 않은 인용구를 넣는 것도 가능하다.

## 리듬을 살린다

### 단문을 적절히 사용한다

단문을 충분히 쓰면 리듬감이 살아있는 반복이 가능해진다. 마틴 루터 킹 목사의 유명한 〈I have a dream〉 연설에서는 단문인 'I have a dream.' 이 8번 반복되고, 'Let freedom ring.'도 8번 반복된다. 세심하게 배치된 단문의 리듬이 쌓여 후반부로 갈수록 청중의 감정이 고조되도록 잘 설계되었다.

연설문은 논문이 아니다. 귀에 들리는 울림과 호소력을 극대화하려면 문장은 짧아져야 한다. 접속사를 최소화하고 끊을 수 있는 문장은 가급적 다 자른다. 무작정 짧아지기만 해서는 안 된다. 짧은 문장들이 리듬감을 만들어내야 한다. 연설문에 단문을 쓰면 좋다는 것은 널리 알려진 원칙이다. 그런데 정부 연설문에서는 생각보다 자주 쓰지 않고 있다. 원칙과 실제가 다르다. 왜 그럴까? 쓰는 사람, 읽는 사람에게 다 이유가 있다.

첫째, 단문에 대한 연습이 덜 되어 있다.

길이가 짧다고 해서 모두 단문은 아니다. 단문이 반드시 짧은 것도 아니다. 하나의 주어와 하나의 서술어로 구조가 단순하고 수식어가 적어야 구조로서의 단문, 느낌으로의 단문이다.

개조식 보고서도 한 줄 단문이 바람직하지만, 한두 줄에 내용을 욱여넣으려면 중문, 복문을 많이 쓰게 된다. 연설문은 의미 단위로 줄을 달리하도록 끊어줄 수 있기 때문에 문장이 하염없이 이어져도 작성할 때 별로 티가 나지 않는다. 따라서 마냥 생각 가는대로 문장을 복잡하게 늘리기도 쉽다. 보고서를 쓰던 관성이 연설문을 쓸 때 영향을 미치는 것이다.


둘째, 어쩐지 단문은 어색하다고 생각한다.

일상적이고 사소한 행사에서 단문을 반복해 읊는다고 생각해 보자. 친근한 대화체를 기대하던 사람들이라면 느닷없는 웅변조에 어색함을 느낄 수 있다. 이런 웅변적 '오글거림'을 참을 수 없다면 단문은 포기해야 한다.

연설문 중에 가장 완성도 높은 연설문이라면 단연 대통령의 연설문일 것이다. 나아가 역대 대통령들이 가장 공을 들였을 연설문은 취임사가 아닐까 싶다. 취임식에서는 오로지 취임사만 읽기 때문이고, 지지하든 지지하지 않든 거의 모든 국민이 새 대통령의 취임사에 귀를 기울이기 때문이다. 연설이 가장 극적인 효과를 낼 수 있는 무대이자 응당 그래야만 하는 자리다.

그럼에도 불구하고 대통령 취임사에서 강력한 단문으로만 구성된 부분을 찾기는 쉽지 않았다. 전체적으로 장문, 복문, 중문의 비율이 높았다. 대통령기록관 사이트에서 다른 주요 계기 연설문들도 모두 훑어봤지만, 결과는 마찬가지였다. 과거에는 만연체가 유행했던 것 같기도 하고, 대통령의 취향이 그래서였을 수도 있다. 어쩌면 시대와 개인을 넘어, 이제 시작하는 대통령이 하고 싶은 많은 말들을 다 담기에 단문은 빈약하게 느껴졌을 수도 있다. 역대 취임사 중 비교적 단문 사용 원칙에 부합하는 부분만 발췌해봤다.

첫 번째는 문재인 대통령의 취임사 중 일부다. 연설문의 단문 사용 원칙에 교과서적으로 가장 충실한 예다.

> 분열과 갈등의 정치도 바꾸겠습니다.
> 보수와 진보의 갈등은 끝나야 합니다.
> 대통령이 나서서 직접 대화하겠습니다.
> 야당은 국정운영의 동반자입니다.
> 대화를 정례화하고 수시로 만나겠습니다.
> (중략)
> 거듭 말씀드립니다.
> 문재인과 더불어민주당 정부에서
> 기회는 평등할 것입니다.
> 과정은 공정할 것입니다.
> 결과는 정의로울 것입니다.

두 번째는 김영삼 대통령의 취임사, 꽤 긴 연설의 맨 끝부분이다. 막바지인만큼 연속된 단문들로 호소력을 끌어올리고 있다.

> 우리 모두 미래에 대한 꿈과 희망을 가집시다.
> 신한국을 창조합시다.
> 신한국의 창조는 대통령이나 정부의 힘만으로 이룩될 수 없습니다.
> 신한국으로 가는 길에는 너와 내가 없습니다.
> 오직 우리만이 있을 뿐입니다.
> 모두 함께 해야 합니다.
>
> 그러나 신한국은 하루아침에 이루어지지 않습니다.
> 인내와 시간이 필요합니다.
> 눈물과 땀이 필요합니다.
> 고통이 따릅니다.
> 우리 다 함께 고통을 분담합시다.
> 우리는 해낼 수 있습니다.
> 반드시 해내야만 합니다.
> 자, 우리 모두 희망과 꿈을 안고 새롭게 출발합시다.

세 번째는 이명박 대통령의 취임사, 역시 감정이 고조되는 연설 막바지다. '더 ~야 합니다.'로 이어지는 비슷한 문장들이 리듬감을 만들어낸다.

> 정부만의 힘으로는 어렵습니다.
> 국민 여러분께서 함께 나서 주셔야 합니다.

> 각자가 스스로 행동에 나서야 합니다.
> 부모님들은 아이들의 몸과 마음을 더 튼튼하게 길러야 합니다.
> 선생님들은 학생들을 더 열심히 가르쳐야 합니다.
> 기업인과 노동자들은 손잡고 더 진취적으로 매진해야 합니다.
>
> 청년들은 자기개발을 위해 더 노력해야 합니다.
> 군인과 경찰은 국가와 사회를 더 성실히 지켜야 합니다.
> 종교인, 시민운동가, 언론인도 더 무거운 책임을 짊어져야 합니다.
> 공직자들은 더 성심껏 국민을 섬겨야 합니다.
> 대통령부터 열심히 하겠습니다.

마지막은 영어 연설 사례다. 윈스턴 처칠의 덩케르크Dunkirk 연설 중 일부다. 현재까지 자주 인용되고, 오마주되곤 하는 구절이다. 덩케르크 작전의 성공은 제2차 세계대전의 변곡점 중 하나였고, 영국이 끝까지 버텨주었기에 전쟁은 연합군의 승리로 끝났다. 이날 처칠의 연설은 간결한 'We shall fight(우리는 싸울 것입니다).'라는 단문의 반복으로 전 세계에 강력한 메시지를 전달했다.

> We shall not flag or fail.
> We shall go on to the end.
> We shall fight in France,
> we shall fight on the seas and oceans,
> we shall fight with growing confidence

> and growing strength in the air,
> we shall defend our island,
>  whatever the cost may be.
> We shall fight on the beaches,
> we shall fight on the landing ground,
> we shall fight in the fields and in the streets,
> we shall fight in the hills,
> we shall never surrender.

일상에서 한정된 청중을 대상으로 한 연설문이 매번 이렇듯 극적일 수는 없을 것이다. 그래도 반복된 단문이 놀라운 힘을 발휘하는 때가 있음을 기억해야 한다. 이왕이면 수식어와 접속사도 최대한 줄여서 문장을 간결하게 만들어보자. 훨씬 입에 붙고 귀에 꽂히는 연설문이 나올 것이다.

### 소리 내어 읽어본다

연설문은 써놓고 읽어보아야 한다.

보통 속도로 읽었을 때 얼마나 걸리는지 시간을 잰다. 연설문을 연설자에게 보낼 때는 반드시 평균 속도로 읽는 데 걸린 시간을 표시해준다. 읽으면서 호흡과 발음이 꼬이지는 않는지 살펴보는 것도 중요하다. 긴 단어가 너무 함께 몰려서 그럴 수도 있고, 익숙하지 않은 어려운 표현이나 외래어가 나와서 그럴 수도 있다. 꼬이는 부분이 있다면 풀어서 다시 써야 한다.

다음에는 끊어 읽어야 할 의미 단위인 문단들을 나누고, 긴 문장을 잘라 줄을 바꾸어 가며 호흡을 조절한다. 그리고 가장 작은 단위인 '음보'(소리의 걸음)를 표시해야 한다.

우리 말은 3글자, 4글자 정도로 반복되는 것이 자연스러운 '음보'를 가지고 있다. 조선시대 시조 정도(3-4-3-4-3-4-3-4-3-5-4-3)가 우리 귀에 가장 듣기 편안하고 읊기도 쉬운 음보 구성이다. 영어로 된 시나 힙합 랩 가사처럼 첫머리와 끝머리의 라임을 맞추는 운율까지는 필요치 않다.

위에서 예로 든 취임사 일부분을 보면, 글자 수가 들쭉날쭉한 부분들이 있다. 여기서 음보를 맞추는 방법은 긴 것을 줄이고, 짧은 것을 늘여서, 대체로 3~5글자의 길이가 되도록 읽는 것이다.

분열과/ 갈등의/ 정치도/ 바꾸겠습니다.
(6글자를 5글자처럼 빠르게)

선생님들은/ 학생들을/ 더/ 열심히/ 가르쳐야/ 합니다.
(1글자를 3글자처럼 길게)

작성자는 연설자를 위해서 이처럼 음보를 맞춰 잘라 슬래시(/) 표시를 한 연설문 초안을 내는 것이 좋다. 연설자는 이에 맞추어 호흡을 조절해가며 연설 연습을 한다.

## 영혼을 불어넣는다

영혼이 빠진 연설이란, 소금 빠진 음식과 같다. 간이 안 된 음식을 먹을 수는 있지만, 맛이 없다. 영혼 없는 연설도 마찬가지다. 들을 수는 있지만, 듣는 맛도 없고 듣고 난 후 기억도 나지 않는다. 연설을 시작할 때 청중은 대개 집중도가 낮아져 있다. 중요한 단 한 개의 연설만 듣고 끝나는 행사란 많지 않다. 대통령 취임식이 아닌 보통의 행사들은 보통의 관례대로 진행된다. 개회사, 축사, 환영사, 격려사 등이 줄줄이 이어진다. 도합 열 명까지 축사를 하는 경우도 심심치 않게 본다. 어떤 행사는 주 목적이 다들 한 마디씩 하는 것이다. 각종 시연, 시상, 공연 등도 사실 주요 참석자들이 말잔치를 벌이기 위한 구실에 지나지 않는다. 이런 현장에서는 많은 연설들이 쉽게 잊힌다. 적어도 까맣게 잊히지 않는 연설이 되기 위한 두 가지 조건을 짚어본다.

첫째, '정말 하고 싶은 말' 한 마디가 들어가 있어야 한다. 아무리 입장에 빙의해보고, 뻔한 말들은 빼고, 단문으로 엮고, 음보까지 맞춰 써냈다고 해도, 전달하고자 하는 자신만의 메시지가 없으면 연설은 소음에 불과하다. 작성자가 연설자를 대신해서라도 '정말 하고 싶은 말'을 찾아낼 수 없다면, 최소한 다음 날 언론 기사로 나오기를 기대하지는 말자.

다음의 예는 2015년 6월, 〈광복 70주년 기념 탈북민 100쌍 합동 결혼식)에서 홍용표 통일부장관이 했던 축사(전문)다. 장관실에서 연설문 작성을 전담하던 주무관이 초안을 쓰고 장관이 직접 첨삭해서 완성한 글이다.

---

반갑습니다. 축하드립니다.

100쌍의 신랑신부의 입장에 맞춰 박수를 치다 보니 팔이 좀 아팠지만, 모든 분들께 축하드리고 싶은 마음에 열심히 박수를 쳤습니다.

결혼의 인연은 하늘이 내려준다 합니다.
또 인연이 있으면 천리가 떨어져도 만나고,
인연이 없으면 얼굴을 맞대도 알아보지 못한다고 합니다.
더욱이 먼 길을 돌아 만난 여러분은
천리가 떨어져도 만난다는 말을 몸소 체험하셨을 것입니다.
이렇게 남들보다 더 특별한 의미의 부부로 맺어지신 만큼
더욱 단란한 가족이 되시기 바랍니다.

통일부장관으로 이 자리에 왔지만,
결혼식을 축하하러 온 만큼
통일에 관한 긴 말씀은 하지 않으려 합니다.
다만 여러분께 정말 행복하게 사시라고 말씀드리고 싶습니다.
행복한 모습을 여러분 후배들인 새로운 탈북민들에게 보여주고
그들에게 꿈과 희망이 되면,
그것이 모여 통일을 위한 큰 밑받침이 될 것입니다.

결혼을 앞둔 제자들이나 후배들에게 하는 말이 있습니다.

> 어떤 남자가 꽃가게에서 화분을 구입해서
> 잘 키우기 위해 정성스레 매일 물을 줬답니다.
> 그런데 화분은 금방 시들었다 합니다.
> 알고 보니 그 꽃은 물을 일주일에 한번만 주어야하는 것이었습니다.
> 결혼생활에서 배우자를 알고 맞춰 노력해야 한다는 의미일 것입니다.
>
> 여러분은 이미 서로를 잘 알겠지만,
> 만족하지 말고 배우자를 더 잘 이해하기 위해
> 끊임없이 노력하시기 바랍니다.
> 저도 우리 민족이 하나 되는 통일을 위해
> 노력하고 공부하며 최선을 다하겠습니다.
>
> 감사합니다.

이 연설문의 미덕은 분명하다. 짧고, 쉽고, 구어체라는 좋은 연설문의 조건을 갖췄다. 어디선가 들어봤음직한 '인연' 이야기로 시작하고, 과거에도 자주 예로 들었다는 '화분' 이야기로 마무리 했지만, 연설자의 깨달음과 진심을 어렵지 않게 전달했다. 최소한 200명은 넘었을 결혼식 참석자들 중 누군가는 이 이야기를 소중히 마음에 품고 갔을 것이다. 당시 언론 기사는 이 독특한 행사를 보도하면서 그저 '통일부장관이 참석하여 축사를 했다' 정도로 짧게 다뤘지만 말이다.

둘째, '정말 하고 싶은 말'을 가능한 낯설고 신선하게 한다. 이전의 맥락과 관행에서는 쓰지 않던 표현을 고르는 것이 좋다. 외국어, 사투리, 신조어 등을 고려해본다. 문화에 따라 비속어도 때로 가능하다. 연설의 신선도는 보통 첫 문장에서부터 결정된다.

"졸업생 여러분, 해냈습니다. 근데 X망했습니다(Graduates, you made it, and you're fxxked)."로 시작하는 배우 로버트 드니로의 뉴욕 예술대 졸업식 '욕설' 축사는 2015년 최고의 축사로 뽑히기까지 했다. '실패를 두려워하지 말고 나아가라'는 연설 내용도 좋았지만 강렬한 첫 한 마디의 화제성은 매우 컸다. 의외의 말과 충격 요법으로 연설을 시작하는 것은 노련한 연설자들이 즐기는 방법이다. 역시 2015년 찰스턴 교회 총기난사 사건 희생자 추모식에서 버락 오바마 대통령은 연설 대신 찬송가 '어메이징 그레이스 Amazing Grace'를 불렀다. 말로 표현할 수 없는 비통함 속에서 부른 노래는 그 어떤 연설보다 큰 감명을 주었고, 흑인·백인 모두에게서 공감을 끌어낸 진정한 '연설'로 각인되었다.

다음의 연설은 한국계로는 최초로 수학의 노벨상이라 불리는 필즈상을 수상한 허준이 교수의 2022년 서울대 졸업식 축사다. 역시 세간의 관심을 많이 받았고, 언론에 축사 전문이 실렸다. 이 연설에는 두 가지 놀라운 점이 있었다. 하나는 수학자의 글이 놀랍도록 문학적이라는 것이고, 다른 하나는 엄청난 업적에 비해 놀랍도록 겸손하다는 것이다.

안녕하세요, 07년도 여름에 졸업한 수학자 허준이입니다.

우리가 팔십 년을 건강하게 산다고 가정하면 약 삼만 일을 사는 셈인데, 우리 직관이 다루기엔 제법 큰 수입니다. 저는 대략 그 절반을 지나 보냈고, 여러분 대부분은 약 삼분의 일을 지나 보냈습니다. 혹시 그 중 며칠을 기억하고 있는지 세어 본 적 있으신가요? 쉼 없이 들이쉬고 내쉬는 우리가 오랫동안 잡고 있을 날들은 삼만의 아주 일부입니다.
먼 옛날의 나와, 지금 여기의 나와, 먼 훗날의 나라는 세 명의 완벽히 낯선 사람들을 이런 날들이 엉성하게 이어주고 있습니다. 마무리짓고 새롭게 시작하는 오늘 졸업식이 그런 날 중 하나일 수 있겠다는 생각이 듭니다. 그런 하루를 여러분과 공유할 수 있어서 무척 기쁩니다.
(중략)
수학은 무모순이 용납하는 어떤 정의도 허락합니다. 수학자들 주요 업무가 그 중 무엇을 쓸지 선택하는 것인데, 언어를 어떻게 사용할 것인가에 대한 가능한 여러 가지 약속 중 무엇이 가장 아름다운 구조를 끌어내는지가 그 가치의 잣대가 됩니다. 오늘 같이 특별한 날 특별한 곳에서 특별한 사람들과 함께하니 들뜬 마음에 모든 시도가 소중해 보입니다. 타인을 내가 아직 기억하지 못하는 먼 미래의 자신으로, 자신을 잠시지만 지금 여기서 온전히 함께하고 있는 타인으로 받아들일 수 있을까 궁금해집니다.
졸업생 여러분, 오래 준비한 완성을 축하하고, 오늘의 새로운 시작을 축하합니다. 서로에게, 그리고 자신에게 친절하시길, 그리고 그 친절을 먼 미래의 우리에게 잘 전달해 주길 바랍니다. 응원합니다. 축하합니다. 감사합니다.

허 교수의 축사는 살아갈 남은 날들의 숫자를 세어보는 것으로 시작했다. 막연히 '앞길이 구만리'라고 느낄 젊은이들에게는 자못 신선한 관점이다. 잘 시작해서 잘 끌어온 연설이라면 갑자기 벼랑에서 뚝 떨어지듯 의례적인 문장만으로 급히 마무리하기는 아깝다. 허 교수는 "수학은 무모순이 용납하는 어떤 정의도 허락합니다."라는 한 구절로 일반인들에게는 낯선 생각의 씨앗을 심으며 축사를 마무리했다. 누구나 이렇듯 특별한 자신만의 한 마디를 찾아 쓸 수 있다면 더 바랄 게 없다.

영혼을 불어넣은 연설문의 예로 두 편의 연설문을 가져온 까닭이 있다. 연설문에서 영혼이란 작성자의 것이 아니라 연설자의 것이어야 한다는 뜻이다. 연설문을 작성하는 실무자는 기본이 되는 글그릇을 잘 빚어낸다. 연설자는 연설문을 최종적으로 감수하고 책임지는 역할을 해야 하며, 자신의 영혼을 어떻게 담을지도 직접 결정해야 한다.

## 연설을 듣는다

연설자가 연설할 때, 연설문 작성자는 연설을 들으며 몇 가지를 확인해야 한다.

우선, 연설자가 연설 도중 연설문에서 바꾸거나 빼거나 더하는 부분이 있는지 확인한다. 현장에서 연설로 확정되는 것이 최종 연설문이므로 이 부분을 소홀히 해서는 안 된다. 연설자의 개성이나 취향이 드러나는 것이 즉석에서 이루어지는 첨삭, 변경이다. 연설문 작성과정에서 충분한 소통이 이루어져야 마땅하지만, 시간이 부족해서 그러지 못했을 수도 있다.

'애드립ad lib'은 현장 분위기가 좋을 때도 나쁠 때도 필요하다. 잠시 공식 연설문은 놓아두고 자신이 정말 하고 싶은 말을 상당히 오래 하는 연설자들도 본다. 어느 정도 현장 호응이 있다면 이런 즉흥 연설이 나쁘지는 않다. 때와 장소에 따라 반대자들의 야유나 함성 때문에 연설을 이어갈 수 없는 경우도 있다. 이럴 때는 연설문 초안을 고집하기보다 그 상황에서 청중에게 맞는 언어로 말하는 편이 바람직하다. 애드립 부분이 꽤 많거나 길어질 수 있으니 기록 차원에서 녹음을 하도록 하자.

서술식 연설문이 아닌 개조식 말씀자료일 경우 취지의 극히 일부만 사용하기도 한다. 말씀자료는 '모범답안'이지만, 현장의 분위기에 따라 실제 발언은 달라진다. 국회와 같이 공식 속기록이 나오는 자리도 있지만 그렇지 않을 때가 더 많으니 성실한 실무자라면 어떤 질문에 어떤 답변을 했는지 구체적인 '워딩wording'을 기록해둔다. 실제 답변의 방향이 공식 입장과 일치하지 않았다면 다음 답변 때에는 일치시킬 수 있도록 표시를 해두자. 이미 해버린 발언이 정부 입장으로 굳어지게 된다면 이후 입장을 바꿔서 기록해야 한다. 회의에서는 참석자들의 발언 방향과 내용에 따라

회의를 주재하는 사람들의 발언도 달라질 수 있다. 미리 준비하거나 예측할 수 없었던 부분들을 추가해 써넣는다. 전혀 사용되지 않거나 변경하여 발언한 부분도 확인해야 다음 말씀자료 작성 때 혼선을 방지하고 활용도를 높일 수 있다.

다음으로, 작성자는 현장에서 연설을 듣는 청중의 반응과 언론의 반응, 그리고 그 외 각계의 반향까지 폭넓게 살펴야 한다.

비공개 장소에서 한정된 청중을 두고 하는 짧은 연설이나 발언이라면 반응을 살피는 것은 간단하다. 그러나 공개적으로 언론 보도까지 되는 연설이라면, 어떻게 기사화되었으며 해당 기사나 영상을 접한 대중의 반응과 댓글은 어떠한지 반드시 확인해야 한다. 기사에서 헤드라인으로 나오거나 따옴표로 인용된 부분은 가장 의미 있게 남을 내용이므로 특히 중요하다. 작성자의 의도대로 반영되었을 수도, 의도치 않은 부분이 부각되었을 수도 있다. 어느 쪽이든 다음 연설문을 쓸 때 참고가 된다.

연설문 모니터링은 연설자만을 위한 것이 아니다. 연설문 작성자의 발전을 위해서도 필요하다. 이런 종류의 글을 평생 단 한번만 쓰고 끝낼 것이 아니라면, 실제 연설이나 발언이라는 것이 어떻게 이루어지고 어떻게 받아들여지는지에 대한 경험치를 계속 쌓아나갈 필요가 있다.

# 4 토킹포인트 다루기

조직을 대표하는 사람들이 일방적인 발표나 연설로만 끝나지 않는 행사와 회의에 참석할 때, 토킹포인트가 필요하다. 기자단 대상 브리핑이나 인터뷰, 각종 면담, 공청회·토론회·간담회와 같은 행사, 그리고 국회 출석과 같은 경우다. 이 중에서 좀 이질적으로 취급되는 것은 국회(질의) 답변자료인데, 서면이든 현장이든 말하듯이 작성하는 개조식 자료라는 면에서 본질은 다 같다. 토킹포인트를 성격에 따라 세 가지로 나누어본다.

### 키워드를 담는 선제형

선제형 토킹포인트란 하고 싶은 말을 하기 위해 쓰는 일반적인 토킹포인트다. 주제별로 꼭 들어가야 할 키워드를 넣는 것은 연설문과 같지만, 개조식으로 작성하기 때문에 연설문 쓰기 원칙이 모두 적용되지는 않는다. 보고서처럼 문어체로 흐르지 않도록, 구어체 전환을 염두에 둔 개조식이라는 점을 유념해야 한다.

토킹포인트에는 핵심 어구만 넣는다. 실무자들에게 토킹포인트를 쓰라고 하면 자주 긴 서술식 연설문에서 어미만 잘라오곤 하는데, 대개 이도저도 아니어서 사용하기 불편하다. 가령 다음의 다소 장황한 인사말은 토킹포인트의 취지를 살려 보다 간략한 지시문처럼 바꿀 수 있다.

> 대내외적으로 매우 급박한 상황에서 ○○○위원회를 시의적절하게 개최하게 되어서 뜻깊게 생각하며 바쁘신 중에도 참석해주신 모든 위원님들께 심심한 감사의 인사를 드림.
> → 위원회 개최 의의를 언급하고, 참석 위원들에게도 감사 표시.

실제로는 이런 부분을 가지고 굳이 수정 지시를 하지는 않는다. 취지를 살려 가감할 수 있기 때문이다. 하지만 처음부터 간결하게 작성하면 의미 있는 핵심어를 좀 더 살리고 참고할 만한 내용도 더 많이 넣을 수 있을 것이다. 앞서 인용한 전남도지사를 위한 토킹포인트에서는 보고서처럼 핵심어를 부각시키는 동시에 관련 참고자료들을 충실히 채워넣은 것을 볼 수 있다. 토킹포인트는 종종 이렇게 연설문과 보고서가 결합된 모양으로도 작성한다.

## 질문이 관건인 예측형

예측형 토킹포인트는 흔히 '예상질문 답변자료Q&A'로 불린다. 이 자료는 예상질문을 잘 만들어내는 것이 관건이다. 질문은 미리 조율된 우호적인 인터뷰가 아닌 이상, 가장 답하기 쉬운 것들을 제외한 다른 모든 것들이 포함된다. 발표 자료에서 보이는 허점, 결과에 대한 예상, 사안과 관련한 논란, 근본적인 정책 방향, 전후로 일어난 사건, 그리고 사소한 용어까지 모두 질문 대상이 될 수 있다. 그렇다고 질문의 개수가 무한대로 늘어날 수는 없기에, 최대한 넓게 보고 가장 가능성 높은 것들을 추려내야 한다. 아무리 늘어나도 사안별 예상 질문이 20개를 넘는 것은 바람직하지 않고, 아무리 쟁점이 없다 해도 5개 이하로 끝나는 것은 무성의해 보인다. 언제나 '예상하지 못한 질문'은 나온다. 적중률은 아무래도 50%를 넘기기 어렵다. 그럼에도 불구하고 예상 질문을 뽑는 의미는 말할 사람으로 하여금 전체적인 자리의 분위기를 익히게 하는 데 있다. 해당 질문자나 상황을 미리 모니터링해본 경험이 있는 실무자가 최대한 성의 있게 작성하는 것이 적절하다.

이렇게 추린 예상질문에 답변을 쓰는 원칙은 단순하다. 말로 했을 때 15초 이내에 '답'이 나오도록, 두괄식으로 쓴다. '답변'과 '답'은 다르다. 세상에는 답이 없는 답변이라는 것도 있다. 국민의 세금으로 일하는 정부 관계자라면 어떤 곤란한 질문이라도 답을 하지 않고 말을 돌려서는 안 된다. 서론이 길어지면 답을 회피하고 숨긴다는 인상을 줄 수 있다. 그러므로 15초 안에 질문자가 원하는 수준의 '답'이 나오고, 가능한 그 선에서 답변을 끝내는 것이 좋다. 각종 숏폼 콘텐츠는 15초 내외거나 길어도 60초에서 끝난다. 보통 면접시험에서는 30초 이내 답변을 하라는 지침이 있다. 사실 30초도 늘어지는 느낌이 있다. 실제로 장관의 국회 현장 답변조차 30초가 넘어가면 제지되기 일쑤고, '예, 아니오'의 단답형 답변만을 강요하는 국회의원들도 있다. 답변 자체를 최소한으로 간결하게 한다면 시간 지키기는 어렵지 않다.

예리하고 현장감 있는 질문들을 뽑을 것, 답변은 촌철살인을 지향할 것, 이 두 가지가 예측형 토킹포인트 작성의 원칙이다.

## 피로를 줄이는 대응형

대응형 토킹포인트는 하고 싶은 말을 할 수 없고 묻는 질문에만 답을 해야 하므로 가장 수동적인 것이다. 대표적으로 국회 측의 구두 또는 서면 질의에 대해 정부 측이 답변을 쓰는 '국회답변자료'가 있다. 국회답변자료는 공무원의 글쓰기 중 가장 피로도가 높다. 정부와 지자체에는 각 과·팀마다 국회 담당 직원이 따로 있다. 국회 담당이라고 모든 국회답변자료를 혼자 작성하는 것은 아니다. 자료 작성은 업무별로 나눠서 한다. 하지만 작성된 자료들을 취합해서 검토를 받는 일만 해도 꽤 많은 일거리다.

국회답변자료 작성의 피로도가 특히 높은 이유는 분량, 상황, 시기에서 찾을 수 있다. 분량으로 따지면, 정기국회와 국정감사 시즌에만도 부처별 기관별로 질문 개수가 수천 건에 달하기 때문에 어쩔 수 없이 피로도를 높인다. 국회 기관마다 의원마다 중복되는 질문과 답변도 많고 첨부하는 자료도 많으니 인쇄는 엄두를 못 내고 저장 매체를 따로 만들어 제출해야 할 정도다. 상황에 따른 피로도는 답변을 둘러싼 실랑이 때문이다. 정부 측에서 답하기 어려운 질문에는 답변이 늦거나 부실해질 수 있는데, 국회 측에서 정부 답변에 만족하지 못하면 각종 압박의 강도가 높아진다. 자료를 작성하는 시간대도 문제가 된다. 공무원들은 국회 상임위원회나 대정부질문 전날 초저녁부터 늦은 밤 시간대에 입수하는 질문들에 답변을 달기 위해 꼭두새벽까지 일하는 경우가 많기 때문이다.

이처럼 까다롭고 부담스러운 국회답변자료를 쓸 때 지켜야 할 두 가지 원칙이 있다. 원칙만 잘 지켜도 작성, 검토, 제출과정에서 피로도가 조금은 줄어들 것이다.

첫째, <u>묻는 것에만 답한다</u>(묻지 않은 것에 답하지 않는다).

이 원칙은 매우 중요하다. 실무자들에게 늘 강조하는 원칙인데, 잘 지키지 못하는 경우가 의외로 많다. 실무자들은 종종 묻지도 않은 것까지 답변에 넣어서 온다. 굳이 왜 그럴까?

이유 하나는 실무자가 업무를 잘 알기 때문이다. 대충 질문을 받아도 무엇을 묻는지 쉽게 알아챈다. 연관된 다른 것은 왜 묻지 않는지, 친절하게 알려주고 싶은 유혹에 빠진다. 조직의 상부에 올리는 보고서를 쓰듯 외부에 나갈 답변자료를 쓰려고 하는 것이다. 또 다른 이유는 묻는 질문에 답하기 어렵기 때문이다. 실무자로서는 까다로운 질문에 답하는 대신 다른 유사한 질문으로 치환하거나 묻지 않은 것까지 추가해서 답변한다면 양해해 주지 않을까 하는 순진한 기대를 품는다. 원래 질문에 답변하기 위해서는 기존 자료를 새로운 방식으로 추출하거나 가공할 필요가 있다. 때론 늘 나가던 답변이 아닌 새로운 답변이 필요한데, 그 경우 최상위층까지 다시 결재를 받아야 한다. 실무자 입장에서는 귀찮은 일이 되니, 안전한 기존 답변으로 때우고 싶어진다. 이처럼 묻지 않은 것까지 답하려는 이유는 모두 부적절하다.

　묻지 않는 것에는 답하지 않는다고 하니, 국회에서 보기에는 정부가 지나치게 방어적인 태도를 취하는 것으로 비칠 수도 있다. 그러나 헌법이 정한 권력분립의 의미가 바로 그런 것이다. 국회는 좋은 질문을 할 의무가 있고, 정부는 좋은 답변을 할 의무가 있다. 다시 말해 국회 측에서 성글고 무리한 질문을 하고는 정부가 알아서 상세하고 포괄적인 답변을 내놓기를 기대하는 것은 무리다.

　둘째, 답변은 최대한 성의 있게 쓴다.
　묻지 않는 것은 답하지 않는다는 원칙의 이면에는 묻는 것은 반드시 답한다는 원칙이 있다. 첫째 원칙은 범위에 관한 것이고,

둘째 원칙은 심도에 관한 것이다.

국회에 제출하는 답변은 추가 질문이 나오지 않도록 성의 있게 쓴다. 스무고개하듯 단답형으로 쓰지 않는다. 부실하거나 무성의한 답변은 상대방을 화나게 하는 건 물론이고 부처나 기관의 체면도 깎는다. 통계나 수치는 최신 자료로 쓰고, 만약 최신 것을 쓸 수 없다면 그 이유를 명시한다. 개인정보나 기업 이익을 보호하기 위해 일부를 가리거나 익명으로 처리했다면, 그 근거를 밝혀 양해를 구한다. 국회 측에서 과거와 똑같은 질문을 해왔을 때는 어쩔 수 없지만, 단지 질문의 취지가 유사하다고 해서 똑같은 답변을 '복붙'하는 행태도 지양해야 한다. 국회 측에서 초법적이고 부당한 요구를 해왔을 때는 타협할 수 없지만, 법의 테두리 내에서 수용해야 할 요구에는 최선을 다해 협조한다. 그것이 국민의 대표인 국회에 대한 의무다.

실제 작성 예를 살펴보기 위해서 드물게 공개된 국회답변자료 중 두 건을 가지고 왔다. 우선 정보공개포털에서 찾은, 2019년 10월 교육부가 해당 년도 국정감사를 위해 국회에 제출한 '서면질의 답변서' 중 첫 질문에 대한 답변(그림 4-1)이다. 질문은 '미성년자 논문 공저자 감사 결과에 대한 교육부의 각오와 계획'인데, 교육부 담당자는 각각 한 문단씩을 할애해 개괄적인 인식과 함께 부 차원의 각오와 계획을 답변하고 있다. 실제로 읽었을 때 이 답변에 약 20초가 걸리는데, 국회 현장에서 답변하기에 적정한 길이다. 끝부분에 최신 현황을 참고 표로 정리한 것은 주어진 범위 내

**그림 4-1**

【문 1】
논문 미성년자 공저자 감사 결과는 '부모 찬스', '지인 찬스'가 대학 입학에 비일비재 했다는 의혹이 사실로 드러난 것으로, 두 번 다시 이런 일이 일어나지 않도록 제도와 시스템을 정비하고, 연구부정 논문이 대학 입시에 활용된 경우 예외없이 입학을 취소하고 연루된 이들은 엄중히 징계하여야 하며, 이에 대한 교육부의 각오와 계획을 물으셨습니다

□ 답변

○ 교수 자녀 등의 논문 공저자 등재와 대학입시 활용은 부모의 사회적 지위를 활용해 자녀의 스펙을 만들어 주는 것으로 국민 상식에 부합하지 않습니다.
○ 미성년자의 논문에 대해서는 시간이 걸리더라도 엄격하고 공정한 절차에 따라 끝까지 검증하고, 연구부정행위로 판정된 논문에 대해 어떤 예외도 두지 않고 엄정하게 관련 교원 징계, 입학 취소 등 후속 조치를 추진하겠습니다.

◆ 미성년 공저자 논문 실태 현황('19.10.17. 기준)
 - 논문·프로시딩 총 794건 확인(논문 645건, 프로시딩 149건)
 ※ 85개 대학교 교수 544명, 학생 1495명
 - 교수 자녀 196건, 지인자녀 48건, 기타 미성년자 550건 등
◆ 논문 검증 진행현황('19.10.17. 기준)

| 총 건수 | 검증 완료 | | 검증진행 중 | |
|---|---|---|---|---|
| | 부정 있음 | 부정 없음 | 1차 검증 중 | 2차 검증 중* |
| 794건 | 28건 | 75건 | 293건 | 398건 |
| | 103건 | | 691건 | |

* 대학의 1차 검증결과에 대해 교육부 검토자문단 및 연구비 지원부처 등에서 재검토

에서 성의 있는 답변을 작성한다는 원칙에 부합한다.

다음으로 가져온 것도 정보공개포털에 등재된 문서다. 2023년 11월 국회 법제사법위원회의 예산심사와 관련하여 제출한 법제

**그림 4-2**

> 1. 법제처장의 업무추진비를 과다하게 지출한 점, 부적절하게 업무추진비 집행한 점에 대해 패널티성 예산 삭감 필요(예산의 5%)

☐ (과다 집행 관련) 코로나 시기의 경우 방역정책 등에 따라 업무추진비 집행이 일시적으로 감소한 바, 코로나 상황 종료 후에는 코로나 이전 수준으로 집행이 회복된 것으로서, 특별하게 집행액이 증가한 것은 아님.
  * (동일 시점 집행액 비교) '18.5.13.~'19.9.30. 82,446천원 / '22.5.13.~'23.9.30. 83,951천원
  * ('20~'21년) 사회적 거리두기 실시 → ('22.4.18.) 사회적 거리두기 종료(위드코로나)

☐ 또한, 업무추진비의 경우 기관 또는 사업의 업무수행에 수반되는 경비로 대·내외 업무 협의, 행사, 간담회 등에 소요되는 각종 경비를 집행하는 것으로서,
  ○ 실제 집행자가 누구냐와 관계없이 사업추진이나 관서운영을 위해 필요한 것임.

☐ (정원 대비 예산 규모) 법제처의 경우, 정원 대비 관서업무추진비는 정원이 유사한 타부처 대비 약 0.5배* 수준으로, 예산을 현재 정부안 수준으로 유지할 필요가 있음.
  * 타부처 정원 대비 관서 업무추진비 평균 1.09 (방통위 1.42 / 개보위 1.18 / 여가부 0.97 / 인권위 0.8)
    법제처 정원 대비 관서 업무추진비: 0.55 (백만원, '22 회계연도 기준)

처의 '서면 답변서' 자료 중 일부(그림 4-2)다. 질문과 답변을 다 전형적인 토킹포인트 개조식으로 작성했다. 답변 내용은 교육부 서술식 답변보다 2배 정도 길다. 서면 답변만으로 끝난다면 이 정도

의 길이는 무난하다. 문단 첫머리에 요약 괄호를 활용하고, 참고 수치를 제시한 것은 보고서 작법과 매우 유사하다. 국회답변자료에서 개조식을 쓰느냐 서술식을 쓰느냐는 단지 선택의 문제다. 해당 부처, 기관의 분위기와 관행에 따라 문체와 양식이 결정된다.

　둘 다 답변의 완성도에는 문제가 없으나, 그림 4-1은 말로 하는 자료의 취지에 더 어울리고, 그림 4-2는 서면보고서에 가깝다. 토킹포인트의 본질에 가까운 것은 전자이므로, 현장 답변을 예정하고 써야 한다면 전자를 참고하는 게 좋다.

| @ 말하는 사람,
　　쓰는 사람

정부의 말씀자료를 쓸 때 가장 큰 문제는 너무 많이, 너무 자주 써야 한다는 것이다.

우선 조직의 장이 '한 말씀' 해야 하는 자리가 많다. 초청받는 행사, 회의, 강연 등이 유독 많은 부처 장관들만의 문제가 아니다. 주기적으로 선거를 치러야 하고 그만큼 지역 주민들에게 다가가야 하는 자치단체장들도 마찬가지다. 아마 모든 연설문을 연설자들이 직접 써야 한다면 다른 일은 전혀 못 하게 될 터이다. 우리 정부 사람들은 연설을 별로 재미있게 하지 않고, 연설에 대한 기대도 낮아서 듣는 것을 즐기지도 않는다. 그럼에도 연설 횟수나 시간은 결코 줄이지 않는다. 주최하는 쪽은 주요 인물들의 연설이 빠지거나 적어지면 행사의 위신이 서지 않는다고 생각한다. 장관이 참석을 못해 차관이 대신 가는 경우는 있어도, 처음부터 차관이나 차관보 참석을 요청하는 행사는 거의 없다. 지역에서도 도지사나 시장을 초청하지, 부지사나 부시장부터 부르지는 않는다. 피치 못할 대독代讀을 제외하면 조직의 장이 아닌 국장급, 과장급이 연설하는 일도 드물다. 국회에는 언제나 조직의 장이 출석하는 것이 원칙이다. 국회 대참代參은 사전에 충분한 양해를 구해야 할 사안이다. 이런 사정 덕분에 정부에서 말씀자료란 조직을 대표해서 준비해야 하는 가장 빈번하고 부담스러운 글쓰기다.

특히 서술식으로 써야 하는 연설문일 경우 일상적인 개조식 보고서와는 달라 부담이 더 크다. 부처 차관, 장관들에게는 연설문 작성팀이 따로 없고, 실무자들이 순환 보직에 따라 돌아가며 맡는다. 작성 분량이 많아지면 관련된 부서의 실무자들이 연설문을 분담한다. 지방자치단체의 장은 선출직이기 때문에 별도의 연설문 작성팀을 두기도 하니 사정이 조금 낫다. 물론 개인이든 팀이 있든, 전업으로 하든 분업을 하든, 써내야 하는 연설문의 양이 절대적으로 많다면 과부하가 걸리게 마련이다. 매일 아이디어가 샘솟지도 않는데, 연설문은 거의 매일 필요하다. 과부하는 비슷비슷한 연설문을 양산하게 한다.

비교적 수월하게 개조식으로 쓸 수 있는 토킹포인트도 마찬가지다. 행사마다 예상질문과 답변을 써야 하고, 임시회든 정기회든 국회가 열릴 때마다 상당한 분량의 국회답변자료를 써내야 한다. 불요불급한 참석 행사의 횟수를 줄이지 않는 한 말씀자료도 줄어들지 않는다. 게다가 국회 출석은 정부에서 통제할 수 있는 변수가 아니다. 따라서 해마다 국회 시즌이 되면 많은 정부 부처, 지자체, 공공기관들은 대국회 업무에 매달리느라 다른 업무는 마비될 지경에 이르곤 한다. 답변자료 역시 찍어낸 듯 진부해진다. 국회와 관련해서는 어쩔 수 없는 부분이 크다. 다만 실제 업무를 하는 것보다 하는 업무에 대해 말하고 답하는 일에 더 많은 시간과 노력을 써야 한다면, 이건 주객이 전도된 상황이다.

말씀자료를 쓰는 사람과 말하는 사람의 이해관계는 확연히 다르다. 작성자로서는 온갖 '지뢰'들을 피해가며 적절하고 무난한 자료를 완성하는 것이 목표지만, 연설자가 생각하는 목표는 말씀자료를 통해 얻을 다른 이익에 있다. 정기적인 언론 노출은 정치인이라면 필수고, 정치인이 아닌 관료로서도 존재감을 증명하기 위해서는 긴요하다. 내놓는 연설마다 기사 헤드라인을 장식하면 좋고, 인터뷰나 답변이 구구절절 인용이 되면 더욱 좋을 것이다.

한데 그게, 말처럼 쉬운 일이 아니다. 하나하나 심혈을 기울이기에는 써야 할 글이 너무 많다. 그래서 선택과 집중을 해야 한다. 말하는 사람이 대단히 재미있지 않더라도 깊은 인상을 남기는, 자신의 장래에도 도움이 될 만한 말을 할 수 있으려면, 접근이 좀 달라져야 한다. 말씀자료를 생산하는 전체 체제 및 역할에 대한 인식 전환과 함께 공급자(작성자)와 수요자(연설자) 사이의 소통이 필요하다. 여기서 서로가 지켜야 할 원칙을 세 가지로 짚어본다.

<u>첫째, 연설자는 연설을 너무 자주 하지 않는다.</u> 어느 정도가 '너무 자주'에 해당하는지는 상황에 따라 다르다. 다만 저번에 한 연

설과 이번에 하는 연설이 거의 비슷해서 구분을 못 하겠다는 느낌이 든다면, '너무 자주' 하는 것이다. <u>연설하는 횟수를 줄이면 실무자들이 연설문을 작성하는 데 따른 피로도가 줄고 양산형 연설문도 줄어든다.</u> 무엇보다 대외 노출이 잦으면 기사 가치는 떨어지고, 그저 그런 시시한 연설로는 언론 기사 한 줄 얻어내기도 어렵다. <u>연설자는 횟수 집착에서 벗어나 메시지 발신 효과를 거둘 수 있는 계기를 신중히 골라야 한다.</u>

참석하는 자리를 도저히 줄일 수 없다면, 매번 긴 연설을 하기보다 원고와 자료가 필요 없는 짧은 인사말로 대체하는 것도 방법이다. 현장에서는 자연스러운 즉흥 연설이 더 큰 호응을 얻고 기사화되곤 한다. 연설자와 작성자 모두에게 '윈윈'인 셈이다.

둘째, 작성자는 연설자 입장에서 고민해야 한다. 말씀자료마다 연설자를 돋보이게 하고 기사가 될 만한 내용을 담아내고 있는지 살펴야 한다. 아무리 읽고 들어봐도 속칭 '야마'가 안 잡히는 연설도 세상에는 많다. 한 연설문 안에 너무 많은 내용을 넣으려고 애쓰지 말아야 한다. 미사여구를 늘어놓는 대신 실행 측면에서 '무엇을 하겠다'는 구체적 메시지를 담는 편이 정부 관계자의 발언으로서는 기사 가치가 있다.

아울러 연설이 가져올 긍정적인 기대효과만 노릴 것이 아니라 부정적인 파급효과까지 미리 대비해야 한다. 조직의 장이 하는 연설에서는 모든 표현을 신중히 골라야 한다. 부주의하게 민감한 사안에서 유관기관들과 다른 표현을 사용한다면 '엇박자'나 '딴소리'를 예리하게 파헤치는 언론에 대정부 비판의 구실을 줄 수 있기 때문이다. 작성자는 조직과 언론과의 관계에서 기회뿐만 아니라 위험 요소까지 점검해야 한다.

<u>셋째, 연설자와 작성자는 긴밀하게 소통해야 한다.</u> 정부의 수많은 일이 여러 단계 결재를 거쳐 이루어지는지라 연설자와 연설문 작성자가 얼굴을 마주 대하거나 직접 대화를 나눌 일이 전혀 없을지도 모른다. 전담 연설문 작성자라서 연설자와 일상적으로 대면하는 관계라 해도, 작성자가 연설자로부터 일방적으로 수정 사항만을 받아 적고 돌아오는 정도에 머무를 가능성도 높다.

이런 관행에는 권위적인 조직문화도 한몫한다. 그러나 계속해서 영향력 있는 연설문을 써내고 그것으로 성과를 거두려면, 연설자와 연설문 작성자는 지속적이고 의미 있는 상호 관계를 형성할 필요가 있다. 연설자가 자신의 취향을 알리고 자신의 생각을 이해할 단서를 제공하지 않는다면, 실무자는 연설자에게 어울리는 맞춤형 글쓰기를 해내기 어렵다. 반면에 적극적인 소통으로 실무자의 효능감이 높아지면, 실무자들의 숨은 능력이 더 발휘될 여지가 얼마든지 있다.

# III

# 미디어 자료 쓰기

'보도자료Press Release, PR'는 언론 보도를 겨냥하여 선제적으로 내놓는 기사 형식의 발표문이다. 잘못된 언론 보도에 사후적으로 대응하는 입장문은 '보도설명자료'이고, 더 짧고 함축적으로 정부의 입장을 밝히는 글이 'PGPress Guide'다.

보도자료는 대개 보고서를 풀어 쓰기 때문에 실무선에서 작성하고 검토하면 끝난다. 반면 보도설명자료와 PG는 시급성이나 심각성이 문제가 되는 경우가 많아서 가장 윗선까지 빠르게 올려 단어를 고르고 문장을 다듬는다.

한편 소셜미디어 글쓰기의 중요성이 커지고 있지만, 정부에서는 아직까지는 쓰는 쪽도 읽는 쪽도 그다지 중요하게 취급하지 않는다. 미디어 자료는 딱딱한 보고서나 일방적인 연설문처럼 쓰지 않아야 한다. 미디어마다 맞는 방식을 찾는 것이 관건이다.

# 1 보도자료

### ✒ 똑바로 일하기, 대충 쓰기

제프 베조스 아마존 CEO가 주창한 '거꾸로 일하기working backwards'는 기존에 당연시 하던 일의 순서를 바꿨다. 아마존의 실무자들은 새로운 상품이나 서비스에 대한 개발서·기획서 대신 보도자료PR와 자주 묻는 질문FAQ 쓰기부터 시작해야 한다. 보도자료를 먼저 발표해보는 곳은 내부회의다. 회의에 참석한 사람들로부터 "그래서 어쩌라고?" 하는 반응이 나오면 제안은 시도할 가치도 없는 것으로 여겨진다. 개발서나 기획서와 같은 보고서 종류가 내부를 설득하기 위한 자료라면, 보도자료는 외부(기존·잠재 고객)를 설득하기 위한 자료다. 보도자료로 사업을 결정한다는 것은 철저히 고객지향적으로 잘 팔릴 만한 제품에만 집중하겠다는 확고한 방향성이다.

한국 정부는 수립 이래 줄곧 기획부터 하는 '똑바로 일하기'를 원칙으로 삼고 있다. 어디서나 보고서를 먼저 쓰고, 이후 언론에 내는 보도자료를 쓴다. 보고서 결재를 받아야 정부 정책이나 입장의 공개 시기와 수위 결정을 할 수 있다. 일하는 순서는 일의 비중에도 영향을 미친다. 보고서가 업무의 시작이므로 가장 공을 들인다. 보고서를 쓰고 다듬는 데 들이는 시간과 노력에 비하면 마지막에 쓰는 보도자료에는 상대적으로 미미한 품이 들어간다.

정부가 일하는 방식을 단번에 바꾸기는 어렵다. 정부로서는 고객에게 인기가 없어도 꼭 해야 할 일들이 많다. 예컨대 법령에 의해 하게 되어 있는 일, 선거에서 공약으로 약속한 일, 장기적 관점에서 필요한 일 등이 그것이다. 더구나 계선을 따라 결재를 받으려면 보고서 없이 보도자료만 내밀 수는 없다. 그럼에도 정부가 아마존식 거꾸로 일하기의 장점을 일부 채택하는 방법은 있다. 가능하면 보고서와 보도자료를 함께 준비하는 것이다. 이 방식을 도입하면 최소한 보고받는 사람들이 좀 더 고객·국민지향적인 관점에서 입체적으로 판단을 하는 데 도움이 될 듯하다.

대다수 공무원에게 보도자료 쓰기는 크게 어려운 일이 아니다. 다들 보고서를 적당히 추려 다듬으면 곧 보도자료가 된다고 생각한다. 보고서는 소수를 설득하는 문서, 보도자료는 다수를 설득하는 문서, 보통 이렇게 구분한다. 형식이야 보고서의 개조식을 보도자료에서 서술식으로 풀면 되고, 내용은 거의 비슷하게 옮겨 쓸 수 있다고 본다. 정말 그렇게 단순한 문제일까?

정부, 특히 중앙 부처들에서 보도자료 쓰기를 다른 문서 쓰기보다 상대적으로 소홀히 여기는 데에는 몇 가지 이유가 있다.

우선, 중앙정부는 공공기관, 지방정부, 기업들에 비해 언론 기사화를 위해 특별한 노력을 기울일 필요가 없다. 정부 정책, 사업, 행사는 공익성을 기본으로 하기 때문에 대중에게 알릴 가치가 있는 일이다. 좋은 점이기도 하고 나쁜 점이기도 하다. 아무렇게나 보도자료를 써도 '흥행'에 참패하는 일은 없다. 하다못해 단신으로라도 기사가 난다. 반면 정부 보도자료가 크게 흥행하는 일도 드물다. 정부가 잘못하는 것은 지탄받아 마땅하지만, 잘하는 것은 국민 입장에서는 당연한 일이다. 게다가 언론으로서는 정부가 하는 일을 너무 칭찬하다가는 지나치게 친정부적이라느니 '어용'이라느니 하는 의심을 받을 수 있다. 결국 낙제도 고득점도 없이 속칭 '평타' 치는 성적이 나온다. 작성자로서는 더 잘 쓰기 위해 노력할 이유가 별로 없다.

다음으로, 실무자 차원에서 더 중요한 문서는 따로 있다. 누군가는 정책과 홍보를 반반이라 하고, 다른 누군가는 정책은 20%고 홍보가 80%라고도 한다. 반이든 80%든 홍보가 중요하다는 말인데, 대체로 윗사람들 입장에서만 그런 듯하다. 그렇다고 보도자료까지 직접 일일이 고칠 만큼 여유 있는 윗사람들은 적다. 그들에게 보도자료란 잘 써오면 고맙지만 잘 쓴 것이 아니더라도 그냥 넘어가곤 하는 글이다.

실무자에게 한정된 시간과 노력을 가지고 보고서와 보도자료 중 어느 쪽에 더 비중을 둘 것인가 묻는다면, 단연 보고서라고 할 것이다. 그들에게는 부록 같은 보도자료보다 주된 문서인 보고서를 잘 써서 얻는 칭찬과 평판이 더 절실하다. 따라서 조직 차원에서는 실무자가 보도자료 작성에 공을 들일 유인을 만들어주기 위해 포상 제도를 활용하기도 한다. '올해의 보도자료,' '이달의 보도자료'와 같은 상을 만든다. 문제는 기사화 수치와 같은 객관적 기준으로 상을 주는 게 아니라는 점이다. 대개 내부 동료 평가라서 조직 내 인지도나 중요도 높은 사업의 보도자료가 수상작에 선정된다. 반면 묻힐 뻔한 사업, 주목받지 못하던 행사를 잘 쓴 보도자료로 살려냈다든가 하는 미담 사례를 찾기는 어렵다.

정부 보도자료의 기사화에 관한 실증적 연구는 많지 않다. 일부 연구에서는 특정 연도에 한 정부 부처가 제공한 보도자료에 대해 주요 언론사에서 기사화한 비율을 계산해내기도 했었다. 다만 연구 범위가 제한적이고 이후 시계열 자료도 없어 일반화하기 어렵다는 문제가 있었다.

사실 보도자료의 기사화 비율은 개별 연구자 수준에서가 아니라 보도자료를 배포하는 부처, 기관, 지자체 홍보담당 부서에서 직접 추적하고 통계도 관리해야 마땅하다. 그래야 조직 내 인기 투표 같은 방식으로 보도자료의 가치를 평가하는 대신 보다 객관적이고 실증적인 지표를 바탕으로 평가하고 앞으로의 방향을 제시할 수도 있다. 통계가 쌓이면 각 조직별 특성을 살려 실무자들을 위한 보도자료 쓰기 교육을 하는 데도 활용가능하다. 문제는 바쁘게 돌아가는 정부 부처 대변인실에서는 그런 데이터를 모아 분석해볼 여유가 없다는 점이다.

아직도 대다수 정부 부처와 기관에서는 정책이 얼마나 (우호적으로) 기사화되었는지가 아니라 보도자료를 얼마나 자주, 얼마나 많이 배포했는지를 기준으로 실적을 낸다. 국무조정실이나 대통령(비서)실 역시 그런 양적 기준을 바탕으로 해당 부처의 홍보 실적을 평가한다. 산출 지표가 아닌 투입 지표에 의한 평가의 대표 사례다. 이런 관행이 계속된다면 실무자들 역시 보도자료의 질보다 양에 관심을 둘 수밖에 없다.

## 잘 쓴 보도자료의 조건

대충 쓴 보도자료가 워낙 많으니, 만약 마음먹고 잘 쓴다면 다른 글보다 쉽게 돋보일 수 있다. 무엇보다 보도자료는 보고서보다 복잡하지 않다. 길이도 상대적으로 짧고 억지로 개조식을 짜낼 필요도 없다.

다음은 2016년 경제전문지 〈*Forbes*〉에 실렸던 〈보도자료 쓰는 법*How to Write A Press Release*〉 이라는 기사의 요지를 옮긴 것이다.

√ 짧고 눈에 띄는 헤드라인을 쓸 것
√ 핵심을 찌를 것(첫 문단에 주제를 요약할 것)
√ 독자에게 와닿도록 쓸 것

이 기사를 인용한 까닭은 시중에 나와 있는 보도자료에 관한 지침 중에서 가짓수가 가장 적었기 때문이다. 지침이 많아지면 다 지킬 수 없을 것 같으니 지레 포기한다. 따라서 지침은 적고 단순할수록 좋다. 가장 범용성 높고 간단한 이 뼈대를 기본으로 삼아 살을 붙여서 공무원이 쓰는 보도자료에 적용할 만한 지침을 재구성해봤다.

√ 대중적인 주제를 고른다
√ 헤드라인으로 관심을 끈다
√ 쉬운 말로 쓴다
√ 직접 인용을 사용한다
√ 수치와 근거를 제시한다
√ 배포의 적기를 고른다

이제부터 이 여섯 가지 지침을 구체적으로 살펴본다.

**대중적인 주제를 고른다** 기업이라면 꼭 팔아야 할 수익성 높은 주력상품에 관한 기사를 원한다. 정부라면 좀 달라진다. 정부가 하는 일들 중 공익적이지 않고 알릴 가치가 없는 일은 거의 없다. 한데 그 많은 것들 중 어떤 것을 보도자료로 내야 할까?

'대중성'이란 흔히 말하는 '기사성'과 직결되는 부분이다. 대중적이지 않고 국민의 체감도가 낮은 정책은 보도자료로 쓸 의의가 없다. 조직 내부에서 나름대로 성과를 거두었다고 판단될지라도 과연 대중성이 있는 주제인지는 검토해봐야 한다. 성과 홍보가 반드시 보도자료만으로 이루어지는 것은 아니므로 백서나 공개보고서, 홈페이지나 소셜미디어 같은 좀 더 적절한 방식들을 택할 수도 있다. 대중의 관심을 가장 많이 받는 것은 정부 성과 홍보가 아니라 주요 정책의 방향과 각종 지원사업 등의 공표다. 이런 내용을 알리는 보도자료는 특단의 노력이나 대단한 포장 없이도 흥행에 성공한다.

정부에서는 가끔 주제의 대중성 여부는 따지지 않고 보도자료부터 내기도 한다. 기록 차원에서인지 고위급 면담, 회의, 출장, 출석, 방문, 업무협약 등의 활동을 죄다 보도자료로 배포하고 게시하는 조직도 있다. 투명 행정 또는 실적 쌓기 측면에서는 필요하겠지만, '기사성' 면에서는 맞지 않는 사례라고 할 수 있다.

**헤드라인으로 관심을 끈다** 보도자료의 제목은 특히 중요하다. 제목으로 기사성을 가늠할 수 있기 때문이다. 보도자료가 얼마나 효과적이었는지를 따질 때 보도자료 제목과 실제 기사의 헤드라인 간 유사성도 들여다볼 필요가 있다. 물론 정부가 만든 보도자료의 제목을 그대로 쓰는 기사는 많지 않다. 기자들도 제목 정도는 편집 방향이나 지면의 분위기와 개성에 따라 선택한다. 각 언론사 간 차별성도 내용이 아닌 제목에서 드러나기 때문이다. 하지만 지나치게 공무원스러운 제목은 매력적이지 않을 뿐 아니라 보도자료에 대한 관심과 흥미마저 사그러지게 한다. 그러니 좀 더 매력적인 헤드라인을 궁리해 보자.

사실 보고서 제목을 잘 고르는 안목을 가졌다면, 보도자료 헤드라인을 고르기도 어렵지는 않다. 대체로 대책, 개최, 발표, 시행, 강화, 촉진 등 투입지표 명사로 끝내는 대신 산출지표를 나타내는 동사를 써주면 문장에 리듬과 활력이 더해진다. 가령 '~ 대책 시행'이라는 밋밋한 표현 대신 '오늘부터 ~가 달라진다' '어디서나 ~을 사용할 수 있다' '~와의 협력은 계속된다'처럼 일반 국민이 체감할 수 있는 표현으로 풀어 쓰는 것이다.

**쉬운 말로 쓴다** 아무리 대중성 있는 주제와 매력적인 헤드라인을 달더라도, 읽기 쉬워야 한다. 개조식 한자어와 행정용어로 가득 찬 데다, 그것들을 조사와 어미로 연결만 하고 있다면 보도자료의 가독성은 떨어진다.

또 보도자료는 서술식 문장으로 작성해야 한다. 가끔 경어체를 쓰기도 하지만, 최대한 기사처럼 쓰기 위해 경어체는 불필요하다. 가급적 수식어를 절제하고 건조하게 쓴다. 다만 수식어를 자제하더라도 약간의 자화자찬성 표현은 가미하는 게 효과적이다. 지나치게 건조한 문장으로 일관할 경우 윗선의 결재 과정에서 "이런 자료는 대체 왜 내는 것이냐?"는 질책을 받을 수도 있다.

잘 쓴 보도자료는 기사 글과 많이 닮아있다. 보도자료가 당초 의도한 방향대로 기사에 반영되기 위해서는 최대한 기사처럼 써야 한다. 이를 위해 일반적인 기사 글쓰기의 요건(육하원칙 등)을 갖추고 있어야 한다.

**직접 인용을 사용한다** 보도자료에는 기자가 직접 취재하듯 주요 인물들의 언급을 따옴표로 넣어주는 직접 인용이 권장된다. 그렇다고 실무자가 보도자료 쓸 때마다 장관실, 도지사실, 시장실에 들어가서 따로 인터뷰를 할 수는 없다. 기존 어록을 재구성하거나 회의 때 받아 쓴 말을 잘 다듬어 활용하는 것이 효과적이다. 초안을 쓴 후 검토과정에서 인증을 받으면 직접 인용과 동급의 가치를 지닌다. 이것이 껄끄럽고 귀찮다고 간접 인용으로 뭉개놓으면 글의 현장감이 사라진다.

이렇게 기자 대신 취재까지 해서 써주면 기자를 너무 무시하거나 소위 '선을 넘는' 건 아닐까 걱정할 필요는 없다. 프로다운 기자라면 활용할 부분은 활용하되, 다시 취재하고 직접 인터뷰를 진행할 것이다. 보도자료는 이 사안을 이런 식으로 다뤄주었으면 좋겠다는, 깔끔하고 모범적인 답안 중 하나인 셈이다. 그것을 어떻게 변용하고 변주하는가는 기자 개개인의 시각과 능력에 달려 있다.

**수치와 근거를 제시한다**  사실 보도자료의 자화자찬이 단지 말뿐이라면 별 소용이 없다. 막연한 성과, 효과, 의의, 실적, 호응 같은 말들은 인상적으로 다가오지 않는다. 자화자찬식 표현을 많이 쓸수록 보도자료는 기사를 흉내 낸 값싼 광고로 전락할 가능성이 커진다. 이런 자료를 대하는 기자들의 시선이 고울 리도 없다. 오히려 '정부가 성과를 과신하고 있지만, 실상은 전혀 다르다'라는 식으로 기사화가 될 우려도 있다. 그러므로 섣불리 후하게 자체 평가하는 내용은 삼가되 반박하기 어려운 사실, 증명할 수 있는 수치들만 정직하게 넣는 것이 좋다.

행사를 홍보하고 싶다면, '체감 효과 상승' 같은 말보다는 등록 참가자 숫자 증가세나 만족도 조사 수치 같은 것이 필요하다. 현황에 관한 숫자와 통계는 권위 있는 외부기관이나 국제기구가 내놓는 자료에서 인용하면 좋다.

**배포의 적기를 고른다**  사회적으로 한창 이슈가 되는 사안이라면 그간 정부가 해왔던 일들, 하고 있는 일들을 설명하는 것이 매우 시의적절해진다. 이런 시기라면 다소 전문적인 내용이라도 대중의 관심과 수용성이 높아진다. 설령 불행한 사건·사고에 관한 것이라도 대중의 경각심을 높이고 정책의 추동력을 얻는 데 유의미하게 활용될 수 있다.

반면 아무리 중요한 정책이라도 특대형 이슈들이 한꺼번에 쏟아지는 타이밍에 내놓아서는 주목받기 어렵다. 그래서 배포 시기는 너무 뜬금없지 않게, 너무 몰리지 않게 잘 고를 필요가 있다.

　첫 번째 보도자료 사례(그림 1-1)는 2023년 8월에 작성된 공동 보도자료(외교부-조달청)다. 다소 기술적인 사안이지만 일반인들도 관심을 가질 만한 주제, 홍보 가치가 있는 주제를 골랐다. 내용도 어렵지 않게 서술되어 있다. 제목은 기사의 헤드라인처럼 만들었다. 덕분에 당시 다수 언론이 내용뿐만 아니라 보도자료 제목을 그대로 기사 제목으로 채택했다. 내용은 기사처럼 평서체 줄글로 문단을 나눠가며 작성했다. 특히 각 기관을 대표하는 사람들의 언급 내용이 인터뷰를 한 것처럼 서술되어 있다. 이렇게 따옴표 인용을 해두면 기사에 바로 옮겨 쓰기도 좋다.

　붙임자료도 낭비하지 않았다. 해당 물품의 사진과 상세 제원을 넣어서 기사화하기 쉽게 만들었다. 한국의 우크라이나에 대한 대규모 지원 발표 시기와 맞추어 물량과 액수에 묻히기 쉬운 질적인 측면, 대한민국의 중소기업들이 참여하는 의미 깊은 지원임을 강조하고 있다. 시기는 대통령의 우크라이나 방문(2023년 7월)에서 한 달 정도 지난 시점을 택했다. 엄청나게 기사 흥행에 성공했던 경우는 아니지만, 차분하게 작성된 보도자료의 정석을 보여주는 사례 중 하나다.

　그 다음에 이어지는 문서는 역사적 상황에 대해 내가 쓴 가상 보도자료다. 앞서 예로 든 〈훈민정음 창제 이후 대응방향 검토〉

**그림 1-1**

  공동보도자료

보도시점  배포 즉시   배포  2023. 8. 7(월) 10:00

## 혁신제품, 우크라이나 재건현장 누빈다
### 마개형 UV 살균기 등 3개 혁신제품, 병원 등 재건·복구 현장에 투입

우리나라 중소기업이 개발한 **혁신제품**이 전쟁으로 어려움을 겪고 있는 **우크라이나 재건 현장**에 사용된다.

조달청(청장 김윤상)은 살균 효과가 높고 **사용이 간단한 마개형 UV 살균기**를 우크라이나 정부에서 카호우카 댐 파괴 등으로 인한 **수인성 질병 피해 최소화**를 위해 **시범사용**한다고 밝혔다. 동 혁신 제품은 우크라이나 수도 키이우 지역 병원 소아병동에 우선 공급되어 **백혈병과 암 환자** 등에게 **안전한 식수**를 제공할 예정이다.

한편 지난 6월과 7월 **외교부**(장관 박진)는 초기화재 진압에 유용한 **투척용 소화기**와 휴대할 수 있는 **포터블 엑스레이** 등 혁신제품 2종을 인도적 지원 물품으로 지원하였다. 동 지원 물품들은 우크라이나 내 주요시설 화재 긴급 대응, 인명 구조에 사용될 것이다.

김윤상 조달청장은 "이번 우리기업의 혁신제품 지원이 **우크라이나 국민들의 건강과 안전을 지키는데 크게 기여**할 것으로 기대한다"며 "앞으로도 **우크라이나 재건 복구현장**에 우리기업의 다양한 혁신제품 들을 **적극 지원하겠다**"고 말했다.

오영주 외교부 제2차관은 "우리 정부는 전쟁으로 고통받는 우크라 이나 국민을 위해 우크라이나에 현물 기여를 포함한 인도적 지원을 하고 있다"라며 "우리 정부가 **안보·인도·재건 지원을 포괄**하는 '**우크라이나 평화 연대 이니셔티브**'를 발표한 만큼, 향후 인도적 지원을 계속하면서, 우크라이나 **재건복구**를 위한 **국제사회 노력에 동참**할 예정이다"고 말했다.

| 담당 부서 | 외교부 개발협력국 | 책임자 | 과 장 | 허윤정 (02-2100-8460) |
| --- | --- | --- | --- | --- |
| <인도적지원> | 다자협력 인도지원과 | 담당자 | 서기관 | 방초운 (02-2100-8365) |
| 담당 부서 | 조달청 신성장조달기획관 | 책임자 | 과 장 | 여인욱 (042-724-6151) |
| <시범구매> | 신성장판로지원과 | 담당자 | 사무관 | 도미영 (042-724-7564) |

| 붙임 | 우크라이나 지원 혁신제품 |
|---|---|

| 업체명 | 주식회사 티에이비 |
|---|---|
| 제품명 | 마개형 UV 살균기 |

- 생수병, 식수통 등에 뚜껑 대신 결합하여 UV(Ultraviolet Ray) 파장으로 식수를 99% 이상 살균 처리
- 수질환경 시스템이 낙후된 개도국이나 지진 등 대형 재난으로 식수 오염에 취약한 재난 현장에 유용

| 업체명 | 주식회사 샤픈고트 |
|---|---|
| 제품명 | 투척용 액상 소화기 |

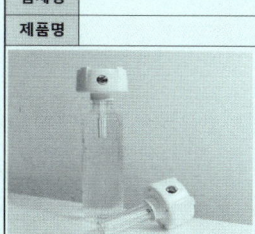

- 분말소화기와 비교하여 사용이 쉽고 안전한 '던지는 액상 소화탄'으로 초기 화재 진화에 용이
- 경광등 및 경보 기능, 비상 시 연기배출을 위한 유리 파쇄기가 탑재되어 있어 피난로 확보
- 이재민 수용시설, 교육시설 등에 활용
- CES 혁신상 수상 제품

| 업체명 | 주식회사 레메디 |
|---|---|
| 제품명 | 포터블 엑스선 촬영장치 |

- 소형화, 경량화된 엑스레이로 휴대하여 이동하며 이용하기에 편리
- 환자 및 조작자의 방사선 노출을 최소화하여 촬영이 가능하며 별도 차폐시설 없이도 이용 가능
- 보건소 및 병원, 그 외 이동 촬영이 필요한 임시 진료소에 이용 가능

朝鮮　　　　　보도자료　　　　　백성을 가르치는 바른 소리!

# 쉬운 언문으로 밝혀주는, 부처에 이르는 길

### 조선 건국 이래 최초로 월인천강지곡(月印千江之曲) 출간

최근 훈민정음을 창제한 임금님이 직접 지은 '월인천강지곡' 3권이 마침내 출간되었다. 우리말로 '즈믄 가람에 비치는 노래'라는 이 책의 제목은 부처가 수많은 모습으로 나타나 중생들에게 가르침을 전한다는 뜻이다. 전체 3권(상, 중, 하), 580여곡의 노래로 석가모니 삶의 여덟 가지 주요 장면과 설법 내용을 기록했다.

임금님이 '월인천강지곡'을 짓게 된 직접적인 계기는 '석보상절'이다. 지난해 아드님 수양대군이 모후의 극락왕생을 기원하며 석가모니의 일대기를 한문으로 쓴 '석보상절'을 임금님이 읽은 후 크게 감동하여 장마다 직접 언문으로 찬가를 지었다. 석보상절의 내용이 훌륭하나 한문의 언해서로서 내용이 다소 어려워 일반 백성들이 쉽게 읽지 못하는 것을 안타까워한 것이다. 새로 만든 언문의 활용도를 높이는 동시에 백성들 사이에 부모를 위하는 효심과 불심이 함께 널리 퍼지기를 바라는 의미도 있다고 하겠다.

월인천강지곡은 최신 언문 금속활자인 갑인자로 인쇄되었으며, 전체 큰 글자 언문을 위주로 하고 한문은 작은 글자 주석에만 일부 사용된 것이 특징이다. 삼척동자도 읽기에 어렵지 않다. 집현전 학사 정 아무개는 "월인천강지곡이 무엇보다 쉬운 언문의 활용법을 제대로 보여주는 주옥같이 아름다운 문장들로 구성되어 있다"고 하면서 이 책의 문학성을 높이 평가했다. 한편, 석보상절의 발간에 참여했던 고승 신미는 이처럼 유례없는 왕가의 적극적인 행보를 매우 환영하면서 "향후 언문 불경과 문학작품의 활용을 통해 생사고해에서 벗어나 마음의 평안을 얻고 성불하는 백성들이 늘어나기를 기대한다"고 말했다.

'월인천강지곡'은 왕가의 적극적인 후원 아래 올해 동지까지 한성부와 집현전에서 일반 백성들의 신청을 받아 무료로 배포될 예정이다.

보고서 이후 3년쯤 흐른 1447년, 《월인천강지곡》이 출간되었을 시점이다. 저자가 권력자인 왕이기 때문에 어쩔 수 없이 들어가는 자화자찬은 있으나 지나친 우상화로 흐르는 것은 피하려고 했다. 문장은 최대한 기사처럼 쓰고, 유교와 불교를 대표하는 인물들의 직접 인용을 실어서 기사가 되었을 때의 공신력을 높이려는 노력을 가미했다. 물론 《월인천강지곡》의 대표적인 몇 구절을 붙임자료에 포함시켰으면 더 적절했을 테지만, 여기서는 생략했다.

　언관言官은 있으나 언론言論은 없었던 조선시대를 배경으로 굳이 서술식 보도자료를 써보았다. 시대를 막론하고 민심을 얻으려는 노력을 게을리해서는 안 된다는 의미이기도 하고, 현재 공공영역 조직들에서 실제 기사글과 가급적 비슷하게 쉽고 읽힘성 좋은 보도자료를 더 많이 써내기를 바라기 때문이다.

# 2 보도설명자료

### 아무래도 설명이 필요해

언론에 배포하는 자료에는 보도자료 외에도 '보도설명(해명·정정) 자료'가 있다. 전자가 언론보도를 위한 선제적 자료라면, 후자는 이미 기사화된 언론보도에 대해 정부의 입장을 밝히는 것이다. 정부에서 한 일, 하고 있는 일, 하고자 하는 일이 부정확한 내용으로, 부적절한 방식으로 언론에서 다뤄지는 경우가 있다. 이미 상세한 보도자료를 배포했어도 각 언론사의 보도 방향과 초점은 제각각이다. 보도자료 없이 취재로만 쓴 기사, 정부에서 국회에 제출한 자료를 활용한 정치권발 기사도 항상 있다. 이런 상황에 대해 정부는 적시에 적절히 대응할 필요가 있다. 언론사에 고쳐 달라는 요청을, 가급적 공식적이고 공개적인 방식으로 해야 한다. 이럴 때 작성해서 배포하는 문건이 보도설명자료다.

2022년 국립국어원에서 펴낸 〈유형별로 알아보는 보도자료 작성법〉에서는 정부·공공기관에서 내는 보도자료 유형을 크게 3가지, 세부적으로는 8가지로 나누고 있는데 그 내용은 다음과 같다.

- ✓ 정책안내형 보도자료 : 사업안내형, 행사안내형, 법령안내형
- ✓ 정보제공형 보도자료 : 생활정보형, 조사정보형, 성과정보형
- ✓ 기타(그 외 보도자료) : 입장설명형, 동정자료형

생각보다 보도자료 종류를 많이 나눠 놓았다. 다루는 소재에 따른 이 분류는 납득도 되고 체계적으로도 보이지만, 정작 업무 현장에서 쓰는 걸 본 적은 없다. 어디까지나 이해를 돕기 위한 편의상 분류에 불과하다. 사실 정책안내형이든 정보제공형이든 정부가 선제적으로 내는 자료라는 면에서는 큰 차이가 없다.

이 중 분명히 다르게 취급되어야 하는 것은 입장설명형 보도자료다. 정부가 입장을 설명한다는 것은 이미 어떤 식으로든 논란이나 사건이 있었음을 전제하며 이에 사후적·방어적으로 대응함을 의미하기 때문이다. 따라서 나는 이 책에서 입장설명형 보도자료를 제외한 나머지 7가지 유형을 모두 '보도자료'로 묶었고, 입장설명형 보도자료만 따로 '보도설명자료'라 이름을 붙였다. 사실 관가에서 실제로 쓰는 용어 그대로이기도 하다.

언론 보도에 대응하는 보도자료를 통틀어 '보도설명자료'라고 했지만, 간혹 '보도정정자료'나 '보도해명자료'라는 명칭도 쓴다.

언론이 명백히 사실관계를 잘못 썼고 이를 바로잡아 고치는 것이 주된 목적이라면 아예 '보도정정자료'라는 이름으로 내기도 한다. 일부에서는 '정정'의 어감이 좋지 않다고('정정보도청구권'을 떠올리게 하는 면이 있다) 생각해서인지 굳이 구분하지 않은 채 '보도설명자료'로만 이름 붙여 내놓는다. 사실관계를 넘어서 악의적인 해석이나 편향성 있는 판단에 입각한 기사가 문제시 되고 적극적인 해명과 설득이 필요한 때라면 '보도해명자료'라는 제목을 달아서 자료를 내는 것도 적절하다. 이 경우 해명과 설득이 궁극적으로 향하는 대상은 해당 문제 기사를 쓴 언론사라기보다는 그 외의 다른 언론사들이다.

## 설명이 되는 설명자료

이런 글에서는 아무리 곱고 우호적인 이름을 붙이더라도 결국 특정 언론사의 특정 기사를 지목해서 설명, 정정, 해명하기 때문에 해당 언론사와의 관계가 불편해질 수 있다. 때에 따라서는 정부의 보도설명자료에 대한 반박성 후속 기사가 거듭해서 나올 수도 있다. 더러 정부와 언론사 간 법적 분쟁으로 이어지기도 한다. 따라서 보도설명자료는 가급적 수식어 없이 간결하고 건조하며 정중하게 쓰는 것이 바람직하다. 또 다른 오해와 싸움의 빌미가 되지 않도록 더욱 조심해야 한다. 따라서 일부 조직에서는 보도자료는 개조식으로 쓰더라도 보도설명자료만은 경어체 서술식 문장으로 쓰기도 한다.

실제 사례를 통해 보도설명자료의 작성 방식을 살펴보자.

첫 번째 예(그림 2-1)는 아주 모범적인 보도설명자료라고 하기는 어렵다. 보도가 잘못된 데 대해 구체적인 근거를 제시하지 않은 채 '보도는 사실과 다름'이라고만 주장하고 있기 때문이다. 간결하고 건조하지만, 설명이 부족하다. 급하게 서둘렀기 때문일 수도, 떠밀려 낸 탓일 수도 있다. 따라서 이 보도설명자료가 의도한 대로 보도가 정정될 가능성은 높지 않아 보인다. 언론에서는 '정부는 사실과 다르다며 부인했다' 정도로 인용할 수밖에 없다.

두 번째 예(그림 2-2)는 정부에서 친절하게 내놓는 보도설명자료의 모범을 보여준다. 2022년 10월, 기획재정부와 보건복지부는 노인일자리 예산 삭감을 비판하는 언론 보도에 대해 반박하는 합동 자료를 냈다. 핵심 메시지는 첫머리 글상자에서 강조된다. 특히 큰 글자를 써서 외치는 듯한 효과를 냈다. 이어지는 본문에서는 구체적인 수치와 근거를 들어 보도 내용이 사실과 다름을 강조하고 있다. 첨부된 시각화 자료로 다시 한번 쐐기를 박았다.

세 번째 예(그림 2-3)는 금융위원회 홈페이지에 게재되었던 '보도설명'이다. 앞서 예로 든 자료들과 달리 경어체 서술이다. 기사 내용을 줄여 옮긴 것을 제외하면, '확정된 바 없다'는 한 문장이 유일하게 전하고자 하는 내용이다. 오보를 분명히 지적하기보다 당

**그림 2-1**

> **보 도 설 명 자 료**
> ('22. 12. 2.)
>
> 수신 : 산업통상자원부 등록기자
> 제목 : 산업통상자원부와 기획재정부는 수출 활력 회복을 위해
> 긴밀히 협력하고 있음
>     (12.2일 조선 「무역 난리인데 사령탑이 둘? 기재부·산업부 주도권
>     갈등」 보도에 대한 설명)
>     ※ 기재부 공동배포
>
> ---
>
> **1. 보도 내용**
>
> □ 11.30일 출범한 '원스톱 수출·수주지원단'을 기획재정부 1차관과
>    산업통상자원부 1차관이 공동으로 지원단장을 맡기로 하는 등 수출
>    확대를 위한 컨트롤타워 역할을 놓고 기획재정부와 산업통상자원부
>    등 관련 부처들이 마찰을 빚음
>
> **2. 동 보도 내용에 대한 입장**
>
> □ 산업부와 기재부 등 관계부처는 수출 활력 회복을 위해 상호간 긴
>    밀히 협력하고 있으며,
>
>   ㅇ 특히, '원스톱 수출·수주지원단' 등과 관련해 부처간 마찰을 빚었
>     다는 보도는 사실과 다름
>
> ※ 문의 : 산업부 조용환 무역정책과장(044-203-4020), 안진호 서기관(4021)
>              기재부 박재진 정책조정총괄과장(044-215-4510)

분간 상황을 모면하고 시간을 벌기 위한 것으로 보인다. 실제로 2023년 11월 3일 금요일에 공매도 전면 금지 추진을 부인하는 듯한 이 자료가 게재된 이후, 2023년 11월 7일 월요일부터 공매도가 전면 금지되었고, 기사 내용 대부분도 사실로 확인되었다.

그림 2-2

## 기획재정부 보도설명자료

다시 도약하는 대한민국
함께 잘사는 국민의 나라

| 보도 일시 | 배포시 | 배포 일시 | 2022. 10. 4.(화) |
|---|---|---|---|
| 담당 부서 | 기획재정부 예산실<br>복지예산과 | 책임자 | 과 장 박재형 (044-215-7510) |
| | | 담당자 | 사무관 김진수 (kjs62@korea.kr) |
| 담당 부서 | 보건복지부 인구정책실<br>노인지원과 | 책임자 | 과 장 주 철 (044-202-3470) |
| | | 담당자 | 사무관 강선영 (snkang2981@korea.kr) |

◇ **내년도 전체 노인일자리 수는 88.3만개로 올해 85.4만개보다 2.9만개 증가합니다.**

◇ **취업이 힘든 저소득 및 고령층 어르신들께는 공공형 노인일자리가 지속 제공될 수 있도록 하겠습니다.**

< 보도내용 >

□ '22.10.4.(화) 연합뉴스 등은 「이재명 "노인 일자리 예산 삭감은 '패륜 예산'...반드시 막겠다"」 기사에서 ① '윤석열 정부가 노인 일자리를 6만1천개나 삭감했다', ② '(노인 일자리) 예산을 줄이면 그분들은 폐지를 주우러 길거리로 나서야 된다'고 인용 보도

< 기획재정부·보건복지부 입장 >

□ 내년도 전체 노인일자리 수는 재정지원 직접일자리(복지부), 고령자 고용장려금*(고용부) 포함시 88.3만개로 올해보다 2.9만개 증가**하였음

   * 고령자 신규채용 또는 정년 이후 계속고용기업에 인당 월 10~30만원 지원(2년간)
   ** 복지부 노인일자리: ('22년) 84.5 → ('23년) 82.2만개(△2.3만개)
      고령자 고용장려금: ('22년) 0.9 → ('23년) 6.1만개(+5.2만개)

○ 이에 따라 복지부 노인일자리 예산은 56억원 증가했고, 고령자 고용장려금(고용부) 포함시 총 720억원 증가하였음

   * 복지부 노인일자리: ('22년) 1조 4,422억원 → ('23년) 1조 4,478억원(+56억원)
     고령자 고용장려금: ('22년) 162억원 → ('23년) 826억원(+664억원)

- 1 -

□ 다만, 지난 5년간 재정지원 직접일자리(복지부) 규모가 2배 급증하면서 공공형 일자리 위주로 증가(비중: '22년 72.0%)함에 따라,

* ('17) 43.7만개(공공형: 35.2만개) → ('22) 84.5만개(공공형: 60.8만개)

ㅇ 짧은 근로시간(월 30시간), 낮은 임금(월 27만원)의 단순 외부활동 형태 공공형 일자리 공급이 베이비부머 세대*의 고숙련 일자리 수요와는 부적합

* 고학력이 많고 디지털 친숙도가 높으며 근로의욕도 높음

□ 이에 숙련도가 높은 민간·사회서비스형 일자리*는 3.8만개 늘리고 저숙련 공공형 일자리**는 6.1만개 줄여 일자리 체질을 개선하였음

* 민간·사회서비스형: ('22년) 23.7 → ('23년) 27.5만개(+3.8만개)
** 공공형: ('22년) 60.8 → ('23년) 54.7만개(△6.1만개)

ㅇ 직업경험이 풍부하고 건강한 베이비부머 세대 어르신 위주로 민간·사회서비스형 일자리로 유도하는 한편,

ㅇ 취업이 힘든 저소득·고령층 어르신들에게는 공공형 일자리를 계속 제공하여 생계 부담이 가중되지 않도록 하겠음

□ 정부는 내년 노인일자리 사업 계획수립 과정에서 일자리 유형별, 참여자 연령별·소득·지역별 특성을 감안, 취약계층 복지 사각지대 발생이 없도록 최선을 다하겠음

## 참고 '23년 노인일자리 사업유형별 배분

| 구 분(단위: 만개, %) | '22년(A) | '23년(B) | 증감(B-A) | |
|---|---|---|---|---|
| 합 계 | 85.4만 | 88.3만 | +2.9만 | (+3.4%) |
| [복지부] 노인일자리 | 84.5만 | 82.2만 | △2.3만 | (△2.7%) |
| ▪ 공공형 | 60.8만 (72.0%) | 54.7만 (66.5%) | △6.1만 | (△10.0%) |
| ▪ 민간·사회서비스형 | 23.7만 (28.0%) | 27.5만 (33.5%) | +3.8만 | (+16.0%) |
| - 민간형 | 16.7만 (19.7%) | 19.0만 (23.1%) | +2.3만 | (+13.8%) |
| - 사회서비스형 | 7.0만 (8.3%) | 8.5만 (10.4%) | +1.5만 | (+21.4%) |
| [고용부] 고령자 고용장려금 | 0.9만 | 6.1만 | +5.2만 | (+577.8%) |

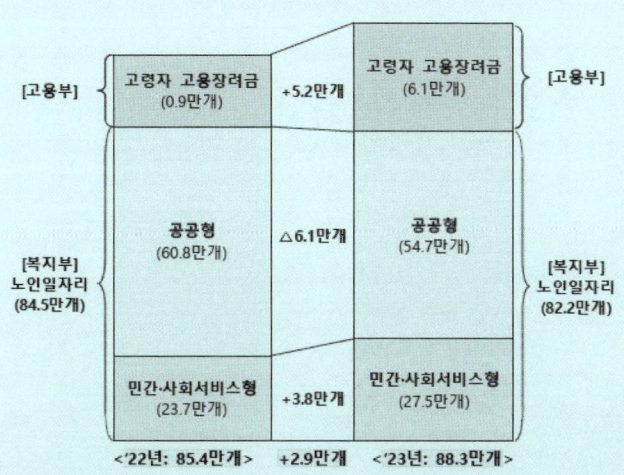

**그림 2-3**

---

🏛️ 금융위원회   보도설명자료

보도시점   배포 시   배포  2023. 11. 3.(금)

## 공매도 전면 금지 추진은 확정된 바 없습니다

- 헤럴드경제 및 한국경제 11월 3일자 기사에 대한 설명 -

### 1. 기사내용

□ 헤럴드경제는 11.3일 「당정, 이달 '공매도 전면 금지' 추진…'메가서울' 이은 두 번째 야심작」 제하의 기사에서

  ο "국민의힘과 정부가 이달 근본적인 제도 개선 전까지 공매도를 한시적으로 전면 금지하는 방안을 추진한다."

  ο "정부여당은 최근 금융위원회와 협의 끝에 공매도 한시 금지안을 내놓기로 했다." … "기간 및 대상은 코로나19 당시 공매도 한시 중단 발표 때와 동일한 수준일 것으로 보인다."라고 보도했습니다.

□ 한국경제는 11.3일 「'공매도 중단' 밑그림 나왔다…이르면 다음주 발표」 제하의 기사에서

  ο "시스템 개선 전까지 공매도 잠정 중단. 이르면 다음주 주말께 발표할 전망", "내년 총선까지 6개월 안팎 중단 가능성"

  ο "정부와 여당이 공매도를 일시 중단하기로 했다. … 재발 방지 방안이 완비된 이후 재개하도록 한다는 계획이다."

  ο "증권시장에 미치는 영향을 감안해 장이 열리지 않는 다음주 주말께 발표할 가능성이 높은 것으로 전해졌다."라고 보도했습니다.

### 2. 동 보도내용에 대한 설명

□ 공매도 전면 금지 추진은 확정된 바 없으므로 보도에 신중을 기해 주시기 바랍니다.

| 담당 부서 | 자본시장국 자본시장과 | 책임자 | 과 장 | 고상범 (02-2100-2650) |
|---|---|---|---|---|
| | | 담당자 | 사무관 | 홍연제 (02-2100-2644) |

---

공무원은 때로는 이렇게 수명이 짧은 보도설명자료도 써야 한다. 굳이 따져보자면 이 글은 보도설명자료라기보다 다음에 다루는 PG에 더 가깝다.

# 3 PG

## 대체 PG란 무엇인가

PG<sub>Press Guide</sub>는 직역하면 '언론지침' 정도가 되겠지만, 의미를 살리기에는 '입장문'이 가장 적합할 것이다. 언론에 문장 그대로 인용될 것을 예정하고 쓰는 글이기 때문에 가장 정제되고 함축적이다. PG라는 용어는 정부 내부에서 쓰인 지 20년은 더 된 것 같은데, 외부에는 잘 알려져 있지 않다. PG에 PG라는 이름을 달고 외부에 내놓지 않기 때문이다. 영어지만 영어권에서 쓰이는 표현은 아니다. PG는 여기저기 녹여 쓴다. 공식 보도자료에 포함해 배포되기도 하고, 대변인 구두 브리핑에 활용되기도 하고, 최고위층의 대언론 말씀자료의 일부가 되기도 한다.

우선 PG와 가장 유사한 보도자료를 비교해 보자. 둘 다 언론을 상대로 하는 글쓰기라는 공통점이 있지만, 여러 면에서 차이가 있다.

가장 눈에 띄는 것은 길이다. PG는 보도자료보다 훨씬 짧다. 보도자료가 기사 분량을 상정하고 가급적 상세하게 이어지는 데 반해, 사안별 PG는 단 한 문장에서 길어도 서너 문장을 넘지 않는다. PG는 사안에 대한 가장 정제된 입장만 담기 때문이다. 기관의 대변인이나 다른 책임 있는 고위 당국자가 언론브리핑이나 도어스테핑과 같은 짧은 질의응답 과정에서 대응할 수 있게 하는 자료가 PG다.

PG는 대체로 대응적, 수동적이다. 사건이나 상황에 대한 평가와 대응에 주로 쓴다. 정책이나 입장을 선제적, 능동적으로 알리기 위해서는 보도자료를 배포하거나 구두 브리핑을 하는 편이 적절하다. PG는 언론에서 던질 만한 예상 질문에 대해 미리 준비해 놓는 답변이다. 다만 준비할 시간이 넉넉하지 않은 경우가 대부분이다. PG는 결재 계선의 끝까지 간다. 최고위층까지 올라가 세심하게 단어를 고르고 문장을 다듬는다. 가장 짧지만 윗선의 간여 정도가 가장 높은 글이다.

반면 보도자료는 사업을 직접 담당하는 실무자들이 쓰는 것으로 끝나기도 한다. 세부적인 정책, 행사, 사업에 관한 내용이 충분히 들어 있다면 그 자체로서 설득력을 가지게 된다. 보도자료는 정해진 양식에 따라 작성돼 보도자료라는 명칭으로 배포된다. 흔히 보도자료나 브리핑자료에 포함되는 PG는 언론 기사에서 '입장' '발표' '지시' 등으로 인용되기도 한다. 하지만 우리 정부에서 그런 명칭으로 문건을 내는 경우는 정말 흔치 않다.

업무 현장에서는 PG 쓰기가 보도자료 쓰기보다 열 배는 더 부담스럽다. PG의 작성 시한은 늘 촉박해서 길어도 한 시간을 넘기지 않는다. 그날 아침 언론에 나온 사안은 오전 브리핑 시간까지는 답변이 되어야 한다. 긴급한 사안이라면 그런 시한마저 적용되지 않는다. 작성시 상대적으로 호흡을 길게 가져가도 되는 PG는 언론에서 아직 다루지 않은 경우뿐이다. 이상의 비교 내용을 표로 정리해본다.

| | PG | 보도자료 |
| --- | --- | --- |
| 길이 | 짧다 | 길다 |
| 계기 | 대응적, 수동적 | 선제적, 능동적 |
| 시간 | 촉박하다 | 덜 촉박하다 |
| 명칭 | × (입장, 발표, 지시 등으로 인용) | 보도자료 |
| 결재 | 최고위층 | 중간관리층 |
| 특징 | 정제되고 간결한 표현 | 기사화되기 적절한 풍부한 설명 |

### PG에 접근하는 단계

PG 쓰기는 대체로 다음 세 단계를 거쳐서 걸러지고 조율된다.

첫째, 입장을 내놓아야 하는 사안과 입장을 내놓지 않는 편이 나은 사안을 구분한다.

법령상 소관업무에 대한 것은 반드시 입장을 내야 한다. 소관이 중첩되거나 애매할 경우 다른 부처나 기관에서 얼마나 주된 업무로 삼고 있는지를 살핀다. 예를 들어 북한의 미사일 도발은 군사기술적 의미, 국제정치적 의미, 남북관계에서 의미를 모두 가진다. 대체로 군사기술적 평가가 중요한 경우는 합동참모본부나 국방부에서 내는 입장으로 대신하고, 국제무대에서 입장 조율이 중요해지는 경우는 외교부, 포괄적인 남북관계에서 메시지 의미라면 통일부가 담당하게 된다. 깔끔하게 한 곳에서 전체를 대변하면 좋겠지만, 복합적인 사안의 성격상 그렇지 않을 때가 많다.

각각의 입장을 내놓는 경우라면 적어도 개별 입장들이 충돌하지 않고 상호보완적으로 나올 수 있도록 조율해야 한다. 이런 상황에서는 다른 기관에게 권위를 실어주는 취지의 PG를 낼 수도 있다. 정부를 대표하는 PG는 국가안보실과 같은 기관에서 낼 수도 있지만, 사안에 따라 급을 낮추어 대응할 필요도 있다. 시기상, 상황상 입장을 내는 것이 부적절하다 판단되는 경우가 있다. 다음은 별도 입장을 자제하거나 미루는 PG의 예다.

"~ 관련해서는 (합참의 발표 내용, 통상교섭본부의 브리핑 내용, 경찰의 보도자료 등)을 참고해주시기 바랍니다."

"~에 대해서는 향후 (재판, 수사, 청문회, 국정감사, 특검 등) 결과를 지켜보며 대응해나가겠습니다."

둘째, 과거 언명의 충실한 반복이 필요한지, 아니면 새롭게 만들어내야 하는지 판단한다.

정부가 맞닥뜨리는 문제 상황들은 90% 이상이 기출 문제다. 기출 문제에는 검증된 모범 답안이 있다. 예를 들어 대형사고나 사건이 일어났을 때, 불법 파업 또는 집단행동에 대해서 정부가 해온 말들이다.

"정부는 이번 ~ 사고(사건)에 대한 철저한 원인(진상) 규명과 함께 피해 복구(보상)와 재발 방지를 위해 모든 노력을 다할 것입니다."

"정부는 이번 ~ 사태에 대해 매우 유감이며, 법과 원칙에 따라 엄정하게 대응할 것입니다."

비슷한 상황을 맞닥뜨리게 되면, 과거의 모범 PG들을 참고해서 빠뜨린 것이 없는지 확인해야 한다. 피해자에 대한 위로, 애도, 기원 등은 꼭 필요한 부분이고, 철저한 규명(수사, 조사)과 재발방지 등도 함께 가는 세트다. 어떤 종류의 정부 입장은 반복 자체에 일관성과 의미가 있다. 이런 입장 표현들은 통상 국무총리 주재 국무회의나 홍보수석 주재 홍보대책회의(또는 대변인회의) 등을 통해 공유된다. 실제 예로 2024년 1월, 총선을 앞두고 일어난 국내 정치인들에 대한 테러 사건에 대해 보도자료로 배포된 국무총리의 '긴급지시문'(전문, 그림 3-1)을 보면, "어떠한 이유로든 폭력

그림 3-1

□ 한덕수 국무총리는 최근 이재명 더불어민주당 대표 피습에 이어 오늘(25일) 또 다시 배현진 국민의힘 의원이 괴한에 피습 당한 것과 관련해, 어떠한 이유로든 폭력은 정당화 될 수 없다며 깊은 유감을 표명했다.

  ○ 특히 총선을 앞두고 정치인에 대한 테러는 민주주의의 근간을 흔드는 심각한 범죄행위로서 절대로 용납될 수 없는 일이라고 강조했다.

  ○ 아울러 배 의원께서 빠른 시일 내에 건강을 회복하기를 바란다고 덧붙였다.

□ 한 총리는 이어 "수사기관은 해당 사건에 대해 한 점의 의혹도 남지 않도록 철저히 수사할 것"과 "총선을 앞두고 이와 같은 일이 다시는 일어나지 않도록 국회의원 등 주요 인사에 대한 안전 확보와 유사범죄 예방에 전력을 쏟아달라"고 경찰청에 지시했다.

은 정당화 될 수 없다"든가 "정치인에 대한 테러는 민주주의 근간을 흔드는 심각한 범죄행위"라는 유사한 사건시 정부가 꼭 강조하고 반복해야 하는 메시지가 PG로 담겨있다.

마찬가지로 이미 여러 번 반복되어 왔더라도 외국 정부나 국제기구에서 내놓는 입장들은 단순 참조로 미룰 수 없다. '우리도 같은 입장입니다.'와 같은 말로 넘겨서는 안 된다. 우리 정부가 우리 말로 다시 언급해주어야 한다. 가령 북한의 군사적 도발에 대한 아래의 규탄처럼 국제사회에서 공인되고 합의된 문장이 그 예다.

"탄도 미사일 기술을 이용한 북한의 미사일 발사는 다수의 유엔 안보리 결의에 대한 명백한 위반이며, 지역 내 평화와 안보를 심각하게 위협하고 있으므로 이를 강력히 규탄합니다."

이 문구는 UN, EU, 미국, 일본 등 관련국 정부의 대변인과 당국자들이 지루할 정도로 똑같이 반복해오고 있지만, 언제나 각국의 언어로 거듭 재확인해줄 필요가 있는 중요한 사항이다. 상황에 대한 평가를 공유하고 있음, 그리고 이러한 평가내용에 변함이 없음을 지속적으로 일관되게 발신하는 것이다. 상황평가의 다음 구절이 되는 대응방향은 미묘하게 또는 노골적으로 달라질 수 있다. 대화의 장으로 복귀할 것을 강조할 수도 있고, 주변국의 안보태세 강화에 중점을 둘 수도 있다. 이러한 합의로 지켜온 문구에서 없던 단어가 더해지고 있던 표현이 빠지거나 수위가 달라지는 것은 정책변화를 가늠하는 실마리다.

셋째, 정부 또는 조직에서 반드시 해야 할 말을 간결하게 쓴다.
해야 할 말이 있다면 사실 그것으로 충분하다. 간략한 입장문을 만드는 것은 보고서의 요약 박스를 요령 있게 쓸 줄 아는 소양만 갖추었다면 결코 어렵지 않은 과업이다. 잘못 알려진 사항은 확인해 주면 되고, 알리고 싶은 사안은 알리면 된다. 사실이란 가장 강력한 무기다. 정직한 대응은 대부분의 헛된 의혹을 잠재우며 진정한 공감을 불러일으킨다. 문제는 사실을 말하면서도 숨기는 것처럼 보이거나, 정직한데도 정직하지 않은 것처럼 보이는 이상한 어법을 의도치 않게 쓰는 것이다. 특히 짧은 PG 안에서는 굳이 비유나 사례를 들 필요가 없다. 인과관계, 전후관계 설명이 장황해서도 안 된다. 무엇보다 입장과 사실이 분명해야 한다.

사실 PG를 쓰면서 가장 어려운 상황은 할 말이 없거나 할 말을 못할 때다. 공공조직이 매사에 투명하기를 바라지만, 상황이 허락하지 않을 때도 있다. 시기상 섣부른 언급을 해서는 안 되는 경우, 법원이나 국회와 같은 삼권분립 존중이 중요한 경우, 진행 중인 수사나 소송에 관련된 경우, 그리고 개인의 언행이나 개별 언론 보도를 다루는 경우 등을 상정할 수 있다. 이미 나온 판결, 결의, 결정 같은 결과에 대해서는 "~의 판단을 존중하며" 와 같은 문구를 붙이면 더 적절해 보인다.

"~에 대해서 언급하거나 평가하는 것은 적절치 않은 것으로 판단되는 바, 부디 양해해주시기 바랍니다."

아울러 단지 피하는 것을 넘어서 내용을 알고 있지만 구체적으로 밝힐 수는 없다는 분위기를 풍기는 표현들은 다음과 같다.

"~에 대해서 현재 구체적으로 드릴 말씀은 없습니다."
"~은 아직 정해진바 없습니다."
"~은 ~ 차원에서는 확인하기 어렵습니다."

이런 문장에 달린 '현재'와 '구체적으로' 또는 '아직'이나 '차원에서' 같은 단서 부사들은 역할 제약 때문에 모든 걸 말할 수 없다는 듯한 뉘앙스를 전달한다. 상황에 따라 이런 표현들을 적극적으로 써줄 필요도 있다. 역할을 구분하고 시간을 벌어야 할 때다. 하지만 단지 너무 '없어 보이는' 것을 피하기 위해 쓰는 사례를 종종 접하기는 했다. 이후 감당하기 어려워질 수 있으니 남발하지 않기를 바란다.

기자들이 정부나 기관에 자주 하는 질문으로는 다음과 같은 것들이 있다. "상대방이 왜 그런 행동을 했다고 보나?"라든가, "앞으로 상황이 어떻게 전개될 것 같은가?"와 같은 질문들이다. 이처럼 의도와 전망에 대한 질문에 대답하기는 어렵다. 정부나 기관의 내부적 평가나 입장은 있겠지만 노출하기 곤란하기 때문이다. 답을 하지 않는 것이 가장 적절하지만, "답할 수 없다"라고 잘라 말하면 당장 분위기가 딱딱해진다. 이럴 때 정부가 전가의 보도처럼 꺼내는 것은 "예단豫斷하지 않겠다"는 표현이다. '예단'은 '미리 판단한다'는 뜻인데 정부 PG에서는 이 표현을 보다 넓게 과거와 현재의 사안에 대해서도 '잘 모른다'는 취지로 쓰는 것을 자주 본다. 이와 비슷한 전가의 보도 중 하나는 "상황을 예의주시銳意注視하겠다"이다. 문자 그대로 '날카롭게 시선을 한 곳으로 몰아넣겠다'는 공무원으로서는 당연하고 모범적인 태도를 표현한 것인데, 너무 자주 쓰여서 본래의 예리함은 무디어졌다.

두 가지의 사용 예는 다음과 같다.

"현 시점에서 발생하지 않은 상황까지 예단하여 언급하지 않겠습니다."
"상대국의 의도는 예단하지 않겠습니다."
"상황을 예의주시하고 있으며, 앞으로의 변화에 대해 면밀히 검토하여 대응해나가도록 하겠습니다."

이처럼 회피하고 지연하기 위해 지당한 말씀을 반복하는 요령이 PG의 전부는 아니다. 공무원들이 맞서야 할 것은 상황 자체이지, 당장 기자들의 질문 공세를 모면하는 것이 아니기 때문이다. 단지 즉답하기 어려운 상황에서 당장 PG를 짜내야 하는 실무자 입장이라면 이런 대응 예들을 참고할 수는 있겠다. 정직하고 담백하게 사실만으로 승부해도 되는 상황에서 PG 쓰기는 그다지 어렵지 않다. 아울러 정치권처럼 날카롭고 독하게 '스핀spin'을 준 언사는 정부나 공공기관의 언론 대응에서 권장할 만한 것이 아니다.

# 4 소셜미디어

### ✎ 소셜미디어, 이게 최선?

보도자료와 마찬가지로 소셜미디어 게시글 쓰기를 어려워하는 공무원도 별로 없다. 조회 수를 획기적으로 올릴 만큼 잘 써내지는 못하더라도 엄두조차 못낼 일은 아니라고 여긴다. 보통은 만들어놓은 보도자료를 몇 줄이나 몇 문단 정도로 적당히 줄이기만 하면 된다고 생각한다. 보도자료를 만들 때 같은 내용을 담은 '카드뉴스'와 홍보자료를 미리 만들어두기도 한다. 여러 소셜미디어 플랫폼에 최적화된 여러 버전의 카드뉴스도 제작가능하다. 소위 '원소스 멀티유즈One-source Multi-use' 전략을 쓰는 것이다.

하지만 언론을 통한 객관적 기사화를 위해 쓰는 보도자료와 개성을 살려 주관적으로 쓰는 소셜미디어 게시물은 결이 다르다. 기사처럼 객관적으로 쓰면 호소력은 사라지고 흥미도 떨어진다.

더구나 소셜미디어에서는 '쓰기'보다 '보여주기'나 '들려주기'가 중요하다. 사진, 영상에 대한 선택, 구성, 연출이 필요하다. 정부에서 소셜미디어를 통한 홍보에 상당히 열심인데도 대부분 이렇다 할 성과를 내지 못하는 근본적인 이유다.

공공영역의 소셜미디어 활용에 대해 벤치마킹해야 할 바람직한 대상은 국제기구들과 외국, 그 중에서도 선진국 정부들이다.

UN 산하 국제기구들은 소셜미디어를 잘 활용한다. 공여자인 각국 정부와 기관, 단체들과 관계 형성을 해야 한다. 전 세계 대중과 소통해야 기관의 존재 의미와 위상을 각인시키며 무엇보다 중요한 존립기반인 자금 동원에 성공할 수 있다. 국제기구마다 각국 정부로부터 일정한 분담금을 거두고 있지만, 관료제가 된 조직은 고정비용을 많이 쓴다. '기부 피로donor fatigue'라는 것도 있기 때문에 끊임없이 공여자들의 주의를 환기하고 관심을 끌어야 고정비용을 뛰어넘는 사업비를 확보할 수 있다. 안정적인 세원을 보유한 각국 정부들과는 달리 국제기구는 대중의 관심이 절실하다. 때문에 소셜미디어 활동에 사활을 건 듯 적극적일 수밖에 없다.

한편 선진국 정부들의 소셜미디어를 참고해야 하는 이유는 조금 다르다. 선진국들일수록 더 많은 나라들과 밀접한 관계를 맺고 있으며, 다양한 주제와 가치를 섭렵한 노하우도 갖고 있다. 미디어에 대한 경험치도 상당히 쌓여있다. 덕분에 우리와는 다른 각도에서 아이디어를 얻고, 우리가 해오던 방식과 비교해볼 수도 있다.

## 소셜미디어답게 쓰기

그림 4-1은 2023년에 한국 외교부에서 페이스북을 통해 장관의 면담결과를 간단히 소개한 게시물 중 하나다. 외교부는 오랫동안 이 포맷을 꽤 선호하는 듯했다. 장관, 차관이 외빈을 만난 동

그림 4-1

III 미디어 자료 쓰기   231

향은 예외 없이 이 방식으로 다뤘다. 특별히 잘못된 부분은 없다. 예측가능하고 안정적이다. 하지만 아쉽게도 행사를 기록하고 증명하는 것을 넘어선 특별한 효용을 찾기는 어렵다. 정부 보도자료를 쓰는 방식과 다르지 않다.

그림 4-2

그림 4-2는 같은 해인 2023년, 미국 국무부가 페이스북을 통해 미국 국무부장관과 영국 외교부장관 사이의 면담을 알린 자료 중 일부다.

이 두 자료의 공통점은 비슷한 시기, 각기 외교 담당 장관들 간 면담을 다루고 있다는 것, 매체 특성상 메시지는 결코 길지 않다는 것(각각 4줄이다), 그리고 몇 장의 사진을 사용하고 있다는 것 등에서 찾을 수 있다.

다른 점을 보자. 우리 외교부의 게시글은 평범한 스트레이트 기사의 첫머리와 비슷하다. 반면 미국 국무부의 것은 장관의 개인적인 소회 한 토막을 옮긴 것처럼 보인다. 사진 활용도 다르다. 우리 외교부는 정면을 바라보는 정적인 구도의 사진을 사용했다. 미국 국무부는 보다 다채롭고 동적인 구도의 사진들을 이용한다. 이러한 차이점은 2023년 한 해 동안에도 두 기관이 올린 수백 건 게시글들을 통해 일관되게 나타나고 있었다.

소셜미디어는 화자의 개성과 목소리가 살아있어야 성공하는 매체이다. 그래서 소셜미디어 게시물을 가급적 생생한 직접 화법으로 써야 하지만, 우리 정부 계정에서는 접하기 어렵다. 보고서에서 주어가 드러나지 않는 개조식 문장을 선호하는 것, 주어가 사라지다 보니 능동태보다는 수동태를 더 편하게 사용하는 것, 모두 직접 화법을 회피하는 행태와 연결된다. 그럼에도 불구하고 밋밋한 간접 화법의 문제는 정부 내에서는 문제로 인식되지 않는다. 우선 윗사람들이 소셜미디어 활용법을 잘 모르니까 지적하지도 채근하지도 않는다. 문제로 인식하지 않으니 해결할 이유도 딱히 없다. 그리고 민간(언론, 기업)에서는 정부의 문제쯤이야 뻔히 보이겠지만, 특별히 묻지도 않고 비용을 지불하지도 않는 마당에 오지랖 넓게 조언해 줄 필요는 없다고 생각할 것이다.

정부 입장에서는 잘 안 보이는 이 문제를 해결하기 위한 방법은 많지 않다. 대표적인 해결 방법으로는 소셜미디어를 잘 활용할 수 있는 관련 업계 유경험자들을 개방직위에 공개채용하거나, 기존 공무원 중에서 재능 있는 실무자를 발탁해 최대한 재량을 주되 윗사람들은 전혀 간섭하지 않는 것(대표적으로 충주시 공무원 사례)이다. 이 방법은 이미 많은 기관이 시도했고 또 시도하고 있다. 실무자 충원으로도 상황이 나아지지 않는다면, 문제는 결재권 또는 참견권을 가진 윗사람들에게 있을 것이다.

다음은 또 다른 소셜미디어 X(이전 트위터)에서 기관과 인물을 홍보하는 외국의 사례다.

먼저 UN의 공식 계정(그림 4-3)이다. UN의 메시지를 전하는 홍보물이지만, UN 사무총장 같은 사람은 전혀 나오지 않는다. 홍보대사인 BTS의 직접 화법 메시지만 담았다. BTS의 연설과 공연 동영상으로 팬들의 유입도 적극적으로 유도한다. UN 산하 국제기구들은 이처럼 K-pop 아티스트들에게 인기와 명성에 걸맞은 목소리와 연단을 주면서 홍보에 영리하게 활용해왔다. 한국에서도 청와대 등 여러 기관이 소셜미디어를 통해 '한류스타'들

그림 4-3

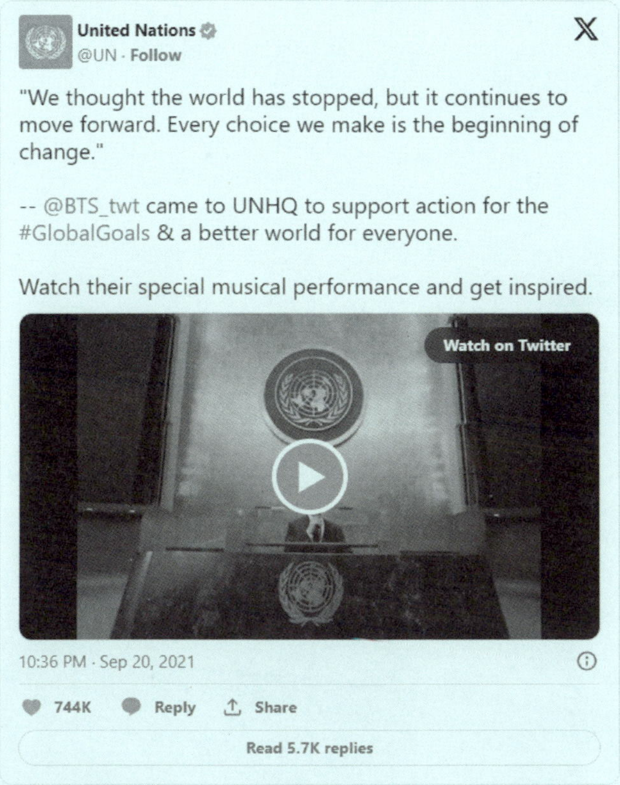

을 홍보에 활용했지만, 글이든 사진이든 주인공은 대부분 해당 기관의 장이 차지하던 모습과 대비된다.

마지막으로 미국 정부의 소셜미디어 사용법을 하나 더 참고해 보자. 무려 전·현직 대통령들의 사진(그림 4-4)인데 정면이 아니다.

그러나 보는 사람들에게는 뒷모습만으로 충분하다. 한 장의 사진이 가지는 호소력이 대단할 때, 메시지는 결코 길 필요가 없다. 이 게시물은 250만개의 '좋아요'를 받았다. 이러한 한 장의 사진과 짧은 문장으로 이루어진 게시물을 만드는 데 특별한 기술이 요구되는 것은 아니지만, 특별한 감성은 필요하다.

그림 4-4

우리 정부 공식 계정에서 이런 감성을 구현해보기 위해서는 새삼스럽게 복잡한 결재 과정을 거쳐야 할 것이다. 그러니 실무자들은 복잡성을 피하기 위해 어디서 본 듯한 안전하고 무난한 홍보물을 양산하는 쪽을 택하게 된다.

공공영역의 소셜미디어 활용 양태가 질적으로 개선되기를 바란다면 그저 아랫사람들만 닦달해서는 안 된다. 무엇보다 결재선 가장 위쪽에 있는 사람들의 감성과 안목이 바뀌어야 한다.

## @ 쓰고 써주는 관계

언론과의 관계는 모든 부처, 모든 기관에서 평소에 공을 들이는 부분이다. 정부 입장에서 긍정적인 기사의 영향력보다는 부정적인 기사의 파괴력이 더 크다. 정부가 할 바를 잘 하고 있다는 희소식보다 정부가 뭔가를 그르쳤다는 소식이 국민들에게는 속칭 '더 꽂히는' 기사가 되기 때문이다.

정부 입장에서 아무리 미담만으로 꽉 채워 쓴 자료를 게시하고 배포하고 설명하는 노력을 거듭하더라도, 본래 의도대로 기사나 보도가 흘러가지 않을 가능성이 높다. 설득이 안 되는 것은 설득력이 없어서일 수도 있지만, 설득하려는 대상이 설득되고 싶지 않아서일 수도 있다. 그래서 때로는 잘 쓴 자료보다 언론과의 원만한 관계가 더 중요해진다. 다만 이 관계에는 걸리는 것도 많고 어쩔 수 없는 한계도 있다.

2005년까지는 거의 모든 국내 신문사(조간)들이 초저녁에 '가판'을 내는 관행이 있었다. 새벽에 진짜 최종판이 나올 때까지 가판은 여러 개가 나왔다. 관가에서 이러한 가판 기사를 보고 수정이나 삭제 요청을 하면 언론사에서 기사를 조정해주는 일종의 거래가 이루어지기도 했다. 거래에는 정부와 언론사의 고위층들까지 나섰다. 대가는 다양했다. 보통은 정부가 해당 언론사에 다른 취재에서 편의를 봐준다거나 독점적인 기삿거리를 제공해준다거나 하는 것들이었다. 때로는 후일을 대비해 정부와 언론사 사이에 일종의 '채무'로 남겨두기도 했다. 정부 입장에서는 꼭 필요한 요청과 조정도 있었지만, 단지 윗분들이 불편해하신다는 이유만으로 기사를 막으려 애쓰기도 했다. 보다 큰 문제는 반복되고 고착된 거래 구조였다. 이후 언론과의 과도한 유착을 끊어내야 한다는 시대적 요구가 오래된 가판 제도를 사라지게 했다.

　대다수 공무원들은 가판이 없어졌다고 좋아했지만, 이후 가판이 다른 식으로 부활하는 것을 막을 수는 없었다. 2009년부터 일부 일간지에서 디지털 가판 제도를 시작했다. 지금은 대부분 일간지들이 디지털 초판 서비스를 하고 있다. 디지털 초판이란 아침에 나올 신문의 디지털 이미지를 종이신문보다 몇 배 비싼 가격으로 구입하는 제도다. 정부나 지자체, 공공기관 입장에서는 고정비용이 더 높아졌지만, 가판이 나오는 한 구독을 안 할 수는 없다. 가판으로 나온 기사를 보고 조정을 요청하는 유혹을 떨치기도 어렵다. 디지털 초판과 함께 수시로 올라오는 인터넷판 기사도 과거의 가판과 유사한 역할을 하기도 한다.

온라인으로 읽고 평가하는 사람들이 과거보다 많아졌다는 것은 달라진 환경이다. 언론사에서는 온라인으로 수집하는 독자들의 반응에 따라 해당 기사를 다음 날 지면에 실을지 말지를 결정한다. 최종 지면 기사로 선택된 것을 보면 길이가 줄거나 늘기도 하고, 논조나 방향도 조금씩 달라져 있다. 이 과정에서 언론사는 정부 측이 꺼리는 기사라도 대중의 관심과 호응이 높다면 더 키울 수 있다. 결과적으로 기사에 관한 정부와 언론의 소통은 보다 상시적으로, 보다 복잡하게, 보다 예측하기 어려운 방식으로 이루어진다고 할 수 있다.

이러한 현실에서 과거처럼 언론과 정부가 친하게 지내면서 서로 봐주는 거래나 소통을 할 수 있다고 여긴다면, 그건 너무 순진한 생각이다. 문제 상황에서 관계는 기대처럼 작동하지 않는 경우가 더 많다. 기사에 대해 사적인 관계가 우선하는지 언론사의 입장과 기자의 성향이 우선하는지 따져보면, 전자보다 후자가 훨씬 우세해졌다. 기자와 공무원이 개인적으로 아무리 친해도 언론사 차원에서 정해지는 기사 방향을 흔들 수는 없다. 설령 조정이 가능하다고 해도, 결코 과거처럼 은밀하게 거래되지도 않는다.

실제 정부와 언론의 관계란 양극단(한 쪽에는 주고받는 것이 많은 끈끈한 관계, 다른 한 쪽에는 극도로 공식적이기만 한 팽팽한 관계)의 스펙트럼 어디쯤엔가 흔들리며 존재할 것이다. 개별 언론사들과의 관계로 들어가면 더욱 다양한 선택에 직면한다. 대개 이념 성향에 따라 현재 정부에 호의적인 언론과 비판적인 언론으로 갈린다. 부처에 따라서는 전문 언론(예를 들면 의학, 조세, IT 분야 등)과 일반 언론으로 나눠볼 수도 있다. 종이신문에 더해 주간·월간 잡지를 내고 종합편성 채널까지 가지고 있는 언론, 인터넷에서만 승부를 보는 언론, 무엇보다 빠른 송고가 필요한 언론, 광고 유입이 중요해서 흥미 위주 기사를 필요로 하는 언론도 있다. 그러므로 단지 '언론과의 관계가 중요하다'라는 당연한 명제를 넘어서는 섬세한 접근이 필요하다.

일반론이나 관행이 통용되지 않는 상황에서 대언론 자료를 써내야 하는 공무원들의 태세는 좀 더 기민해져야 한다. 보고서나 보도자료를 쓴 공무원이라면 해당 사안이 언론에 어떻게 비춰지고 다뤄질 것인가에 대해 어느 정도 예상해 봐야 한다. 실무자 수준에서도 글만 보는 것을 넘어 글을 읽을 사람들까지 보는 시야가 필요하다.

먼저, 언론사들을 이해해야 한다. 다양한 이해관계와 성향을 가진 언론사들 중에서 해당 사안을 가장 긍정적으로 다뤄줄 언론사는 어디인지, 가장 비판적으로 기사를 쓸 언론사는 어디인지 알고 있어야 한다. 사안에 따라서는 정부에 유리한 칭찬 기사보다는 치명적으로 불리한 비판 기사가 안 나오게 하는 것이 목표가 될 수도 있다. 경쟁하는 언론사들 간 관계가 해당 사안에 대한 이해나 오해를 어떻게 확산·증폭 또는 상쇄시킬지도 가늠해 봐야 한다. 그야말로 꼬리가 몸통을 흔드는 격이지만, 실제로 일어나는 일들이기 때문이다.

다음으로, 관련된 사람들에 대해 알아야 한다. 기사를 다루는 사람들은 물론이고, 기사를 만들어내는 사람들에 대해서도 알고 있어야 한다. '특종'이나 '단독'에 목맬 수밖에 없는 기자 개인들이 정부 자료를 접할 때 어떤 유혹을 느낄 것인지를 짐작할 필요가 있다. 공무원이 국회의원실에 제출하는 자료가 곧바로 특정 언론에 전해져 기사화되곤 하는 현실도 감안해야 한다. 기자들과 관련된 정계·관계·학계 사람들의 면면과 관계에 대해서도 두루 파악해둔다. 대변인실에서 일하는 실무자라면 경험치를 쌓을 기회가 많을 것이다. 그렇지 않더라도 자신이 맡은 사안에 대한 기사를 꼼꼼히 읽으면서 여러 가지를 미리 가늠하는 연습을 할 수는 있다. 나아가 어느 날 갑자기 기자로부터 문의 전화를 받을 경우에 대비해 실무자들도 조직 차원의 기본적인 언론대응지침을 평소 숙지해 놓아야만 한다.

# IV

# 보고서 아닌 보고 쓰기

프레젠테이션Presentation 보고는 가장 공식적이고 공개성이 높은 보고 방식으로 쓴다. 시간, 노력, 비용이 가장 많이 들어간다는 단점이 있다.

최근 늘어나는 메신저Messenger 보고는 신속함과 쌍방향 소통이 생명이다. 문서를 꾸밀 여지가 없으니 품이 덜 들어 효율적이지만, 보안과 책임 문제가 있다. 이메일email 보고는 속도, 편의성, 사용도 등 거의 모든 면에서 전통적 보고와 메신저 보고의 중간에 자리한다.

외교전문Diplomatic Telegram은 외교관들이 쓰는 공통의 서술식 보고서다. 편지글에 가깝게 보이지만, 기본 구조는 보고서다. 외국에서 유구한 전통을 가지고 통용되는 메모Memo는 전문과 비슷한 보고서 형식으로서 앞으로의 글쓰기에 참고할 만하다.

# 1 프레젠테이션 보고

### PT에 보고서 욱여넣기

공무원들은 평소 프레젠테이션PT, Presentation을 자주 하지 않는다. 파워포인트PPT, Power Point 같은 프로그램과도 별로 친하지 않다. 회의에서 보고서를 읽는 것까지 넓은 의미의 프레젠테이션에 포함시킬 수 있을까? 이런 식의 상황 발표나 보고는 브리핑으로 봐야 할 것이다. 프레젠테이션은 제품 판매, 프로젝트 수주, 기업(기관) 홍보 같은 명확한 목적과 의지를 가지고 하는 것이다. 공공영역에서 주로 쓰는 워드프로세서 프로그램인 아래아한글HWP은 매일 입는 일상복이지만, 대표적인 프레젠테이션 프로그램인 파워포인트는 명절에 잠깐 꺼내 입고 벗어 넣어두는 한복처럼 여겨진다. 친하지 않으니 이해도가 낮은 것이 당연하다.

그런 공무원들도 파워포인트를 써서 프레젠테이션을 해야 할 때가 있다. 연초 대통령 앞에서 이뤄지는 각 부처별 정부업무보고가 대표적이다. 시작은 2008년, 이명박 정부 출범과 함께였다. 이후 매년 정부업무보고는 PPT로 하는 것이 소위 새로운 '국룰'이 되었다. 문재인 정부에서는 대통령도 파워포인트 프레젠테이션을 했다. 2017년 7월 국회 시정연설 때는 22장의 PPT 슬라이드가 띄워졌다. 12월 시정연설에서도 52장의 슬라이드를 썼다.

2017년 대통령 선거에서는 후보자들이 각자 파워포인트 프레젠테이션을 했다. 2022년 대통령 선거에서도 후보자 프레젠테이션은 필수였다. 최근에는 법정과 국회에서도 파워포인트를 쓰는 프레젠테이션이 늘어나고 있다.

디자인만 잘 고른다면 파워포인트는 빡빡한 글자 위주인 아래아한글 문서보다 여러 면에서 보기 좋다. 한글에서 구현하기 어려운 다양한 시각효과들을 넣을 수도 있다. 하지만 벌써 십수 년을 써왔는데도 불구하고 공무원들의 파워포인트란 어쩐지 잘 맞지 않는 옷을 입은 듯 어색함을 안긴다. 유독 공무원들에게서 파워포인트가 어색한 이유, 좋아하지 않는 이유, 그리고 이로 인한 문제점을 살펴보자.

첫째, 시간과 비용이 많이 든다.
파워포인트 업무보고 자료 자체를 만들기는 어렵지 않다. 만들어서 결재를 받는 과정이 어려울 뿐이다. 초등학교 때부터 학교

과제 발표에 파워포인트를 쓰던 공무원들이 입직하면서 지금은 '파워포인트 쓸 줄 아는 사람'이 많이 늘었다. 하지만 보고를 받는 사람들, 결정권을 가진 사람들은 파워포인트를 다뤄본 경험이 거의 없다. 이들이 평생 사용해온 프로그램은 모두 아래아한글이다. 이러한 경험의 격차가 문제를 낳는다.

　업무보고는 핵심 메시지를 잡는 과정이 오래 걸린다. 당연히 제일 중요한 단계로 여기서 표어, 새로운 정책의 이름, 캐치프레이즈 같은 것이 나와야 하고, 이를 뒷받침할 사례와 근거도 취합해야 한다. 이후 부서별로 실무자들이 나서서 각기 정해진 분량의 원고를 써내고, 그렇게 써낸 원고를 취합한다. 업무보고 자료는 우선 아래아한글로(윗사람들이 훑어보고 이해하기 쉬운 형식으로) 문서 작업을 한다. 어느 정도 한글 문서에 대한 합의와 결재가 이루어지면 PPT 전문 제작업체에 맡겨 슬라이드를 만든다. 이 경우 단순한 문서의 '변환'이 아니라 질적인 '번역'을 해야 하는데, 보통은 한글 문서를 요약해서 색과 모양만 입힌다. 이렇게 만들어진 파워포인트 문서는 처음부터 다시 검토하고 수정하고 결재를 받는다. 한글에 있던 내용들 중 무엇이 빠졌는지 확인하고, 추가된 그림이나 그래픽, 사진이 마음에 안 들 경우 여러 시안을 보면서 고쳐야 한다.

　한편 한글로 작성된 문서는 따로 공개가 되므로 끝까지 공들여 다듬고 또 다듬는다. 한글 문서 수정 과정에서 파워포인트 문서와 방향이나 세부사항에서 어긋남이 생기면 안 되니, 파워포인트도 한글 수정을 따라 자구와 표현을 계속 고쳐야 한다. 수정이 잦은 것은 윗사람들이 한글 문서처럼 자구를 일일이 고치기 때문이다. 윗사람들의 마음은 자꾸 바뀌고, 글밥이 많으니 고칠 데도 많다. 글 위주의 문서를 고치는 것보다 그림이 기본인 프레젠테이션 문서를 고치는 데는 품이 더 많이 든다.

업무보고를 준비하면서 내부 인력만 동원하는 간 큰 부처는 별로 없다. 대부분 세련미와 완성도를 위해 외주업체에 맡긴다. 공무원 실무자들의 추가적인 노력에 드는 한계비용은 항상 0에 가깝지만, 외부 전문가들은 노력을 비용으로 환산한다. 그렇다. 한글 프로그램에서 익숙한 잦은 수정 때문에 정부의 파워포인트 제작에는 시가보다도 훨씬 비용이 많이 들어간다.

둘째, 프레젠테이션 특유의 문법을 무시한다. 프레젠테이션 문법이란 무엇일까. 대체로 잘 만든 프레젠테이션은 다음 요건을 충족한다고 알려져 있다.

- ✓ 하나의 슬라이드에는 하나의 메시지만 담는다
- ✓ 스토리와 호소력 있는 이미지를 사용한다
- ✓ 쉽고 일상적인 표현을 쓴다
- ✓ 여백의 미를 살린다

애플의 '전설적인 마케터'라 불리는 가이 가와사키는 파워포인트 사용법에 대해 10/20/30이라는 간단한 규칙을 제시했다.

√ 10슬라이드(한번 회의에서 10개 이상의 개념 소화 불가)
√ 20분(1시간 회의를 20분 발표, 40분 토의로 배분해야 적절)
√ 30포인트 글자(작은 글씨로 내용을 욱여넣는 것은 금물)

보다 넓은 장소에서, 보다 많은 청중을 상정하는 프레젠테이션은 작은 글자를 많이 넣으면 안 된다. 대부분의 사람들은 작은 글자를 읽지 못하거나 피곤해 한다. 그래서 글자 크기는 키우고, 양은 줄이는 것이 맞다.

이 같은 업계의 규칙은 정부 프레젠테이션에 적용되지 않는다. 우리 정부에서 공무원들끼리 프레젠테이션 자료를 평가하는 기준은 '내용이 충실할 것'과 '보기에 좋을 것'이다. 충실하려면 슬라이드마다 빼곡하게 내용을 채워 넣어야 하고, 보기 좋으려면 디자인과 색상이 미려해야 한다. 슬라이드 안에 텍스트와 메시지가 꽉 차 있으니 여백을 활용하기는 어렵고, 사진이나 그래프 같은 이미지만으로 스토리를 이어나가는 안은 너무 위험한 것으로 여겨진다. 재미없고 말이 많은 소위 'TMI too much information' 자료에 다 색과 기호를 입힌 것이 많이 통용된다.

한 파워포인트 제작 전문 업체는 자사 온라인 홍보자료에서 어느 정부 부처의 업무보고 수주를 성공적으로 해냈다면서 이렇게 기술하고 있다.

대부분의 정부 프레젠테이션은 많은 양의 텍스트를 보여줘야 하기 때문에 디자인이 어렵다. 전체적으로 간결한 느낌을 위해 그래픽 요소와 애니메이션 효과를 최소화시키고, 시각적 포인트가 될 만한 부분들과 도식화 할 수 있는 부분들을 조금씩 삽입하였다. 정부기관의 업무보고는 특성상 재미없는 디자인이 나오기 마련인데 그대로 이번에는 고객이 당사의 제안하는 부분들을 어느 정도 수용했고 덕분에 만족할 만한 결과물이 나왔다.

그림 1-1은 2022년에 있었던 보건복지부 업무보고(보건복지부 홈페이지 게재)의 슬라이드 중 한 장이다.

이어지는 그림 1-2는 2023년 초 보건복지부 업무보고에서 역시 같은 주제를 다룬 부분 한 장을 발췌한 것이다. 전년도 자료와 차별화하기 위해서인지 디자인과 색상(다만, 흑백으로 처리된 이 책의 그림에서는 확인하기 어려움)은 달라졌지만, 기본 작성 방향은 그대로 유지되고 있다.

비교 차원에서 2023년 슬라이드 내용과 상응하는 아래아한글 보고서 본문(보건복지부 홈페이지 게재) 내용을 찾아봤다(그림 1-3). 한글 문서에서 추출해 프레젠테이션 문서로 요약된 부분을 어렵지 않게 식별할 수 있다. 정부에서 흔히 일하는 순서대로, 한글 보고서를 먼저 써놓고 이것을 바탕으로 프레젠테이션 문서를 작성한 과정이 보인다.

실무자들에게 이런 글쓰기는 특별히 어렵지 않다. 기본 보고서

그림 1-1

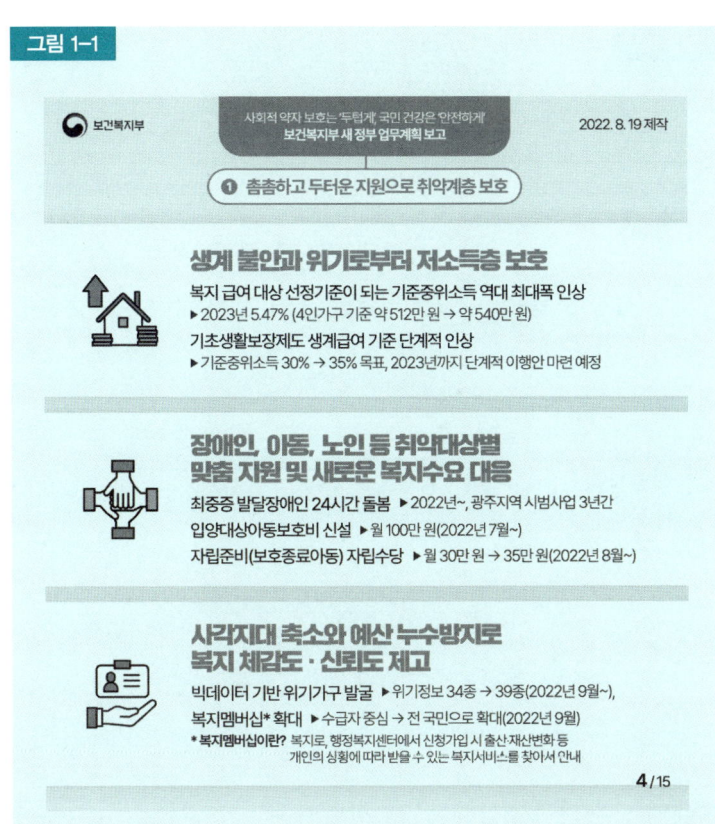

 쓰기만 되었다면 프레젠테이션 자료는 보고서를 요약해서 만들면 된다. 디자인은 업체에서 알아서 한다니, 기다리고 있으면 언젠가는 완성될 일이다.
 그런데 조금 이상하다. 고작 보기 좋은 요약본 하나 만들자고 너무 많은 시간과 노력과 비용을 반복해서 낭비하는 건 아닐까 하는 의구심이 든다.

**그림 1-2**

### 촘촘하고 두터운 약자복지 확대

**촘촘한 위기가구 발굴**
- 정확하고 신속하게 위기가구를 발굴합니다.
  - 위기정보 입수 시 AI활용 초기상담(시범운영, 2023년 하반기)
  - 질병, 채무, 고용단절 등 위기정보 입수 확대(39종 → 44종), 기관 간 발굴대상자 연락처 연계(2023년 하반기)

**두터운 취약계층 보호**
- 기초생활보장 확대 등 취약계층 보호를 강화합니다.
  - 기초생활보장 기준 중위소득 5.47% 인상(2023년 1월~)
  - (생계급여 최대 급여액) 1인가구 58만 원 → 62만 원, 4인가구 154만 원 → 162만 원

- 최중증 발달장애인 맞춤형 돌봄을 강화합니다.
  - 통합돌봄 시범사업(2022년~), 긴급돌봄 시범사업(2023년 4월~), 주간활동서비스 이용시간 확대(2023년 1월~)
  - 장애인연금 인상(월 최대 약 38.8만 원 → 약 40.3만 원), 장애수당(월 4만 원 → 6만 원), 개인예산제 모의 적용(2023년)

셋째, 프레젠터가 십중팔구 윗사람이다.

불행히도 이 부분이 정부 프레젠테이션에서 가장 치명적인 한계다. 이제 거의 정착된 대통령 업무보고 프레젠테이션을 보자. 대개 보고자로 장차관급 고위 공직자들이 나선다. 이 사람들의 문제는 프레젠테이션과는 별로 친하지 않은 세대라는 것이다. 마이크로소프트에서 파워포인트를 내놓은 것이 1990년이고, 전 세계적으로 널리 쓰이게 된 것은 2000년대 들어서다. 한국의 공공영역에서 수십 년 간 내내 익숙하게 접한 것은 각 잡힌 군대식 차

그림 1-3

**촘촘한 위기가구 발굴**

○ (정확한 위기포착) 질병·채무 등 시스템상 위기정보 입수 확대*(39→44종) 및 AI활용 초기상담** 도입 (시범운영, '23.하)

　*▲재난적 의료비 지원, ▲채무조정 중지(실효)자, ▲고용단절·실업, ▲수도료 체납, ▲가스료 체납
　** 위기정보 입수되면 AI상담으로 상황 초기확인 → 복지욕구 확인되면 지자체 집중상담

○ (촘촘한 발굴) 지자체는 물론 의료사회복지사, 통·이장 등 일반 국민까지 참여(전화, 모바일, 방문 알림·신고)하는 민관협력 발굴 강화

○ (신속한 소재파악) 발굴대상자 연락처 연계(법령개정 및 시스템개발, '23.하) 및 긴급 상황 시* 경찰, 소방 협조 통한 비상개문 절차 지침반영** ('23.1)

　*「119법」제15조(구조·구급활동을 위한 긴급조치)에 해당되는 경우 등
　** 관계부처 협조요청 절차, 개문으로 손실발생 시 복지사업 예산 보상방안 등 포함

**두터운 취약계층 보호**

○ (저소득층) 기준중위소득 인상·적용*(5.47%↑, '23.1)해 복지문턱을 낮추고, 추가적으로 산정원칙 개선 추진 (중앙생활보장위 논의)

　* 생계급여 선정기준 : 1인가구 58만 → 62만 원 / 4인가구 154만 → 162만 원

　- 생계급여 선정기준 상향(중위 30→35% 목표) 및 재산기준 완화, 의료급여 부양의무자 기준개선 등 추진(「기초생활보장종합계획」('24~'26)」, '23.8)

　- 경기침체로 인한 생계곤란 및 위기가구 지원강화를 위해 금융재산 기준완화 방안마련 등 긴급복지 지원 확대 추진 ('22년2,156억→'23년3,155억원)

○ (아동) "아동 이익 최우선 원칙"에 맞도록 입양(헤이그협약 비준), 보호 (시설 중심→가정형 전환), 권리보장(「아동기본법안」마련) 체계개편 추진

　* 위기아동 안전 지속확인 (위기조사 10만→12만 명, 재학대관리 1천→1.2천 가구)

○ (장애인) 최중증 발달장애인 통합돌봄* 도입 추진, 긴급돌봄 시범사업('23.4~), 주간활동이용시간 확대(활동지원이용시급여차감축소) 등 발달장애인돌봄 강화

　* 개정법 시행('24.6) 대비 최중증 선정기준·서비스 개발, 하위법령 개정, 시범사업 수행'22~'24)

　- 장애인연금(월최대38.8만→40.3만원) 및 장애수당(월 4만→6만 원) 인상, 장애인 일자리 확대(2.8만→3만명) 및 특화직무개발 등 저소득장애인 소득보장 강화

　- 개인예산제 단계적 도입(모의적용, '23), 활동지원 확대(13만→14만 명), 자립지원 강화, 편의시설 설치 확대 등 추진 (「장애인종합계획」, '23.1분기)

트 보고다. 일반적으로 30세 이후 접해본 기술에 대한 사람들의 이해도는 낮은 편이다. 역으로 30년 이상 익숙한 관행도 당연히 떨치기 어렵다.

프레젠터가 스티브 잡스처럼 청중을 사로잡기를 기대하는가? TED 강연처럼 짧지만 흥미진진한 프레젠테이션을 기대하는가? 정부업무보고에서 그런 기대는 처음부터 접어두는 편이 좋다. 정무직 공무원들은 불필요한 모험을 하지 않는다. 대다수 보고자들은 안전하게 (하지만 지루하게) 슬라이드 노트를 읽어나가는 방식을 택한다. 그렇게 문서를 공들여 만든 의의는 사라져 버린다. 돈으로 결정되는 투자설명회가 아니니 성공과 실패를 가르는 기준도 명확하지 않다. 연두 보고가 잘 되었다고 작년 연말에 이미 정해진 조직의 예산이 늘어나지도 않는다. 서로에 대한 기대 수준이 낮다는 것도 프레젠테이션을 재미없게 만드는 데 한몫한다.

정부 프레젠테이션이 질적인 면에서 발전이 없거나 더디게 된 이유는 충분히 짚어봤다. 그렇다면 프레젠테이션 초안 자료를 어떻게 쓸까?

이상의 문제점들을 다 뒤집으면 된다. 초안부터 이상적인 파워포인트 자료답게 만든다. 글자 수는 적게, 이미지를 활용해 간결하게. 슬라이드 시안부터 보고한다. 시안에 대해 미리 윗사람들의 결심을 받아둔다. 파워포인트란 과연 어떤 것이며 한글 문서와는 어떻게 달라야 하는지 실제 예를 들어가며 최선을 다해 설득한다. 잘 만들어진 자료, 호평받은 이력이 있는 자료를 구해다 직접 비교해가며 시연하는 것도 도움이 된다.

윗사람들이 설득되고 나면, 비로소 진행과정이 원활해진다. 무엇보다 실무자의 시간과 노력이 절약된다. 디자인 전문업체로 넘어간 이후에도 수정이 최소화되고 따라서 비용도 아낄 수 있다. 마지막 단계에서는 이상적인 프레젠터의 모습을 담은 영상을 가져다 보고한다. 프레젠터에게 대본을 외우도록 하고, 연습을 시키고, 핀 마이크를 달아주고, 연습한 영상을 찍어서 보여준다.

이렇게까지 준비할 수 없다면, 당분간은 재미없는 정부 파워포인트 프레젠테이션을 계속 참고 있어야 한다.

## 바람직한 PPT 활용

정부에서는 제대로 써보지도 못한 파워포인트를 기업들에서 줄이자(또는 완전히 없애자)고 한 것이 벌써 10여 년째 트렌드다. PPT 사용이 의사소통의 질을 떨어뜨리고 작성에도 너무 많은 시간이 들어 효율적이지 않다는 것이다. 공식적으로 금지한 기업들도 꽤 있다. 구글, 애플, 아마존 같은 글로벌 기업들이 시작했고, 한국에서도 한 카드회사가 2014년부터 'ZERO PPT' 캠페인을 시행했다. 해당 회사의 사내 컴퓨터에 있는 파워포인트는 읽기전용이다. 작성을 위해서는 사용하지 않는다는 뜻이다. 이 회사는 사내 기업

문화팀의 건의로 이 캠페인을 시작한 이후 워드MS Word, 엑셀Exel, 이메일로 PPT 보고를 대체했다. 그리고 몇 달 지나지 않아 이 회사의 부회장은 지금까지 회자되는 아래의 성과를 이메일로 공지했다.

- √ 보고서들이 대부분 한두 장으로 짧아지고 다 흑백이다.
- √ 회의시간이 짧아졌다.
- √ 논의가 핵심에 집중한다.
- √ '다섯 가지 원칙' '세 가지 구성요소' 등 PPT 그림을 위해 억지로 만드는 말들이 없어졌다.
- √ 연간 5천만 장에 달하던 인쇄용지 소모가 대폭 줄기 시작했다. 인쇄잉크도.
- √ 사람들이 더 지적으로 보인다.

여기서 추출해 뒤집어 본 파워포인트의 단점들(긴 보고서, 긴 회의시간, 억지로 만든 말, 과도한 종이와 잉크 소비)은 신기하게도 평소 파워포인트를 거의 쓰지 않는 정부보고서 쓰기에도 그대로 적용된다.

문제는 소프트웨어가 아니다. 어떤 소프트웨어를 쓰든 보고서를 쓰고 꾸미는 데 지나치게 많은 시간과 노력을 들이는 것이 문제의 요체다. 파워포인트에게는 죄가 없다. 마찬가지로 아래아한글에도 죄가 없다. 근본적인 문제는 문서를 위한 문서를 만들고,

문서의 질을 높이기보다 수와 양을 늘리고, 양산된 문서를 통해 많은 일을 하는 것처럼 꾸미는 행태다. 행태가 같다면 어떤 도구를 써도 마찬가지다.

그림 1-4와 1-5의 사례는 서울특별시의 2023년과 2024년 신년 업무계획 보고서(서울특별시 홈페이지 게재) 중 각각 일부(복지 분야 첫 장)다. 아래아한글과 파워포인트를 섞어놓은 것 같은 전체 100장 넘는 보고서인데, 이례적으로 2010년대부터 같은 양식의 문서를 계속 업데이트 하고 있다. 적어도 문서 양식에 품을 덜 들인다는 효율성과 일관성 측면에서는 의의가 있겠다.

서울특별시는 신년 업무보고를 이와 같은 '하이브리드' 느낌의 문서 한 건으로만 내고 있다. 정부 부처들이 매년 업무보고를 한글 보고서 따로, 파워포인트 보고서 따로 만드는 것과 비교된다.

정부 내에서 연례행사인 신년 업무보고 외에도 파워포인트(로 대표되는 여러 프레젠테이션 프로그램들 포함)를 당분간 과하지 않게 적절히 활용하는 방법들이 있다.

우선 정부도 브리핑, 설명회, 공청회 같은 외부 행사에서 워드프로세서로 만든 문서를 인쇄해 배포하는 대신 파워포인트를 띄워 쓰는 것이다. 시각적 자료를 바로 옮겨다 기사화하기에도 편리하고, 글밥이 빽빽하게 들어찬 자료보다는 직관적이고 이해하기 쉬워서다. 만드는 입장에서는 디자인 작업에 시간이 좀 들어가겠지만, 문장을 다듬는 시간과 상쇄될 것이다.

그림 1-4

## 2 안전하고 촘촘한 서울형 복지제도 구현

**복지 사각지대를 해소하는 안심복지**

■ 서울 안심소득 확대를 통한 미래복지 모델 선도

● 지원범위 및 참여 가구수 확대로 복지사각 포용성 강화
- 지원확대 : 당초 800가구 → **1,600가구**   * 중위소득 50%이하 → **85% 이하**
  ▸ '22년 1단계('22. 7월~, 3년간) : 중위 50% 이하 500가구 (기 추진 중)
  ▸ '23년 2단계('23. 7월~, 2년간) : 중위 50% 이하 500가구(순증) ✚ 중위 50~85% 600가구 (300가구 확대)
- 지원금액 : 중위 85% 기준액과 가구소득 간 차액의 50%   *4인가구 기준 최대 2,295천원

● '23 서울 국제 안심소득 포럼 확대 개최로 국제적 공론화 주도
- 개최기간 : '23.10.26.(목) ~ 10.27.(금)   ※ 서울시민의 날(10. 28.) 연계
- 주요내용 : 서울 안심소득 성과평가 중간 결과 발표, 소득보장 네트워크 협약 등

> < 2022 서울 국제 안심소득 포럼 >
> • 일시/장소 : '22.12.6.(화) 14:00~17:30 / DDP 아트홀2관
> • 주요내용 : 세계 소득보장 정책실험 사례 공유, 서울 안심소득 시범사업 소개

● 미래 소득보장 모델정립을 위한 공론의 장 마련 및 대시민 홍보전략 강화
- 분기별 다양한 형태의 소득보장 정책 토론회·세미나 등 개최
- 정책 소개 및 홍보용 포스터·리플릿·영상 제작·배포('23. 1월~)

■ 위기가구 집중관리를 통한 복지사각지대 해소

● 시민 접점 동주민센터 기능을 복지·건강 중심으로 개편
- 찾아가는 동주민센터 기능 재설계 : 보편방문 → 위기가구 집중 방문

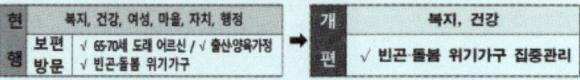

- 위기가구 발굴 위한 활용 빅데이터 확대(34→44종), 돌봄SOS 서비스 지원기준 완화(중위소득 85→100%)

● 통합복지지원체계 구축을 통한 「간편 신청, 신속 지원」 추진
- 복지담당 공무원 통합상담 역량 구축, 복합적 위기사례 대응을 위한 '맞춤형 컨설팅' 실시

● 동(洞) 주민이 직접 발굴하고 돌보는 인적 네트워크 강화
- 공인중개사, 명예사회복지공무원(26,556명) 등 시민 최접점 인력을 통한 촘촘한 안전망 구축
- 우리동네돌봄단(1,200명)을 통한 모니터링 및 사회적 관계망 형성

그림 1-5

### 1  촘촘한 서울형 맞춤 복지제도 시행

新  복지사각지대를 두텁게 지원하는 포용 복지

▌안심소득 시범사업의 체계적 관리를 통한 성과평가 추진

● 안심소득 공정관리 및 성과평가 지속 연구로 정책효과 도출
  - 1·2단계 지원가구 급여지급(매월), 정기 확인조사로 적격성 검증 (연 1회)
  - 시범사업 3년간 근로, 소비(식품의료교통비 등), 정신건강 등 7대 분야 시계열 연구
  - 기초 수급자·비수급자, 성별·연령·가구특성, 보건·교육 등 다양한 분야 연구

| 구분 | | 2023년 (단기 성과) | 2024년 (시계열 연구, 연구범위 확대) |
|---|---|---|---|
| 표 본 수 (비교가구 포함) | | 1,523가구 (1단계 1,523) | 5,111가구 (1단계 1,523, 2단계 3,588) |
| 범 | 위 | 6개월 간 변화 ('22.7 ~ 12월) | 18개월 간 변화 ('22.7월 ~'23.12월) |
| 방 | 법 | 단기분석 | 시계열분석 (중기성과) |
| 분 | 야 | 근로소득, 소비지출, 정신건강 | 연구분야 확대 (성별·연령·가구특성, 보건·교육 분야) |

● 가족돌봄청(소)년 및 저소득 위기가구로 안심소득 신규 확대(500가구)
  - 자치구 복지사각지대 발굴 업무와 연계홍보 ('24.1~), 공정하고 투명한 대상자 선정 ('24.2~4)
    ▶ 1월 모집결과 총 10,197가구 접수 (가족돌봄청소년 538가구, 저소득위기가구 9,659가구)
  - 비선정 가구는 돌봄SOS 및 희망온돌서비스, 긴급복지 등 사업 안내
  - 안심소득 지원 전·후 삶의 질 변화 정성평가 통해 사례 분석

● 소득보장 패러다임 전환의 대안으로서 안심소득 공론화
  - 국내·외 주요학회, 연구기관 연계 안심소득 특별세션 및 토론회 개최
  - 「국제포럼」 정례 개최, 성과발표 및 네트워크 원탁회의 추진 ('24.10.)
  - 세계 소득보장 네트워크 협약기관 확대 (5개→8개), 해외 석학과 온·오프라인 논의

    ❖ 네트워크 협약 현황(5) : 서울시, 로스앤젤레스시, 시카고시, 스탠포드대 기본소득 연구소, 펜실베이니아대 보장소득연구센터

- 11 -

둘째, 워드프로세서로 만드는 보고서에서 복잡한 표와 그림을 그릴 때는 제약이 많다. 파워포인트에서 표와 그림을 그리다가 문서에 이식하면 보고서의 시각화에 유용하다. 물론 정부보고서에서 으레 쓰는 비전-전략-목표-방향 같은 도식화는 너무나 진부해서 권하고 싶지 않다. 파워포인트는 각종 그래프 외에도 이해관계자 간의 관계, 서비스의 흐름, 진행 절차, 조직 구성 등을 표현하기에 좋은 도구다.

셋째, 내부회의, 직장교육 등에서도 업무 담당자가 아래아한글이든 파워포인트든 대형 화면에 띄워놓고 프레젠테이션을 하면 전달력이 높아지고, 서로 연습하는 기회도 된다. 이럴 때는 흰 바탕에 검은 글씨로 최대한 '미니멀'하게 만들어서 작성하는 품을 줄인다. 게다가 보고서를 출력해서 나눠주는 번거로움을 피할 수도 있다. 참석자가 많다면 아낄 수 있는 종이 양도 상당할 것이다. 화면을 띄워놓고도 자료까지 모두 출력해서 배포하는 이상한 악습을 반복하지 않는다면 말이다.

# 2 메신저 보고

### ✎ 보고를 구한 메신저

정부에서 보고는 누락되거나 지연되어서는 안 된다. 단지 핀잔이나 질책을 듣고 끝날 일이 아니다. 때로는 그야말로 '목이 날아갈' 일이다.

2014년 세월호 참사가 났을 때 대통령 책임론의 핵심에는 대통령이 언제 처음 보고를 받고 언제 처음 지시를 했냐는 질문이 있었다. 당시 청와대는 대통령 보고가 어떻게 이루어졌는지 분 단위로 복기해냈지만, 소위 '잃어버린 7시간'에 대해서는 의혹과 억측이 커졌다. 이미 일어난 참사에서 대통령이 실제로 무엇을 할 수 있었는가와 별개로 최초 보고가 언제 이루어졌는지가 쟁점이었고, 이에 대한 청와대 참모진의 진술도 검증의 대상이 되었다.

이처럼 외부에 떠들썩하게 알려진 초대형 사건 외에도 정부 내에서 일어나는 크고 작은 사건들은 종종 분 단위로 재구성되곤 한다. 특히 늦은 밤이나 이른 새벽에 일어난 사건들에서 최종 수요자(정책결정권자)까지 얼마나 빨리 어떤 방식으로 보고되었는지는 감찰, 감사, 조사, 수사의 핵심 쟁점으로 떠오르곤 한다. 늦은 보고는 그 자체로 직무태만, 직무유기가 될 수 있다. 실무자들이 무엇보다도 늦지 않게 보고를 해야 하는 이유다.

사실 윗사람에게 제때 보고를 하고 싶지 않은 공무원은 없다. 다만 윗사람의 다른 중요한 일정이나 개인 시간을 방해해서 눈살을 찌푸리게 하고 싶은 공무원도 없다. 실무자는 늘 이 두 가지 사이에서 주저하다가 급한 일을 '별로 중요하지 않은 일' 또는 '조금 늦게 알아도 될 만한 일'로 치부하고 보고를 늦추게 된다. 가끔은 보고 내용에 자신이 없어서, 보다 완성도 높은 보고를 위해 사실관계를 더 파악하고 정무적인 고려사항까지 넣어가며 문장을 다듬느라 시간을 흘려보내기도 한다.

시간이 지날수록 정보는 모이겠지만 보고가 늦어지거나 다른 라인에서 먼저 보고가 이루어질 가능성도 분명히 높아진다. 불확실성은 줄어들고, 임박성이 극대화된 시점이 소위 보고의 적기일 텐데, 실제 상황 가운데 들어가 있는 경우 이러한 적기를 정확히 판단하기란 쉽지 않다.

그러므로 언제나 잊지 말아야 할 것은 '가장 나쁜 보고는 늦은 보고'라는 명제다. 부실한 보고가 나쁠까, 늦은 보고가 더 나쁠까.

내용을 수정하고 뒤집어야 하는 보고는 머쓱함과 사과로 끝난다. 그러나 아무리 머쓱하고 아무리 여러 번 사과해도 실제로 죽지는 않는다. 그에 반해 어떤 늦은 보고는 누군가의 죽음을 초래하기도 한다. 나도 여태 공직생활을 하면서 보고를 제때 받지 못했다는 이유로 화내는 상사는 봤지만, 중요하지 않은 보고를 했다든가 중복되는 보고를 했다든가 하는 이유로 질책하는 상사는 보지 못했다. 새벽에 급한 보고 전화를 받았다는 이유로 화를 내는 상사도 없었다. 그러므로 실무자는 고민하지 말고 상사에게 보고부터 해야 한다.

대면하기 어려운 상황에서 보고와 관련해 마지막까지 남아있던 어색함이나 부실함 같은 문제까지 기술적으로 모조리 해결해주는 것이 바로 메신저Messenger 보고다. 메신저는 전화 보고처럼 느닷없이 방해하는 듯한 부담이 없다. 내용도 얼마든지 길게 할 수 있다. 용량 큰 파일, 사진, 동영상까지 첨부 가능하다. 보고하는 실무자로서는 여러모로 유리하다. 보고 내용에 자신 없더라도 일단 급한 메시지부터 짧게 보내놓고 시작할 수 있다.

요즘에는 보낸 메시지를 완전히 삭제하거나 수정하는 것도 가능하다. 서둘러 보고하다 보면 고쳐야 할 일도 생기니까 이런 기능은 엄청난 장점이다. 따로 적어둘 필요도 없이 보고과정이 분초 단위로 모두 기록된다. 내가 한 말과 상대방이 한 말을 각자 재구성해가며 책임 공방을 벌일 필요도 없다. 상사가 메시지를 읽었는지를 확인하는 기능도 유용하다. 이왕이면 읽은 시각까지 기록해주면 더 좋겠지만, 상대방의 최근 접속시각으로 유추는 가능하다. 일정 시간이 지나도 상사가 메시지를 읽었다는 표시가 나타나지 않는다면, 전화를 걸 명분도 생긴다. 이렇게 기술적으로 실시간 소통이 보장되는 상황에서는 실무자 선에서 보고가 늦어지는 경우란 거의 없어진다.

전 국민이 메신저로 일상적인 의사소통을 하고 있으니 공무원들도 메신저를 쓰는 것이 당연하다고 여기겠지만, 사실 관가에서 메신저 보고가 가능하게 된 것은 몇 년 되지 않았다. 2020년 코로나 팬데믹이 가져온 재택근무와 비대면 확산이 아니었으면 메신저 보고가 지금처럼 광범위하게 받아들여지기는 어려웠을 것이다. 다만 아직까지 대부분 정부 부처, 기관에서 메신저 보고는 비공식적인 영역에 머무르고 있다.

일부 지방자치단체는 보고문화 개선과 행정효율 향상이라는 명분으로 공식적인 보고에 메신저 활용을 장려한다. 일례로 제주시에서는 2022년 말부터 시장 주도로 대면보고 중 상당 부분을 '메신저 서면보고'로 대체했으며, 그 결과 업무 공유 및 처리속도가 현저히 빨라졌다는 자평을 내놓았다.

제주시에서 공식 메신저 보고에 사용하는 것은 'e-메아리'라는 정부 내부 메신저 앱이다. 정부 앱은 인기가 별로 없지만, 공식성과 보안성 확보라는 차원에서 유용하다. 하지만 현재 대다수 공무원들의 메신저 선호는 공식성이나 보안성보다는 효율성과 편리성 쪽으로 기울어져 있다.

### 메신저에서 살아남는 법

메신저 대화방은 각종 보안규정이 따라잡지 못한 사각지대에서 움직인다. 문서관리 측면에서 보면 정규 보고 경로는 아니지만, 절대로 안 된다는 규정도 아직 없다. 최고위층부터 말단 실무자까지 다들 여러 앱을 번갈아 가며 비교적 자유롭게 쓴다. 그러다 조금이라도 문제가 생기면, (심지어 문제가 생기지 않는 경우에도 정기적으로 하는) 갑작스럽고 일방적인 '방폭파'로 대처한다. '방나가기'의 경우 대화 기록이라도 남아있으니 다행이지만, 대화방이 아예 없어지는 상황은 좀 난감하다. 정확한 기록이 남는다는, 메신저만의 특장점이 사라지는 순간이다. 업무수첩 같은 보조 기억장치라도 없다면 실무자의 보고가 제대로 이루어졌다는 사실을 증명하기가 용이하지 않다.

반대의 경우도 있다. 보안 문제 때문에 대화내용을 삭제하더라도 메신저 서버에 남은 기록에는 여러 가지 방법으로 접근이 가능하다. 공교롭게도 자신에게 유리한 것은 좀체 살리기 어렵고, 불리한 것은 완전히 없어지지 않는다. 위법부당하지 않게 처신하는 것만이 최선의 대비책이리라.

실무자 입장에서 메신저 보고를 할 때 지켜야 할 생존수칙을 간단히 정리해보자.

첫째, 메신저를 신중하게 사용한다. 대외비 이상 비밀로 관리해야 할 자료와 내용은 절대 메신저로 주고받지 않아야 한다. 안전하다는 앱도 완전히 믿어서는 안 되고 그냥 빨리 보내달라는 상사의 재촉도 따라서는 안 된다. 온라인으로 온갖 보고를 다 하더라도 보안이 필요한 것들에는 주의를 기울여야 하고, 비밀 문건만큼은 반드시 법령이 정한 대로 처리해야 한다.

둘째, 메신저에서 정기적으로 대화내용을 다운로드하거나 화면을 촬영해서 자신에게 필요한 기록을 유지한다. 실무자의 기록이라면 상사 입장에서는 불편하겠지만, 실무자가 스스로를 지켜야 하는 상황도 종종 발생한다. 이러한 기록은 개인 휴대전화 대신 업무용 컴퓨터와 같은 공식 저장매체에서 관리하여 보안 사고가 나지 않도록 유의한다.

셋째, '연결되지 않을 권리right-to-disconnect'는 공공영역에 적용하기 어렵다. 사건, 사고, 재난, 전쟁이 업무시간에만 일어나지 않기 때문이다. 실무자는 메신저가 비록 무선이라도 전통적이고 관용적인 표현인 '유선 대기' 또는 군경 용어인 '통신축선상 대기'에 포함됨을 유념해야 한다.

메신저 보고가 쉽고 편하다고 일상적인 메시지 쓰듯이 해서는 안 된다. 메신저 앱에 직접 입력하는 글이라도 가급적 간단한 보고서의 형식을 갖추는 편이 좋다. 번호를 단 목차가 필요하고, 목차가 없으면 항목별 문단이라도 있어야 한다. 한 문단은 메신저 화면상으로 3~4줄을 넘지 않는 것이 좋다. 그리고 문단마다 조각조각 나누어 보내기보다 한 덩어리의 글로 보낼 것을 권한다. 보통 메신저에서 긴 글을 쓰지는 않지만, 잘게 나누어진 글은 보고의 흐름을 끊고, 입력하는 중간에 다른 대화가 끼어들 여지도 있기 때문이다. 가독성을 높이기 위한 각종 문서기호는 기관별 작성 관행에 따라 적절히 선택하여 쓰면 된다.

길게 입력하는 작업을 편하게 하고 오타를 줄이기 위해서는 휴대용 키보드를 구비하면 좋다. 이런 입력 과정이 번거로울 때는 시간을 두고 워드프로세서로 작성한 보고서를 PDF 파일로 변환해서 보낸다. 깔끔한 보고서를 파일로 받아서 화면 키워보기로 읽는 것을 선호하는 상사도 있으니, 취향에 맞추면 된다.

상황이 급박해 신속한 보고가 필요할 때 직접 입력하는 메신저 보고는 확실한 장점이 있다. 일반 보고서보다 간단하게 작성할 수 있다는 것이다. 화면 크기의 제약, 입력 도구의 제약으로 인해 필요 이상 내용이 길어질 이유가 없고, 세세한 편집도 불가능하기 때문에 목차와 문단 나눔 외에는 크게 신경을 쓸 필요가 없다. 이것만 해도 한결 거품을 뺀, 간결한 보고서를 쓸 조건이 완비되는 셈이다. 기술방식은 개조식, 서술식 중 선택할 수 있다. 결재, 공유, 배포를 목적으로 한다면 개조식 보고서처럼 작성하는 편이 낫고, 일차적 정보 수집자로서 전달과 협의를 목적으로 한다면 서술식 문장이 더 자연스럽다.

　마지막으로, 메신저라서 생겨나는 고민이 있다. 이모티콘, 약자, 기호 등 문자 외 표현방식의 문제다. 감정 표현이 들어갈 여지 없이 글로만 이루어진 보고서와 달리 메신저에서는 다양한 표현방식이 가능하고 권장되기까지 한다. 어디까지 얼마나 써도 되는지에 대한 판단은 상황에 따라 상대에 따라 다르다. 그래도 굳이 한 쪽을 선택해야 한다면, 공적인 메신저 보고에서는 정색하고 사용하지 않을 것을 권한다. 다채로운 기호와 이모티콘 사용이 소통에 재미와 활력을 주는 효용을 모르지 않는다. 다만 뉘앙스에 대한 합의나 공감대가 없는 상하관계에서 굳이 불필요한 오해나 어색한 '썰렁함'의 위험을 감수할 필요는 없다.

# 3 이메일 보고

### 이메일이 필요할 때

보고서를 검토하는 단계에서는 종이에 출력한 문서를 들고 다니는 대신 이메일E-mail로 보고서를 첨부해 보낼 수도 있다. 이미 결재가 된 보고서를 두루 공유할 때도 이메일을 쓴다. 이메일은 공문 같은 역할도 하지만, 이메일 자체가 의견과 내용을 담기도 한다. 보고서 한 장 쓸 거리에 못 미치는 간단한 내용은 굳이 보고서로 늘려 꾸미기보다는 이메일로 써서 전달하는 편이 더 효율적이다. 이처럼 공공영역에서 이메일은 일상적 의사소통 수단인 동시에 공식적인 보고방식으로 자리 잡고 있다.

조직마다 이메일을 활용하는 정도는 다르다. 대면해서 보고하지 않으면 예의가 없다고 생각하는 조직일 경우 이메일은 수평적 관계인 동료들끼리만 쓸 수 있다. 이에 반해 상사의 출장이나 직원의 외근이 잦은 곳에서 이메일은 상하관계를 포함해서 보다 폭넓게 쓰인다.

내가 공직 생활을 시작할 때는 이메일보다는 팩스로 문건을 많이 주고받았다. 이제 팩스는 거의 쓰지 않는다. 어디서나 파일을 첨부해서 이메일을 보내는 것이 더 보편적이다. 조직 내부망에서 공식 이메일을 주고받은 기록과 내용은 서버에 저장되기 때문에 보안, 추적, 관리 측면에서는 훨씬 낫고 권장할 만한 방법이다. 물론 이것은 관리자 입장에서나 그렇고, 실무자 입장에서는 좀 다르게 받아들여야 한다. 이메일을 아무렇게나 써 보내고 나중에 삭제하면 문제없을 것이라고 생각하는 실무자는 없기를 바란다.

이메일은 사실 작성자 입장에서 편리한 보고방식이다. 보고서 양식에 구애받지 않고, 줄을 서며 대기할 필요가 없다. 하고 싶은 말과 넣고 싶은 자료도 다 넣을 수 있다. 보고 기록도 정확히 남는다. 다만 적시성 면에서는 믿을 수 없다는 것이 단점이다. 내부망 이메일은 아무 데서나 접속하기 어렵고, 보통 공공영역에서는 상용 이메일 사용이 금지되기 때문이다. 실시간 소통이 가능한 메신저와는 아예 비교가 안 된다. 상사가 언제 열어볼지 알 수 없는 마당에 내부망으로 이메일을 보내놓고 보고가 되었다고 생각해 버리면 안 된다. 더구나 상사가 바쁜 정무직 공무원이라면 메일을 직접 열어봤을 것이란 기대는 하지 않는 것이 좋다.

이러한 내부망 이메일의 단점을 보완하기 위해서는, 내용을 요약하고 파일을 첨부해서 메신저로 보내거나 이메일을 보냈다고 메신저로 알려놓는 중복적인 알림 방법이 권장된다.

## 이메일 보고를 잘 하려면

영어 이메일 쓰기에 대해서는 시중에 나와 있는 책들이 정말 많다. 나도 국제기구에서 근무할 때는 세계에 흩어진 지역본부들과 소통하는 업무를 대부분 이메일로 처리했는데, 책으로 공부해둔 것들이 다소 도움이 되었다. 다만 실제로 부딪쳐가며 배워야 했던 미묘한 실전 규칙들은 많았다. 결국은 꽤 시간이 흐르고 숱한 시행착오들을 거치고 나서야 어느 정도 어색하지 않은 이메일을 쓸 수 있게 되었다.

영어 이메일에 비해 한글로 이메일 쓰는 법에 대한 자료는 매우 적다. 기업에서 통용되는 비즈니스 이메일 작성법은 영어권에서 쓰는 방식을 차용한 것으로 보인다. 우리 정부 조직이나 공공기관에서 이메일을 쓰는 법에 대해서는 확립된 기준이 없는 것 같다. 과거에는 한글로 편지 쓰는 법이라는 것도 있었으나, 다들 알다시피 이제는 어디에서도 편지를 잘 쓰지 않는다.

물론 정부라고 해서 이메일 쓰는 방법이 아주 유별나지는 않다. 일단 공통된 기본 가정부터 시작한다.

√ 누구에게나 이메일은 계속 쌓인다(광고 스팸 같은 것은 다 차단된 정부 내부망에서도 그렇다).
√ 누구에게나 시간은 부족하다(쓰는 시간도 부족하지만, 읽고 처리하는 시간은 더 부족하다. 답을 기다리는 시간은 더욱 아깝다).

이런 가정하에서 서로의 시간을 낭비하지 않고 업무를 효율적으로 처리하는 이메일 쓰는 법을 정리하면 다음과 같다.

① **제목에 용건을 정확하게 밝힌다** 서로의 시간을 낭비하지 않기 위해서다. '안녕하세요? 부탁드릴 것이 있어요.' 식의 늘어지는 제목은 권하지 않는다. '저, 죄송한데요.'라든가 '국장님, ○○○입니다.'처럼 단순히 말 꺼내는 서두에 불과한 제목들도 이상하다. 제목은 단도직입이 제일 좋다.

'~ 관련 보고 검토 요청' '~ 초안 회람'과 같이 목적의식이 분명한 다소 건조하고 딱딱한 제목이 권장된다. 〔공람〕과 〔공지〕〔안내〕 같은 말머리를 넣어주면, 바쁜 사람들의 시간을 더 절약해줄 수 있다. 물론 〔긴급〕이나 〔중요〕〔필독〕 또는 느낌표나 별표를 달고 볼드체와 빨간색의 메일 제목을 보낼 때는 뒷감당을 각오해야 한다. 정말 긴급하고 중요하고 필독해야 할 사항이 아니라면 '늑대가 나타났어요.'라는 말과 같은 취급을 받게 된다.

영어로는 이메일에 대문자 제목(강조 의미로서 크게 소리를 지르는 느낌)을 남발하면 욕을 먹는다. 클릭을 낚기 위해서라면 유용하겠지만 동료들이란 계속 같이 일할 사람들이고, 내부망은 낚시터가 아니다.

② **본문은 간략하게 작성한다**  보고서 요약박스에 들어갈 만한 내용을 본문에 쓰면 된다. 요약박스를 그대로 복사해서 붙이는 것도 물론 가능하다. 하지만 조금 더 시간이 있다면 무슨 계기로 쓰게 된 보고서인지, 어디까지 검토가 되었는지, 언제까지 완료해야 하는지, 첨부하는 문건 작성과 관련한 맥락을 써주면 이해에 도움이 된다. 내용이 다소 길어질 경우, 메신저 보고를 쓰듯 번호와 기호를 매겨 단락을 구분해주면 더 좋다.

보통은 첨부된 문건이 본론이다. 그런데, 본문에 '첨부 문서를 참고하시기 바랍니다.'라고 명시하지 않으면, 깜빡하고 열어보지 않는 사람들도 많다. 영어 이메일 작성법에서 'Please find the attached file.'을 쓰도록 훈련시키는 데는 이유가 있다.

③ **요구사항을 분명히 한다**  요구사항이 있으니 이메일을 쓰는 것이다. 그리고 요구사항은 분명해야 한다. 취합이 필요한 문건일 경우 시한이 명확해야 한다. 시한 맞추기가 어렵다면 언제까지 보낼지 알려 달라고 해야 하며, 수평적인 관계라면 어느 시점 이후로 제출하는 의견은 반영하지 않겠다는 압박도 필요하다. 실무자들은 예의를 차린다고 윗사람에게 보낼 때는 '검토해주십시오.'라고만 보낸다. 그러나 시한은 윗사람에게도 반드시 알려줄 필요가

있다.

　요구사항을 분명히 전하는 것과 요구사항을 퉁명스럽게 던지는 것은 다르다. 대면이나 통화와 다르게 표정과 억양을 읽어내기 어려운 이메일은 한층 더 공손하고 예의 바른 표현들이 (때로는 과할 정도로) 요구된다. 나도 처음 국제기구에 부임해 영어 이메일을 작성할 때 실수를 했던 부분이었다. 용건만 간단히 썼더니, 상대방은 왠지 불쾌한 눈치였다. 이상하게 협조는 끌어내기 어려웠고, 속칭 '읽씹' 당하는 경우도 있었다. 나중에 다른 사람들이 보내온 이메일들을 자세히 읽어보니 갖가지 불필요해 보이는 간지러운 말들을 듬뿍 쓰고 있었다. 반신반의하면서 그런 표현들을 따라 쓰고 나서야 이후로 훨씬 부드럽게 메일이 오고가는 것이 느껴졌다. 협조가 원활해졌고 무엇보다 답장이 빨리 왔다.

　한글 이메일도 마찬가지다. 이메일로 상사에게 보고를 할 경우 고색창연한 계절 인사까지는 아니더라도, 상대방의 안부 정도는 간단히 묻도록 하자. 요구사항 앞에 '여러 업무로 매우 바쁘시겠지만' '혹시 오늘 오전 중 시간이 나신다면' '회의 가시기 전 짬을 내실 수 있다면'과 같은 전제를 붙이면 받아보는 입장에서는 훨씬 배려받는다는 느낌이 든다. 어느 관계에서나 오직 요구사항만 내세운다면 자칫 무례하게 느껴질 수 있기 때문이다.

　마무리로는 '혹시 불명확하거나 궁금한 부분이 있다면 언제든 말씀(연락)해주십시오.'처럼 영어 이메일에 쓸 법한 예의차린 어구도 추가하는 것이 좋다.

④ **수신자를 꼼꼼히 확인한다** 이메일 수신자를 헷갈려서 빚어지는 참사는 많다. 대개는 사적이거나 비밀에 해당하는 내용을 전체 메일로 잘못 보내는 경우를 상상한다. 그러나 받지 말아야 할 사람들이 메일을 받는 사고보다 더 자주 일어나는 해프닝은 반드시 받아야 하는 사람들을 빼놓는 경우다. 의도적으로 무시하는 것은 아닌데 그런 오해를 사기 쉽다. 보통 작성중인 문건에 대해서는 공유 범위를 최소화하는 경향이 있어서 정작 필요한 사람들이 다 들어가 있지 않을 수도 있다. 평소에 수신 목록을 잘 관리해둘 필요가 있다.

수신과 참조도 소속된 기관의 분위기와 관행을 잘 따져가며 구분해야 한다. 둘을 구분해가며 적극적으로 활용하는 편이 좋지만, 주의할 필요가 있다. 자신이 정식 보고라인에 속해 있는데도 '참조'로 메일을 받았을 때 기분 상하지 않을 사람은 별로 없다.

⑤ **답장은 신속하게 보낸다** 신속성은 이메일 예절에서 가장 핵심적인 요건인데, 의외로 잘 안 지키는 사람들이 많다. 이메일을 주로 받아보는 윗사람 입장에서 특히 소홀해지기 일쑤다. 상사도 답장을 해야 한다. 가급적 읽는 즉시.

첨부 문건 검토나 작성에 시간이 걸리는 경우는 일단 '수신확인' 차원에서 '잘 받았다. 언제까지 답을 보내겠다.' 정도의 간단한 답신을 보내면 된다. 통화를 하거나 메신저를 통해서 알려주는 것도 방법이다. 신속한 반응과 소통을 하지 않는다면, 이메일이라는 도구의 의미를 살릴 수 없게 된다.

 확인과 답장이 안 된 이메일이 늘어나는 것은, 책상 위에 결재판이 높은 탑으로 쌓이고 집무실 밖에 결재를 위한 긴 줄이 생기는 것과 다를 바 없다. 신속한 처리에 더해 세심한 배려도 필요하다. 상대방이 일일이 내용 없는 이메일을 열어보고 확인하는 수고를 덜어주기 위해서 [냉무]나 [재송]을 제목 글머리에 달고 아예 제목에 메시지를 넣어주기도 한다. 이미 이메일쯤은 숨 쉬듯 자연스럽게 쓰는 실무자들보다는 아무래도 관리자들 입장에서 더 기억하고 유념해야 할 부분이다.

# 4 전문 보고

### 전문은 어떻게 다른가

외무 공무원이 아니더라도 중앙 또는 지방 공무원이 해외공관에 파견되면 외교관 신분을 얻는다. 세계 어느 나라든 외교관은 외교전문Diplomatic Telegram을 쓴다. 본래 외교전문이란 본국 정부와 재외공관이 소통할 때 사용한 전보에서 기원했다. 2010년 위키리크스WikiLeaks가 폭로한 것이 바로 미국 정부의 외교전문들인데, 최근까지도 해킹과 폭로가 심심치 않게 이어지고 있다.

외교관이 아닌 공무원들도 맡은 업무에 따라서는 외교전문을 접해볼 기회가 종종 있다. 매일 생산되는 수많은 외교전문들 중 일부는 필요에 따라 정부 내에 공유되기 때문이다. 그런데 대부분 대외비 이상의 비밀이라 취급상 주의를 요한다.

한국 외교부는 30년이 지나 비밀 해제된 외교전문들을 순차적으로 공개해오고 있다. 물론 외교부 홈페이지에서 바로 열어볼 수 있는 것은 아니고, 신청을 하고 직접 방문해서 열람하는 절차를 거친다. 과거 전문은 국제정치나 역사를 연구하는 사람들에게는 사료로서 가치가 크다. 현재 전문 쓰기는 외교부에서 체계적으로 가르치는 것으로 알고 있다. 이 책에서 쓰는 방법까지 다루지 않는 이유다. 다만, 정부에서 이루어지는 각종 정보보고 가운데 중요한 한 축을 담당하고 있는 외교전문에 대한 이해를 돕는 차원에서 전문의 특성과 일반 보고서와의 차이점 정도만 소개하고 넘어가기로 한다. 우리 정부의 다른 보고서들과 외교전문은 어떻게 다른 것일까?

첫째, 외교전문만의 특유한 표현들이 있다. 과거 전보라는 통신수단의 특성상 글자 수를 최대한 줄여 비용을 절감하기 위해 특이한 약어들을 사용해왔고, 그것이 오늘날까지 전통으로 이어지고 있다. 예를 들어 '업연'은 '업무연락,' '파편'은 '파우치편'의 줄임말이고, '별무'는 '이상한 점이 없다'는 뜻인데, 글자 수에 구애받지 않는 지금도 사용한다. 약어는 더 이상 경제적인 이유로만 쓰이지 않는다. 조직문화나 동료의식을 강화하는 장치다. 이런 약어들이야말로 전문을 전문답게 만들어주는 핵심요소인지도 모른다.

둘째, 같은 주제와 내용이라면 일반 보고서보다는 외교전문을 길게 쓰는 경향이 있다. 글자 수로 비용을 계산하는 전보 시절이 아니라 전문이 전산화된 디지털 초고속 통신시스템을 이용하게 된 이후 나타난 현상이다. 전문에서는 개조식이라도 순한맛을 쓰고 서술식도 종종 쓴다. 보고서에서라면 회의록으로 첨부하거나 요약해서 넣을 만한 주요 인물들 간의 대화를 전문에서는 본문 공간을 할애하면서 매우 상세하게 기술하곤 한다. 현장에 있지 않았던 사람들에게 최대한 현장감을 전달하는 방식이다.

  셋째, 주어 표현이 색다르다. 일반적으로 정부보고서에서는 개조식 문체의 편의상 주어가 생략된다. 보고서 작성 주체인 과, 국, 실, 그리고 부처, 기관이 숨은 주어다. 반면 전문은 서술형 개조식(문장 끝부분만 '음슴체'로 마무리 하는 순한맛 개조식)으로 쓰는 경우도 많아서 주어가 없으면 어색해진다. 한 전문 안에 등장 인물이 여럿인 상황도 있어서 주어는 구분해준다. 이 경우 나에 해당하는 말은 '본직' 또는 '소직', 우리 대사관(총영사관)은 '당관', 그리고 너에 해당하는 말이 '귀직'이다. '본관' '귀관' 등의 예전 군대용어와도 비슷한 면이 있다.

  외교부에서 비밀해제하고 공개한 과거 전문 하나를 첫 번째 예로 가져왔다. 그림 4-1은 영화로도 만들어진 바 있는, 모가디슈에서 남북한 사람들이 함께 탈출했던 상황을 보고한 전문 중 첫 장이다. 이 문서는 순한맛 개조식으로 보이지만, 본질은 만연체 서술식에 더 가깝다. 당시 상황상 급하게 작성된 탓인지 오타와 오기도 보인다. 더 좋은 사례를 보여주고 싶지만 언론에까지 공개된 전문이 많지 않았다.

그림 4-1

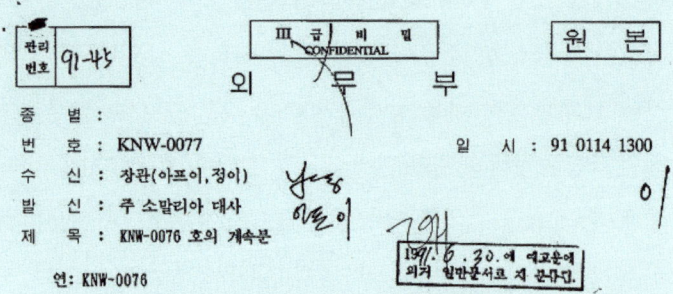

```
관리
번호  91-45              Ⅲ 급 비 밀              원 본
                        CONFIDENTIAL
                   외   무   부
종  별 :
번  호 : KNW-0077                              일  시 : 91 0114 1300
수  신 : 장관(아프이,정이)
발  신 : 주 소말리아 대사
제  목 : KNW-0076 호의 계속분
                                    1991. 6. 30.에 대공운에
                                    외거 일반문서로 자 관다.
  연: KNW-0076
     한씨 사망 소식이 BBC 에 의해방송되자 소직이 임대사를 불러 더이상 숨기지 말고
사실을 이태리 북한 FAO 대표부를 통해 평양에 바□고할것을 권유한바 즉시 동의하고
북한 직원 전원이 소직의 거실에 집합 할글로 기안 소직에게 건네주면서 의견을 문의
소직이 약간 수정 즉시 영문으로 번역후 직접 이태리 대사를찾아가 소직의 김석규
대사앞 전문과 함께 타전을 요청하기도 하였음. 참고로 북한측 전문 내용은 다음과
같음
     1.ALL OF US, 13 IN TOTAL MOVED ON JANUARY 10TO THE ITALIAN EMBASSY COMPOUND
IN MAGADISHU AND ARE WELL TAKEN CARE OF
     2.ON OUR WAY MR. HAN SANG RYUL WAS SHOT DEAD BY GOVERMENT SOLDIERS
WHOPROBABLY MISTOOK US FOR REBEL FORCES
     3.THE ITALIAN AMBASSADOR STILL ENDEAVOURS TO SECURE SAFE EVACUATION OFUS
     13. 북한 대사관 직원들과 함께 있는 동안 동인들의 딱한 처 우리가 악용 한단
인상을 줄 언행과 감정을 상하게 하는 일은 극력 회피하고 오히려 그쪽을 우대한다는
자세를 견지한
     마지막날 공항 출발에 앞서 소직이 이대사와 교섭 이직원과 이시만 만
타는방탄차에 북한측 부인과 아이를 탑승시키고자한바 자리가 없어 북한 대사부인
한씨 부인 그리고 아이들 4 명만을 탑승케함
     이동시마다 김대사는 반드시 소직의 1 호차에 탑승시킴
     식품등 생활 필수품을 양측이 공평히 나누어 쓰도록함
     정치적인 이야기는 최대한 삼가함
     몸사바에 도착하자마자 김대사는 소직에게 그간 협조에 감사. 를 표시하고
```

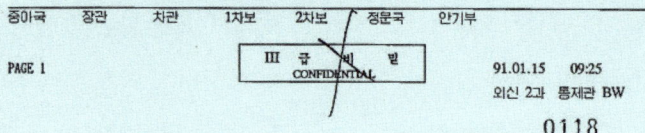

```
중아국    장관    차관    1차보   2차보   정문국   안기부

PAGE 1              Ⅲ 급 비 밀        91.01.15   09:25
                    CONFIDENTIAL      외신 2과  통제관 BW

                                           0118
```

실제 사례를 소개하기 어렵다는 한계 때문에 282쪽 사례는 내가 직접 작성한 가상 전문으로 대신한다. 훈민정음 반포 당시 '주명대사관'(명나라 주재 조선대사관)에서 대사가 예조판서에게 써보낸 전문을 전체 한 장으로 구성해보았다. 최만리의 상소 내용대로 명나라가 이의를 제기하면서도 우려와 함께 호기심을 보이고 있는 상황을 가정했다. 명나라 관계자의 발언내용과 주명대사의 관찰 및 평가 두 부분으로 나뉘어 있는데, 조치로는 신속한 대명특사 파견을 건의하고 있다. 맨 아래 배포선에는 조선 초기 기관들을 포함시켰다.

세 번째 예는 역사상 가장 유명한 전문 중 하나로서, 당시 주소련 미국대사였던 조지 케넌이 1946년 미국 국무부에 써 보낸 무려 8,000자에 달하는 'Long Telegram'의 첫 장(그림 4-2)이다. 이 문서는 이듬해 〈Foreign Policy〉 지에 'X'라는 익명으로 실렸고, 이후 소련 봉쇄정책의 근간이 되었다. 전문의 첫 장에서는 이렇게 전례 없는 긴 분량으로 전송에 부담을 주는 것에 대해 미리 사과를 하고, 그럼에도 워낙 중요한 내용이라 어쩔 수 없다며 양해를 구한다. 단순한 정보나 상황 보고가 아니라 전후 소련의 전망과 배경, 국가 차원에서 채택해야 할 공식적·비공식적 전략 대안까지 포괄하는 논문을 쓴 셈이니 웬만한 보고서를 능가하는 수준이라 하겠다.

최근에도 중국봉쇄정책을 담은 '현대판 롱 텔레그램'이 나오기

[ 三 급 비 밀 ]

# 발 신 전 보

번호 : 一四四六-○○
수신 : 예조판서
발신 : 주명대사
제목 : 훈민정음 반포 관련 중국 예부(禮部) 면담 결과

一. 본직은 최근 명 예부가 조선의 훈민정음 반포와 관련해 본직을 초치함에 따라 명측 입장을 청취하고 대화를 나누었는바, 요지 아래와 같음.
二. 명 예부 고위층 주요 발언 내용
가. 조선은 대명 조공무역에서 상당한 흑자를 기록하면서도 최근 북로남왜(北虜南倭) 위협에 직면한 명의 외교안보 이익에 적극적으로 기여하지는 않고 있음.
나. 이 와중에 조선이 한자와는 전혀 다른 새로운 글자체계를 개발해서 보급하는 것은 조명 양국의 긴밀한 정치·외교·군사 협조를 우선시하지 않은 것으로서 매우 유감임.
 - 특히 조선왕이 반포문을 통해 직접 조명 양국 언어 차이를 굳이 적시하며 훈민정음 보급에 나선 것은 한자의 유구한 전통과 심오한 의미를 무시한 부적절한 언사임.
다. 더구나 훈민정음이 해득이 무척 쉽다는 점에 비추어볼 때 조선뿐만 아니라 오랑캐 지역에서도 널리 사용될 가능성을 배제할 수 없어 매우 우려스러움.
라. 명은 향후 조선이 훈민정음을 통해 명의 패권적 질서를 흔드는 어떠한 시도에도 찬성할 수 없으며, 이러한 언어교육 정책이 조선의 거시적 국익에 부합하는지 냉정하게 판단해야 한다고 주장함.
三. 본직의 관찰 및 평가
가. 명측은 훈민정음 채택이 조선의 탈명 독자노선을 노골화한 처사라 의심하면서도 훈민정음 창제·반포 취지에 대한 본직의 설명을 관심 있게 청취하는 이중성을 보였음.
 - 특히 역관 부언설명에 따르면 훈민정음의 해득 및 표음 용이성을 명측 실무급이 이미 파악하고 있었으며, 일부 인사는 명국 대중의 높은 문맹 문제 해소에 도움이 될지 연구한다며 '해례본' 및 추가 자료를 요구하기도 했음.
나. 훈민정음 반포에 대한 조정 내부의 반발에 따라 특별 사신 파견이 무산됨으로써 불필요하게 명의 오해와 불신이 깊어지는 결과를 초래하고 말았다고 판단됨.
다. 이러한 명의 불만을 무마하고자 당관에서 최대한 노력하고 있으나 보다 효과적인 대명 설득 및 공공외교 차원에서 훈민정음 창제 실무인력을 반드시 포함한 특사단의 신속한 파견을 건의드림.
 - 명측이 조선 조정을 불신하고 있는 만큼 임금님의 의중을 충분히 설득력 있게 전달할 수 있는 인사를 선정, 일회성이 아니라 정기적 또는 주기적 대명 특사로 파견하는 방안을 적극 고려할 필요가 있다고 사료됨. 끝.

---

의정부(議政府) 계제사(稽制司) 전객사(典客司) 승문원(承文院) 사역원(司譯院)

그림 4-2

DEPARTMENT OF STATE
INCOMING TELEGRAM

INFORMATION COPY
ACTION MUST BE ENDORSED ON ACTION COPY

PEM-K-M
No paraphrase necessary.

ACTION: EUR
INFO:
S
U
C
A-B
A-C
A-D
SA
SPA
UNO
EUR/X
DC/R

8963
Moscow via War
Dated February 22, 1946
Rec'd 3:52 p.m.

Secretary of State,
Washington.

511, February 22, 9 p.m.

Answer to Dept's 284, Feb 3 involves questions so intricate, so delicate, so strange to our form of thought, and so important to analysis of our international environment that I cannot compress answers into single brief message without yielding to what I feel would be dangerous degree of over-simplification. I hope, therefore, Dept will bear with me if I submit in answer to this question five parts, subjects of which will be roughly as follows:

(One) Basic features of post-war Soviet outlook.

(Two) Background of this outlook.

(Three) Its projection in practical policy on official level.

(Four) Its projection on unofficial level.

(Five) Practical deductions from standpoint of US policy.

I apologize in advance for this burdening of telegraphic channel; but questions involved are of such urgent importance, particularly in view of recent events, that our answers to them, if they deserve attention at all, seem to me to deserve it at once. THERE FOLLOWS PART ONE: BASIC FEATURES OF POST WAR SOVIET OUTLOOK, AS PUT FORWARD BY OFFICIAL PROPAGANDA MACHINE, ARE AS FOLLOWS:

(A) USSR still lives in antagonistic "capitalist encirclement" with which in the long run there can be no permanent peaceful coexistence. As stated by Stalin in 1927 to a delegation of American workers:

"In course

DECLASSIFIED
E.O. 11652, Sec. 3(E) and 5(D) or (E)
Dept. of State letter, Aug. 10, 1972

도 하고, 《The Long Telegram 2.0》이나 《The Longer Telegram》 같은 단행본들이 나오는 것을 보면, 이 하나의 전문이 미친 파급효과가 얼마나 컸는지 알 수 있다.

이 전문은 앞부분에서 인용한 처칠의 'Brevity Memorandum'과 같이 타자기로 작성된 동시대의 것이다. 길이는 극단적으로 차이가 있는 데다, 외교전문(상사에 보고)과 메모(부하에 배포)로 용도가 구분되지만 공통점이 더 많아서 놀랍다. 두 문건 모두 완전한 문장 사용(주어 I, 마침표), 단도직입적인 서술, 체계적인 구성, 세부 문서정보 포함 등 영미권에서 공통적으로 사용되는 공문서의 기본을 갖췄다. 이러한 기본은 21세기에 들어서도 별로 변하지 않았다. 한국에서 외교전문과 보고서가 서로 다른 작성 방식과 문체를 가지는 것과 비교된다.

## 보고서를 전문처럼

세상에는 이렇게 훌륭한 전문들만 존재하는 것일까.

예전에 한 현직 외교관으로부터 외교전문에 대한 오래된 농담을 들은 적이 있다. "전문이라는 건 실제 일어났던 대화를 그대로 적는 게 아니고요, 상대방에게서 듣고자 했으나 듣지 못했던 말, 내가 하고자 했으나 하지 못했던 말을 적는 거랍니다." 자조적인 농담이지만 그 이면에는 정직한 자기반성이 담겨 있었다.

생각해 보면 통상 비공개 면담에는 참석자가 제한되고, 그 결과 전문 작성자에게 상당한 재량이 주어지는 탓인 듯하다. 보고 받는 사람이 만족할 만한 모양새에 치중하다 보면, 전문 또한 허풍 보고서처럼 '허풍 전문'이 될 가능성이 얼마든지 있음을 그 역시 알았던 것이다.

특이성이나 한계들에도 불구하고, 전문 작성 방식이 가지는 장점은 매우 많다. 무엇보다 전문은 글자 크기를 키우지 않아서 한정된 지면에 효율적으로 내용을 담을 수 있다. 억지로 개조식을 만들지 않다 보니 흐름이 끊기는 일도 없다. 글자체와 양식이 정해져 있어 문서 편집에 별다른 꾸밈을 하지 않아도 된다. 몇몇 전문적인 약어나 용어만 익숙해지고 나면 쭉 이어지는 서사구조가 확실해서 언론 기사만큼이나 '읽는 맛'이 난다. 전문의 배포선에는 외교부 외에도 여러 부처, 기관들이 들어가는데, 종종 전문을 받아보던 조직의 실무자들에게서는 정보보고나 동향보고를 전문처럼 잘 읽히게끔 썼으면 좋겠다는 의견을 많이 들었다.

전문이 전언이나 대화나 동향 같은 것들만 담지는 않는다. 많은 경우 상황에 대해 평가하고 각종 대안도 건의한다. 그러기 위해서 단락을 나누고 번호를 단 목차도 넣고, 표나 그래프도 넣는다. 그러다 보니 어떤 전문들은 정형화된 개조식 정부보고서 형식을 차용한다. 전문답지 않은 문서 꾸밈도 조금은 가능해졌다. 전문이란 대부분 배포선이 한정되고 비밀로 취급된다. 따라서 거의 모든 전문을 받아보는 외교부 최고위층이 아닌 이상 전체 전문이 얼마나 보고서와 비슷해졌는지 정확히 알기는 어렵다. 다만 최근 들어 보고서와 전문을 가르는 예전 기준이 희미해지고 있는 것 같긴 하다.

  보고서를 전문처럼 쓰는 것은 결단이 필요한 일이다. 물론 그 큰 결단이 실무자의 몫은 아니다. 만약 대통령이나 국무총리가 전문처럼 쓴 보고서를 받아보기로 마음먹는다면 보고서 작성 관행이 일거에 바뀔 것이다. 그 전에는 어느 부처의 장관일지라도 쉽사리 바꾸지 못한다. 보고서에 외교전문적인 요소를 도입하는 것에 대해서는 전문과 같은 형식을 공유하는 메모 보고 부분에서 다시 살펴보기로 한다.

# 5 메모 보고

### 대체 메모란 무엇인가

우리 정부 온라인 업무 시스템에서는 보고서를 업로드할 때 '메모memo 보고'라는 용어를 쓴다. 특별히 다른 형식의 보고서도 아니다. 시스템에서 기안, 결재, 발송, 배포, 공람이 이루어지는 공문 처리 과정과 대비되는 개념이다. 실무에서는 '메모+보고'로 받아들여진다. 화면으로 '보고'하면서 거기에 구두보고에 해당하는 내용을 '메모(언급)'해둔다는 개념이다. 이 경우 메모는 한껏 상세하게 적을 수도 있지만 '~에 대해서 보고드립니다.' 정도로 매우 간략할 수도 있다(현실은 후자가 훨씬 더 많다). 해당 보고서를 공유·보고받은 사람들은 의견을 입력할 수 있다(하지만 실제로는 의견을 입력하는 경우가 드물다).

한국 밖에서 '메모'란 전혀 다른 개념으로 쓰인다. 미국을 비롯해 영어를 사용하는 세계의 많은 정부들, 그리고 유엔 등 국제기구들까지 모두 공통적으로 쓰고 있는 Policy Memo 또는 Memo라는 용어가 있다. 보통 이를 직역해 '정책보고서'로 옮기곤 하지만, 메모는 보고서의 한 종류라기보다 포괄적 보고서 개념이다. 흔히 우리가 보고서로 생각하는 Report는 연구보고서나 언론 기사를 가리키는 말이며, Review, Posture, State 등은 정부의 입장을 체계적으로 정리한 보다 긴 발표문에 가깝다. 우리식 보고서에 가장 가까운 것이 메모지만, 메모는 사용이 더 유연하다. 메모는 통상 수신자, 발신자, 참조자, 제목을 모두 기재하는 공식서한 또는 이메일의 형식을 취한다. 게다가 하급자가 상급자에게 하는 상향식 보고에 국한되지 않기 때문에 우리식 공문과 유사하게 배포·공유된다. 상급 기관에서 하부 조직들에 지침을 시달하는 데도 쓰고, 유관기관들끼리 의견을 수렴하고 입장을 전달하는 데도 쓴다. 국가 정상들 간의 편지도 이 양식으로 쓰고, 장관이 대통령에게 보내는 보고문으로도 쓴다. 나아가 민간조직, 시민단체, 지방정부가 대통령이나 장관한테 쓰는 상소문 같은 메모도 있다. 외교전문도 종종 메모라는 이름을 달고 보낸다. 메모는 개조식으로 목차 잡고 쓰기도 하지만, 한 덩어리 편지글처럼 쓸 때도 있다.

그림 5-1은 하버드대학교 정책대학원인 케네디스쿨의 데이터베이스에서 찾은 교육용 사례 메모의 앞부분이다. 2016년 9월, 미국 콜로라도주 아스펜시의 선임 사업관리관이 시장과 시의회에

시정부의 자전거 도로와 보행로에 대한 종합계획 변경사항을 보고하고 있다.

미국 지방정부의 이 메모에는 한국의 공공영역에서 쓰는 보고서와 형식 면에서 눈에 띄게 다른 점이 있다.

먼저, 이 메모에는 보고서를 쓴 사람, 보고서를 받은 사람, 보고서를 검토한 사람들까지 모두 명시되어 있다. 반면, 한국 정부 보고서에서는 보고서 작성자의 실명 기재를 기피한다. 적어도 외부에 공개될 때는 부처명과 부서명만 남아있다. 다음으로, 이 메모는 서술식 문장으로 장식적 요소를 최소화하고, 큰 사진과 하이퍼링크가 들어가 있다. 이에 비해 한국 정부 보고서에서는 개조식에 제목을 힘주어 꾸미면서 가급적 작은 사진을 쓰고 서면보고를 기본으로 생각해서 하이퍼링크는 잘 사용하지 않는다.

다음 사례는 1975년 헨리 키신저 국무장관(국가안보보좌관 겸임)이 관련 기관장들에게 보낸, 미국과 이란의 핵 협력에 관한 메모(그림 5-2)다. 제럴드 포드 대통령의 결정사항에 대해 썼다. 역시 한국 정부보고서와 차이점을 짚어 본다.

우선, 메모를 수평적인 관계(국방부장관, 군축청장, 에너지연구개발국장)와 함께 자신의 하급자(국무부 차관)에게도 보냈다. 참조cc는 CIA 국장이다. 메모와 달리 보고서라는 말에는 상하 개념이 담겨 있다. 그래서 '국무장관이 다른 기관장들에게 보고했다'고 번역하면 적잖이 어색해진다. 한국에서라면 관련 정보의 성격상 구두로

그림 5-1

## MEMORANDUM

TO:  Mayor and City Council

FROM :  Justin Forman, P.E., Senior Project Manager, City of Aspen
Matt Kuhn, Parks Operations Manager, City of Aspen

THRU:  Trish Aragon, P.E., City Engineer, City of Aspen
Tom Rubel, Director of Parks and Open Space, City of Aspen

DATE OF MEMO:  September 2nd, 2016

MEETING DATE:  September 6th, 2016

RE:  Bicycle & Pedestrian Master Plan Update

**SUMMARY:** City staff seeks input and to provide an update to Council regarding the proposed Bicycle & Pedestrian Master Plan project. The goals for the work session include the following:

- Highlight phase 1 summary.
- Introduce phase 2 of the master plan.
    - Bicycle boulevards
    - Converting street right-of-way (ROW) to trails
    - Moving east/west through the downtown core
    - General wayfinding
    - Bicycle lane striping
    - Sidewalks

**BACKGROUND:** The City of Aspen has a long history of working bicycle and pedestrian plans, some dating back to the 1970's. These plans have defined everything from the aesthetic of our sidewalks to the trail system that exists throughout the community already. The last comprehensive Bicycle and Pedestrian plan for the City was completed in 1991.

In 2014 and 2015, staff worked with Alta Planning and Design to create the first phase of a new Bicycle & Pedestrian Master Plan. Alta, along with staff, assembled an existing conditions map and undertook a comprehensive public survey process to identify priorities and needs within the community. This information was distilled down to a final map and set of recommendations for proposed improvements to the bicycle and pedestrian infrastructure. Alta also reviewed documents such as the Aspen Area Community Plan, Aging Well in Pitkin County and City of Aspen Civic Master Plan to help ensure these proposed improvements were in line with the community vision. Phase I of the plan can be found in Attachment A.

출처
https://policymemos.hks.harvard.edu/policy-memo-databases

## DISCUSSION:

In early 2016 staff reached out to key internal departments to solicit feedback on the Phase I recommendations. Staff created the website, www.aspenbikeped.com, as a way to provide the plan to the community and collect feedback on Phase I of the plan. This site will remain as a community informational hub moving into Phase II.

Staff further held a public outreach event at Conner Memorial Park and staffed a booth at the farmer's market to allow for feedback and discussion on Phase I recommendations.

Phase I contains a comprehensive list of potential projects. The cost and time associated with implementing the entire list could be prohibitively high, therefore staff reviewed the list thoroughly and recommends that Phase II proceed with a narrower focus with emphasis on six key elements/projects. Staff believes it is important to check in with Council to ensure that the projects that are included in the Phase II scope of work fall in line with Council's vision of bicycle and pedestrian projects for the next 10-20 years.

**Bicycle Boulevards:**

Bicycle boulevards are designed to discourage non-local motor vehicle traffic, lower motor-vehicle volumes and speeds, and provide a free-flow travel for bikes by assigning right-of-way. The City of Aspen currently has this treatment on West Hopkins Avenue.

The Phase I planning process proposes five new bicycle boulevards. Staff propose to include an analysis/design of future Bicycle Boulevards in the scope of work for Phase II of the plan. The goal would be to work with the community to determine what aesthetic

NATIONAL SECURITY COUNCIL
WASHINGTON, D.C. 20506

April 22, 1975

National Security Decision Memorandum 292

TO: The Secretary of Defense
The Deputy Secretary of State
The Director, Arms Control and
Disarmament Agency
The Administrator, Energy Research and
Development Administration

SUBJECT: U.S.-Iran Nuclear Cooperation

The President has reviewed the study directed by NSSM 219 and has noted the comments and recommendations of the agencies. The President has decided that in negotiating an Agreement on Cooperation in the Civil Uses of Atomic Energy with the Government of Iran, the U.S. shall:

-- Permit U.S. material to be fabricated into fuel in Iran for use in its own reactors and for pass-through to third countries with whom we have Agreements.

-- Agree to set the fuel ceiling at a level reflecting the approximate number of nuclear reactors planned for purchase from U.S. suppliers. We would, as a fallback, be prepared to increase the ceiling to cover Iran's full nuclear requirement under the proviso that the fuel represents Iran's entitlement from their proposed investment in an enrichment facility in the U.S. Any additional entitlement could be disposed of by Iran without importing the material into that country through sales from the United States to appropriate third countries with whom the U.S. has bilateral Agreements for Cooperation.

-- Continue to require U.S. approval for reprocessing of U.S. supplied fuel, while indicating that the establishment of a multinational reprocessing plant would be an important factor favoring such approval. As a fallback, we could inform the Government of Iran that we shall be prepared to provide our approval for reprocessing of U.S. material in a multinational plant in Iran if the country supplying the reprocessing technology or equipment is a full and active participant in the plant,

만 전달하거나 문서가 작성되어도 비공식 공유 정도로 처리했을 것이다.

두 번째로, 앞서 소개한 미 지방정부 메모와 시대 차이를 감안하더라도 이 문서 역시 장식적 요소란 거의 없다. '미국 정부는 이렇게 할 것이다' 다음에 3가지 결정사항이 간결한 서술식 문장으로 언급되어 있다. 당시 비밀로 분류되었던 60년 전의 메모인데 현재 미국의 작은 시정부에서 쓴 메모와 별로 다르지 않다. 미국 정부에서 메모라는 형식의 광범위하고 유연한 사용과 불필요한 장식성 배제는 현재까지도 일관된 전통임을 알 수 있다.

### 보고서를 메모처럼

왜 한국에서 쓰지 않는 메모라는 문서의 개념까지 우리가 알아야 할까? 우리는 그냥 우리 시스템상의 '메모 보고'만 잘 챙기면 되지 않을까? 그렇게 좁게만 생각하지 말자. 우리와는 다른 외국 메모에 대해서도 최소한 알아야 할 이유가 있다.

우선 국제관계 업무를 할 때 혼동을 피하기 위해서다. 그저 '메모지'의 메모와 비슷한 개념으로만 알고 있어서는 외국 정부와 국제기구에서 쓰는 보고서, 공문, 전문까지 포괄하는 메모라는 폭넓은 개념을 이해하기 어렵다. 외국의 카운터파트가 '메모를 보내겠다' 또는 '메모를 검토했다'고 말했을 때, 메모가 그냥 쪽지인

줄 알고 있다가는 곤란해질 수도 있다.

나아가 우리 공공영역에서 좀 더 유연한 글쓰기의 가능성을 찾아보기 위해서다. 한국에서는 보고서를 매우 좁은 의미와 형식으로만 쓴다. 기존의 보고서 개념에 얽매이지 않는다면 보고 또는 알림 목적으로 쓰는 글들은 모두 보고서가 될 수 있다. 보고서를 쓸 때 윤문과 편집에 매몰되지 않으려면, 보다 범용성 높고 꾸밈의 여지가 적으며 고도로 표준화된 양식의 글도 생각해봄직하다. 이미 범용성과 보편성이 검증된 메모도 하나의 대안이 될 수 있다.

# V

# 자신을 위한 글쓰기

공무원이 자기 자신 또는 자신이 한 일을 설명하기 위해, 자신이 주어가 되는 글을 쓰는 일은 많지 않다. 때때로 쓰는 자기소개서, 근무성적 평정이나 승진에 필요한 자기기술서, 몇 년에 한번쯤 상훈을 받기 위해 쓰는 공적조서. 생각보다 쓸 기회가 전혀 없지 않은 잘못한(된) 일에 대한 소명서·경위서·시말서·사유서, 그리고 마지막에 필요한 퇴임사·고별사 정도가 자신을 위한 글쓰기다.

자신을 위해 공적인 글을 잘 쓰는 방법이 따로 있는 것은 아니다. 다만 이런 글은 주관적인 감정과 사정이 개입되기 때문에 다른 글보다 더 갈피를 잡지 못하고 흔들릴 수 있다. 자신을 위한 글이 넘치거나 모자라지 않기 위해서는 자신만의 기준을 마련해둘 필요가 있다.

# 1 │ 자기소개서는 솔직하게

이미 공무원이 되었는데, 자기소개서나 이력서를 또 쓸 일이 있을까?

간단한 이력서부터 보자. 정부에서 선출직·정무직 공무원이나 고위공무원이 되면 포털 사이트 인물 정보에 출신, 학력, 경력 등이 담긴 프로필이 뜬다. 그 중 유명세를 얻은 사람들은 키와 몸무게, 가족관계, 취미, 어록과 최근 사진들까지 올라있다. 온라인에 이력서 상세본이 올라와 있는 셈이다. 이런 사람들은 어디든 이력서를 내는 대신 "검색해 보세요."라고만 하면 될지도 모르겠다.

하지만 다른 100만 명의 공무원들은 종종 이력서를 써내야 한다. 가령 부처 대 부처, 기관 대 기관 회의를 할 때에는 주요 참석자들의 이력서를 제출해 달라는 요청을 받곤 한다. 해외출장에서도 개인 소개를 대신할, 영어로 된 이력서가 필요하다.

공직생활만 주로 한 공무원들에게 인사기록 복사본에 가까운 이력서를 쓰기란 어렵지 않다. 한글 이력서는 인사기록카드의 요약본을 긁어다 표의 빈 칸만 채워나가면 된다. 영어 이력서resume, curriculum vitae(CV), bio도 쓰기 나름이다. 기본 신상정보에 학력, 경력, 업적(출판, 발표, 참가 등)만 쓰고 마는 경우도 있어서 양식에 맞춰 이력을 번역해 옮기기만 하면 된다.

이런 이력서가 개조식 빈칸 채우기 같은 느낌이라면, 자기소개서essay, cover letter는 그래도 자유로운 선택의 여지가 있는 서술형 글쓰기다. 각종 입학시험부터 자기소개서(이하 자소서)를 많이 써온 세대의 실무자들이라면 입사시험, 입직시험을 거치면서 자소서 쓰기쯤은 이골이 났을 것이다.

그런데 그 지겨운 자소서 쓰기를 공무원이 되고 나서도 다시 해야 할 때가 있다. 국외 대학이나 기관에서 직무연수를 준비하는 경우에는 당연히 입학시험 때 내는 것과 유사한 자소서를 쓴다. 그다지 자주는 아니지만 승진 심사를 하는 경우에도 자신의 장단점과 업무 경험 같은 것을 구체적으로 설명하는 글, 일종의 약식 자소서 같은 '자기기술서'를 써내야 한다. 그러면 이런 자소서들도 과거에 숱하게 쓰던 자소서와 비슷하게 쓰면 될까?

물론 비슷한 면이 많지만, 다른 점도 있다. 무엇보다 정부에서 자소서를 대하는 관점은 자소서를 쓰는 사람들의 생각보다는 단순하다. 시험관이나 면접관이 자소서에서 읽어내고자 하는 것은 기본적인 문장력과 혹시나 이력서에 담기지 않았던 세부 정보 정도다. 흔히 자소서에 담기기 마련인 소심하거나 뻔뻔한 자기자랑은 대개 흘려 본다. 자소서가 상향평준화된 탓도 있는 듯하다. 그러니 글쓴이가 지나친 완벽주의자라는 치명적 단점을 가지고 있다는 걱정이나 세상에서 제일 존경하는 사람은 아버지라는 고백, 업무에서 자신만의 아이디어로 혁혁한 성과를 올렸다는 무용담을 진심으로 믿는 정부 심사관은 거의 없다. 어느 정도 과장과 미화가 있겠거니 한 자락 접고 넘어갈 뿐이다.

따라서 공무원으로서 자신을 설명하는 글쓰기가 필요해지는 때에는 다음 세 가지 원칙을 상기할 필요가 있다.

첫째, 정확하게 쓴다. 모든 문건 작성에 적용되는 기본 중의 기본이지만 자신에 대해 직접 쓰는 글에서는 검토며 교정이 소홀해지기 쉽다. 공적인 문건들처럼 촘촘한 검토과정을 거치지 않기 때문이다. 어쩌면 그런 검토과정에 너무 익숙해져서 자기 수준에서 완성하는 법을 잊어버렸기 때문일지도 모른다.

내용·정보는 기억에 의존하거나 베껴오지 말고 공식 기록을 참조해가며 정확하게 쓴다. 한글로 쓰든 외국어로 쓰든 최선을 다해 정확하게 오기나 오타, 문법적 오류 없이 써야 한다. 어법에 맞는 깔끔하고 단정한 글을 써낸다면, 평소 자신의 일처리가 꼼꼼하며 완벽하다고 굳이 주장할 필요가 없다.

둘째, 정직하게 쓴다. 이 원칙은 당연해 보이지만 잘 지켜지지 않는다. 정확하지 않으려고 노력하는 사람은 없다. 하지만 어찌 된 일인지 자신에 대한 글쓰기에서 정직성이란 별로 권장되지 않는 것 같다. 자기소개서 전문가들은 행적의 두서없는 나열 대신 어떻게든 맥락 있는 이야기(스토리)로 엮으라고 권한다. 그런 과정에서 정직성은 살짝 타협의 대상이 되기도 한다.

  삶에서 그런 맥락이 저절로 발견되어 이야기로 꿰어지면 정말 좋겠지만, 없는데도 억지로 만들어내는 것은 문제다. 공무원으로서 내는 자소서는 입체적인 검증과정을 거친다. 함께 일했던 상사, 동료, 부하들에게 평판조회도 한다. 조회를 한 결과가 스스로 쓴 글과 맞지 않는다면 자소서의 정직성은 의심받을 수밖에 없다.

  <u>셋째, 전형적이지 않게 쓴다.</u> 어렵게 생각하지 말자. 자신에 대해 정직하게 쓰다 보면 자연스럽게 전형성에서 벗어날 수 있다. 멋지게 들리는 좋은 이야기는 모두 얼마간 전형성을 가지기 때문이다. 자소서를 읽는 사람의 입장에서 생각해 보면 전형성은 뻔하고 지루하다. 독자는 그런 류의 글들을 수없이 읽은 상사, 면접관, 평가자일 것이다.

  특히 해외 대학이나 기관에서 국외훈련을 준비할 때는 문화적 차이를 감안해야 한다. 국내에서나 통할 법한 내용으로 자소서를 쓰고서 그것을 그대로 번역해 제출하는 것은 권하지 않는다. 가능하다면 해당 국가의 경험을 가진 사람에게 자문을 구해서 자신에 대한 사실들 가운데 그 나라 문화에서 이상하지 않게 받아들여질 만한 것들을 골라 작성하는 편이 안전하다.

어떤 용도든 자소서를 쓴다는 것은 공무원으로서의 자신을 돌아볼 수 있는 귀한 기회다. 공무원이 되면 큰 조직의 작은 부품으로 사는 데 익숙해지기 마련이다. 조직, 직급, 직위, 업무와 무관하게 자신에 대해 쓰고 말하는 것이 점점 어려워진다. 그래서 자신에 대해 설명하는 연습은 평소에 해둘 필요가 있다. 그런 연습은 공적인 자아와 사적인 자아 간 건강한 거리감을 만들어내는 데도 도움을 줄 것이다.

실제 사례 하나로 마무리한다. 오래 알고 지내던 한 동료가 소셜미디어 플랫폼에 다음과 같은 짧은 자기소개 글을 올려놓은 것을 발견했다. 소셜미디어라 공공영역에서 통용되는 글쓰기로 볼 수는 없겠지만, 적어도 자신에 대한 정직하고 소박한 글쓰기 원칙에 부합하는 측면이 있어서 인용해보았다.

> 대학 학부에서는 경제학을, 그리고 대학원에서는 행정학을 전공하였습니다. 1999년에 정부에 들어왔고, 현재 행정안전부 소속입니다. 행동경제학, 진화심리학, 인문적 건축 이야기 등에 관한 책을 즐겨 읽었고, 최근에는 소설을 많이 읽고 있습니다. 정보통신기술이 사람들의 생활에 주는 변화에 관심이 많습니다.

이 글을 쓴 사람은 공무원들이 흔히 하듯 과거 거쳤던 학교나 직위로 자신을 설명하지 않는다. 대신 현재의 관심사로 자신을 표현하고 있다. 그는 실제 많은 업무에 정보통신기술을 접목하는 시도들을 해왔고 모두가 알 만한 업적도 많이 이루었다. 성취에 비해 지나치게 겸손한 듯하지만 자기소개는 공무원답게 간결하게 썼다. 젊은 공무원들은 구태의연한 자랑 없이도 스스로에 대해서 할 수 있는 이야기들이 더 다채롭고 많으리라 짐작한다.

## 2 | 공적조서는 낯 뜨겁지 않게

공무원이 잘한 일, 즉 공적功績을 조사해서 쓴 문건이 공적조서다.
  공적조서는 포상 또는 표창, 포장, 훈장 등을 수여하기 위한 근거로 제출한다. 국가기록원 홈페이지에서 일제강점기 '순사공적조서' 같은 것들을 찾을 수 있다는 사실을 고려하면, 공적조서라는 글쓰기는 근대 행정과 함께 시작된 듯하다. 공적조서는 원칙적으로는 조사자가 작성·확인하고 추천관 명의로 제출하게 되어 있지만, 실제로 초안을 쓰는 것은 해당 공적의 당사자다. 공적조서를 처음 쓰는 사람은 아마도 이런 관행을 매우 낯간지럽게 느낄 것이다. 조서의 내용은 본래 목적상 다소 과한 칭찬 일색이 된다. 문제는 그 과한 칭찬을 동료나 상사가 아니라 본인이 직접 써 내야 한다는 점이다. 상훈뿐만 아니라 승진 심사 때도 공적조서 비슷한 글을 써낸다. '자신의 가장 큰 장점은?'이나 '이제까지 제일 잘한 일은?'과 같은 질문에 답을 해야 한다.

상은 받고 싶지만 공적조서는 쓰기 싫다는 공무원들이 많다. 하지만 사실 공적조서는 쓰기 싫을 뿐이지 쓰기 아주 어려운 것은 아니다. 쉽게 말해 자기자랑 실컷 해보라는 것 아닌가. 다만 공적조서를 써서 제출했다고 상훈이나 승진이 보장되는 것은 아니다. 공적조서는 보통 복수나 배수로 선정되는 후보자들 모두에게 요구되기 때문이다. 경쟁을 하는 와중에 굳이 자신의 공적을 축소하거나 대충 써내려는 사람은 거의 없다. 최초의 부끄러움은 접어두고 마음에 철판을 깐 채 공적은 부풀리며 과거 수상자들의 검증된 예문도 열심히 베낀다. 예나 지금이나 공적조서에 손발이 오그라드는 표현들이 난무하는 이유다. 그런데, 과연 그렇게까지 할 필요가 있을까? 공적조서를 열심히 쓰지 않아도 되는 이유, 나아가 무리하지 않으면서 적절하게 쓰는 방법을 살펴본다.

상훈 대상자를 심의하고 선발하는 과정이란 '소시지 만드는 것은 보지 않는 것이 좋다'는 말처럼 모르고 넘기는 것이 마음 편하다. 그래도 말을 꺼낸 이상 현실에서 선발 과정이 어떤지 조금 짚고 넘어가기로 하자.

대개 대상자를 선정하는 과정에서 기관별, 조직별, 단체별 할당이 정해진다. 이미 정해진 할당 범위에서 순위 명부가 마련된다. 연차를 우선시할 수도 있고, 대표성을 중요시할 수도 있고, 돌아가며 받아도 무방한 상이라면 최근 받지 않은 사람들을 먼저 고려하기도 한다. 대상자들이 머리를 싸매가며 써낸 공적조서가 탁자 위에 놓여있지만, 심사위원들이 내용을 세세히 읽어가며 그에 근거해 결정하지는 않는다. 경합하는 사람들이 많은 경우라면 참고 삼아 조서를 들춰볼 수 있겠지만, 어디까지나 참고용일 뿐이다. 중요한 상훈이라면 대상자들의 공적 요지를 미리 공개하고 검증받는 절차도 거치지만, 혹시 있을지 모르는 잡음이나 비판을 피해 가기 위한 장치일 뿐이다. 그렇다. 공적조서에 결정력은 없다.

각 기관들은 일반적으로 공적조서를 작성할 때 공적 요지와 공적 사항으로 나누어 기술하도록 한다. 글자 수는 용도에 따라 달라지더라도 공통적인 지침은 짧고 쉽게 작성해야 한다는 것이다. 전부 개조식으로 작성하기를 요구하는 경우도 있지만, 공적사항을 쓸 때만은 서술식을 주문하기도 한다.

다음의 예는 2015년 서울시에서 내놓은 '청백상' 후보자 공적 작성 지침이다. 이 지침은 꽤 상세해서 그 자체로서 공적 사항에 들어가는 항목으로 삼을 만하다. 어찌 보면 조서 내용에 포함될 칭송 어구의 예시이기도 하다. 기초 지방자치단체들을 대상으로 한 지침이니, 꽤 최근까지도 지방행정 현장에서는 이런 표현들을 쓰고 있다는 것이 흥미롭게 느껴져서 옮겨봤다.

※ 공적 작성시 참고사항
  ○ 주민에게 칭송받고, 공·사생활에 귀감이 되는 공무원
  ○ 창의적이고 혁신적으로 각종시책을 연구 개발한 자
  ○ 대민봉사정신이 투철하고, 청렴결백(청탁 배격 등)한 공무원

- 소신 있게 일하며 정직하고 책임감이 강한 공무원
- 공무원으로서의 자질과 학식·덕망이 있는 공무원
- 노부모를 극진히 모시는 공무원
- 주위를 의식하지 않고 묵묵히 일하는 공무원
- 주민의 편에 서서 열심히 일하는 공무원

이러한 지침을 따라 쓴 공적조서는 대개 과장된 표현들로 범벅이 되기 마련이다. 갑자기 공적조서라는 것을 작성해야 하는 사람들은 공무원에 국한되지 않는다. 정부와 관련된 기업이나 단체 대표자나 직원들, 심지어 자원봉사자와 학생들까지도 상을 주겠으니 공적조서를 써내라는 요청을 받고 당황하게 된다.

이제껏 당연하다 생각하고 묵묵히 해온 일을 칭송할 만한 '공적'으로 재탄생시키는 일은 특별한 변환 과정 없이는 안 될 것처럼 보인다. 그래서 상훈의 정당성을 만들어주기 위해 '확고한 국가관·공직관' '투철한 사명감·책임감' '탁월한 업무수행 능력' '남다른 열정' '타의 모범(귀감)' '근면성실' '솔선수범' '청렴결백'과 같은 전형적인 표현들이 들어간다.

이런 문구들은 일상에서 좀처럼 쓰지 않는 데다가 이제는 정부의 다른 문건에서조차 거의 등장하지 않는다. 표현 자체의 원류는 정부 수립 초기로 거슬러 올라가는데, 이후 수많은 표창장에서 관성적으로 반복되어왔다. 어쩌면 표창장에 쓸 문구를 미리 조서에서 인용하고 있는 것인지도 모른다. 이런 표현들은 너무 남발된 탓에 오히려 주목받기 어렵다. 다들 그러려니 하고 넘어가는 문구다. 구태여 그렇게까지 쓸 필요가 있을까 싶지만 사람들의 관성은 계속 남아있어서 어쩐지 이런 문구가 없으면 충분히 칭찬을 못해주고 또 평가를 못 받고 있다는 아쉬움이 남는 듯하다.

최근 심사장에서는 공적에 대해 말하는 방식이 담백해져야 한다는 공감대가 형성되는 추세다. 실제로 요즘에는 '모범공무원증'의 문구도 점점 간결해져서 '귀하는 직무를 성실히 수행하여 모범공무원 규정에 따라 모범공무원으로 선발되었으므로 이 증을 수여합니다'처럼 동어반복의 극한을 보여주는 수준에까지 이르렀다. 최종 산물인 증서의 문구가 이러하니 근거가 되는 표현의 작성도 달라졌다. 최근까지 문화체육관광부에서 여러 포상 계기마다 내놓은 공적요지 작성 방법은 흥미롭다. 육하원칙과 구체성을 강조한다. 특히 미사여구(미사여구라기보다는 형용사나 부사 같은 수식어를 예로 들고 있지만) 사용 불가 대목이 눈에 띈다.

※ **공적 작성 방법**

- 육하원칙에 따라 핵심내용 기록(70자 이내)
  - 핵심 공적 내용 위주로 가급적 구체화, 계량화, 수치화하여 실적을 알 수 있도록 작성
  - 형용사, 부사 등 미사여구('크게', '매우', '훌륭히') 사용 불가
  - 공적요지는 "~에 기여함"으로 끝맺도록 작성

앞서 인용한 서울시 지침이 업적이야 조금 부풀려도 된다는 눈짓을 해주고 있다면, 문화체육관광부 안내는 제발 거품 빼고 쓰라는 날카로운 눈초리를 보내는 셈이다.

예로 든 지침들 외에도 상훈을 주최하는 쪽에서 비교적 상세한 공적 작성 지침들을 내놓은 것을 어렵지 않게 찾아볼 수 있다. 이런 문구를 생전 처음 써보는 사람들의 막연함과 눈높이를 감안하는 것이다. 그러니 글자 수든 서술방식이든 구체적인 표현이든, 주어진 지침대로만 충실하게 쓰면 된다. 상을 탔다는 예문들을 굳이 찾아볼 필요도 없다. 실제로 어떤 자리에 있었고 어떻게든 한 일이 있었으면 누구나 다 쓸 수 있다. 공무원이 공적에 '자신이 한 일을 쓴다'는 것은 다음과 같은 의미이다.

- ✓ 한 일을 전부 쓰는 대신, 상훈의 취지에 맞게 한 일을 고른다.
- ✓ 조직 차원에서 한 일을 혼자 한 일처럼 과장하지 않는다.
- ✓ 구체적으로 무엇을 언제 어떻게 얼마나 했는지 밝힌다.
- ✓ 품성, 태도, 형편도 고려요인이기는 하지만 업적은 아니다.
- ✓ 위인전을 쓰고 싶은 마음은 접어두고, 실제로 했던 일만 쓴다.

다음의 예는 현재 인터넷에서 유통되고 있는 모범공무원 공적조서 우수 사례 중 일부다. 우수 사례라고 하지만, '자신이 한 일을 쓴다'는 원칙과 어긋나는 이상한 부분들이 많이 발견된다. 불필요한 부분들을 들어내고 막연한 표현들을 구체적으로 고쳐 쓴다면 좀 더 나은 공적조서가 될 것이다. 이런 예문은 오히려 잘못된 사례로 참고하면 더 적절하겠다.

> 위 분은 매사 창의적이고 능동적인 업무 자세로 신뢰성 있는 주민 행정서비스 구현에 최선을 다했으며, 출퇴근을 지하철과 버스로 할 정도로 근검절약하여 그 돈으로 봉사활동을 전개하는 등 공직자로서 타의 모범이 되기에 표창 대상자로 추천합니다. 그 구체적인 공적은 아래와 같습니다.
>
> ◦ 소외계층 사회서비스 만족도 제고를 위한 지역 특색 사업을 기획하여 추진하였으며, 다양한 지역자원을 발굴 및 활용함으로써 지역 내 민간사회안전망 구축에 심혈을 기울임. 또한 지역공동체 주민화합 및 나눔의 장 마련으로 지역문화 발전에도 크게 이바지함.
> ◦ '제00회 ○○○ 축제'를 기획하여 화합과 나눔의 공동체를 구현했으며 2019년 청년 일자리 창출 및 사회서비스 개발지원을 위한 관학 협력 사업을 시범적으로 추진하고 지역 학교에 영재 교육 서비스를 지원하여 유능한 인재가 성장하여 지역사회를 위해 일할 수 있도록 도움. 특히 생산적이고 다양한 일자리 창출 사업으로 지역 고용 증대와 지역경제 활성화에 크게 이바지함.

단언컨대 대부분의 상훈 후보자들은 자신이 한 일에 대해서 이보다 훨씬 구체적이고 좋은 글을 써낼 수 있다. 그러니 스스로를 믿고 정직하게 쓰자.

# 3 소명서(경위서)는 사실대로

공무원이 한 일 중에서 잘하지 못한 (것으로 의심 받는) 일에 대해 설명하는 문건은 소명서, 경위서, 사유서, 시말서 등 여러 이름으로 불린다. 이름과 무관하게 잘못을 인정하고 반성하는 쪽이라면 반성문이고, 왜 잘못되었는지 설명하고 스스로를 변호하는 내용이 많다면 진술서에 가까워진다.

한 전직 공무원이 보고서 쓰는 방법을 설명해 주는 것을 본 적이 있다. 그는 각종 보고서 작성법에 더해 특이하게 끝부분에 '시말서' 작성법을 언급했다. 그가 제시한 시말서를 전개하는 순서는 이렇다. 1) 우선 잘못했다고 제대로 사과한 후, 2) 왜 그랬는지 이유를 설명하며, 3) 향후 재발방지 약속을 하는 것이다. 시말서는 가급적 워드프로세서가 아닌 자필로 써내야 한다는 조언도 덧붙였다. 특히 제일 중요한 부분인 '제대로 사과한다'는 것은 '어쨌거나 사과한다' '이유 여하를 불문하고 사과한다'처럼 뭉개지 않는 것을 의미한다고 했다.

이 부분을 보며 의아했다. 나도 공무원 생활을 상당히 오래 했지만 시말서라는 문건은 써본 적이 없고, 다른 사람들이 쓴 시말서를 본 기억도 없기 때문이다. 시말서는 보통 사기업에서 많이 쓴다고 알고 있었다. 각자의 공직 경험이 다를 테니 요즘 공무원들이 시말서를 쓴다 안 쓴다를 가지고 논쟁할 수는 없다. 하지만 적어도 그가 주장한 것처럼 공무원이니까 무조건 사과부터 써내야 한다는 주장에는 동의할 수 없었다.

그런 원칙은 기업, 조직, 국가의 책임자로서 광범위한 대중에게 하는 포괄적 사과에 적용될 법하다. 권력을 가진 쪽으로부터 피해를 당했거나 목격한 일반 대중은 구구한 변명보다는 "전적으로 제(저희) 책임입니다."라는 말머리로 시작하는 '빠르고 속시원한 사과'를 원하기 때문이다.

공무원 개인이 잘못(위법하거나 부당한 행위)을 하면 책임 있는 주체에 의한 조사, 감사가 이루어진다. 잘못부터 떠들썩하게 알려지는 예도 있지만, 불시점검이나 정기감사에 의해 숨겨져 있던 잘못이 드러나 처리해야 하는 경우도 있다. 이러한 조사, 감사가 끝나면 내부 또는 외부 징계위원회에 회부된다.

여기까지의 과정에서 필요한 것이 바로 자신의 행위를 설명하고 변호하기 위한 문건이다. 징계위원회에서 징계 관련 결정이 나온 후 불복한다면 소청심사와 행정심판 절차를 거치게 된다. 만약 소송 단계로 넘어가면 본격적으로 법률 전문가의 조력을 거쳐 작성한 정식 진술서나 답변서가 필요해진다.

한데 이 시말서라는 것은 과연 어느 단계에서 필요한 것일까. '시말'은 일본어 '시마츠しまつ, 始末'에서 옮겨진 말이다. 어떤 일의 시작과 끝, 자초지종이라는 뜻과는 달리 오랫동안 잘못했다고 비는 사과문 또는 반성문으로 통용되어 왔다. 그런데 단지 사과하고 반성해서 끝나는 일이라면 가벼운 잘못이다. 정식 징계 절차까지는 가지 않을 단순한 업무 실수를 저질렀거나 상사가 비공식적으로 근무태도 등에 대해 질책을 하는 상황을 생각해볼 수 있다. 어느 기업에서는 시말서 누적 제출 횟수도 추후 정식 징계시 감안한다고 하니, 실제로는 시말서를 쓰게 하는 것 자체가 약한 징계의 일환이라고 할 수 있다.

그러나 공무원들은 '법대로' 일하고 '법대로' 징계받는다. 법령에 규정되지 않은 시말서라는 것을 접하기 어려운 까닭이다. 게다가 시말서든 다른 무엇이든, 개인의 양심에 반하는 잘못의 인정이나 사과를 강제(당)할 수는 없다. 아래 대법원 판례를 보자.

> 취업규칙에서 사용자가 사고나 비위행위 등을 저지른 근로자에게 시말서를 제출하도록 명령할 수 있다고 규정하는 경우, 그 시말서가 단순히 사건의 경위를 보고하는 데 그치지 않고 더 나아가 근로관계에서 발생한 사고 등에 관하여 자신의 잘못을 반성하고 사죄한다는 내용이 포함된 사죄문 또는 반성문을 의미하는 것이라면, 이는 헌법이 보장하는 내심의 윤리적 판단에 대한 강제로서 양심의 자유를 침

해하는 것이므로, 그러한 취업규칙 규정은 헌법에 위반되어 근로기준법 제96조 제1항에 따라 효력이 없고, 그에 근거한 사용자의 시말서 제출명령은 업무상 정당한 명령으로 볼 수 없다. [대법원 2010. 1. 14. 선고 2009두6605 판결]

반성문으로 간주되는 시말서를 억지로 쓰지 않아도 된다니 다행이다. 그렇다면 시말서가 아닌 '소명서'나 '경위서'는 써야 할까?
 소명서나 경위서 제출도 의무사항은 아니다. 정식 조사나 감사가 이루어진다면 조서나 감사결과보고서가 기본이고, 공무원 개인이 자신을 위해 써내는 글은 선택사항이다. 원칙적으로 소명서나 경위서는 공식 조서나 보고서가 공무원 자신의 입장을 충분히 대변하지 못한다고 여겨질 때 쓰는 글이다. 그런데 실제로는 거의 모든 경우에 필요하다. 자신만큼 자신의 입장을 충분히 이해해서 조서를 통해 친절한 변호의 설명글을 넣어줄 조사관이나 감사관은 없기 때문이다. 소명疏明이나 경위逕渭 모두 본뜻은 시시비비를 따지고 가린다는 것이다. 정해진 형식도 분량도 없기에, 공무원으로서 쓰는 어느 다른 문건보다도 자유롭게 작성할 수 있고, 주장을 뒷받침할 증거자료들을 첨부할 수도 있다.
 이제까지 공무원들이 쓰는 거의 모든 문건에 양식과 서식이 주어지며 검토하고 상의할 사람들도 많은 데 비해, 이런 문건은 대체로 혼자서 결정하고 써 나가야 한다. 당사자로서는 막연하고 불안하므로 전문가(노무사, 법무사, 변호사 등)들의 도움을 받기도 한다. 물론 전문적인 조력을 받더라도 언제나 글의 초안은 당사자가 작성하게 마련이다. 몇 가지 작성 원칙을 짚어본다.

<u>첫째, 만약 분명한 잘못을 했다면 깨끗이 인정한다.</u> 하지만 잘못을 저지르지 않았다(고 생각한다)면 섣불리 사죄나 사과를 하지 않는다. 특히 스스로 결코 잘못이라 인정할 수 없는 경우, 잘못했다고 해서는 안 된다.

이런 종류의 글을 받아보는 사람들은 전형적인 반성문을 기대하는 경향이 있다. 시비를 가려 징계하기 위해 시작한 절차인 만큼 당사자의 인정과 사과를 문서로 받는다면 징계의 정당성을 바로 확보하는 셈이다. 그래서 이런 문건에 들어가야 하는 핵심어는 '불찰' '잘못' '책임' '송구' '반성' '통감' 같은 것들이라고 한다. 이런 핵심어를 정한 사람들은 반성문을 써야 하는 쪽이 아니라 반성문을 받아보고 싶은 사람들이다. 징계 대상이 되는 공무원의 잘못이란 범위가 꽤 넓어서 명백히 위법하고 부당한 행위가 아닐지라도 막연하게 '성실의 의무'나 '품위유지의 의무' 등을 위반했다는 다분히 추상적인 혐의를 적용받기도 한다.

문제는 소명서나 경위서를 쓰는 사람들조차 차라리 반성문을 쓰고 싶어하기도 한다는 점이다. 사죄하고 반성하면 징계 수위가 낮아지거나 징계를 모면할 수 있으리라 생각하기 때문이다. 그야말로 막연히 선처를 바라면서 빌어보자는 마음이 들 수도 있다. 하지만 선처는 '잘못했다' '죄송하다' '후회한다'는 당사자의 말만을 근거로 이루어지지 않는다. 오히려 쉽게 잘못을 인정해버리면, 이후 법적 절차에서 몹시 불리해진다. 혐의가 막연하고 증거가 불충분한 경우라면, 당사자의 인정(이라 쓰고 '자백'이라 읽는다)이 결정적으로 작용하기 때문이다.

둘째, 이런 글을 통해 궁극적으로 증명해야 할 바는 당사자의 평소 품성과 태도다. 사건의 진상을 해명하는 데 집중하다 보면 거칠고 지나친 자기변명으로 흐를 수도 있다.

바람직한 품성과 태도란 상식의 틀을 벗어나지 않는다. 당사자는 적극적으로 자신을 변호할 권리가 있다. 그러기 위해서 합리적이고 객관적인 근거 자료들을 가능한 많이 제시해야 한다. 그러나 상사나 부하, 동료를 필요 이상 탓하거나 책임을 전가하는 듯한 태도는 가장 나쁜 예로 여겨진다. 어떤 사건·사고가 일어났다면 이미 관련된 모든 범위의 사람들은 조사, 감사 대상이 되어 있을 것이다. 각자 가진 권한과 책임의 크기에 따라 유책 여부와 그 경중을 판단 받는다. 그런 판단을 하는 사람들은 따로 있다. 그들의 판단을 대신해서 사실 내게는 이만큼의 책임밖에 없다고, 다른 사람들이 나보다 더 책임이 크며 더 중한 벌을 받아야 한다고 주장하는 것은 의미도 실익도 없다. 그보다는 자신이 문제시된 조치나 행위를 할 수밖에 없었던 합리적이고 납득 가능한 이유를 자세히 설명하는 편이 낫다.

누구나 인정하는 바람직한 품성과 태도라는 것이 있다고 해도,

직접적으로 강변해서는 효과가 없다. '저는 책임감이 강하고 성실한 사람입니다.'라고 아무리 반복해서 글로 써내도, 실제 업무에서 성실한 모습을 증명할 수 없었거나 책임을 회피하는 모습을 보인다면, 소명서나 경위서를 읽는 사람은 결코 설득되지 않는다. 그렇다고 당사자가 조직의 장이 아니라면, (조직의 장長이라면 공무원 징계위원회에 회부되기보다는 다른 장場에서 진술, 증언, 회견 같은 것을 해야 하므로) '모두 제 책임입니다.'와 같은 표현도 쓸 필요가 없다.

반면 이제까지 아무 일도 일어나지 않은 것처럼, 또는 이러한 해명을 하는 상황 자체가 말도 안 된다는 식으로 쓸 수는 없다. 이런 태도는 이 상황에 참여하게 된 모두를 적으로 돌리는 어리석은 행동이다. 자신의 책임을 섣불리 인정하지 않으면서도 이미 일어난 일에 대해 깊은 '유감'을 표명할 수도 있다. 유감 표명과 사죄·사과는 외교관계에서라면 종종 같은 뜻으로 간주되기도 하지만, 엄연히 다른 것이다.

셋째, 최선을 다해 정확하고 읽기 쉽고 설득력 있게 써야 한다. 당사자에게는 그 어떤 보고서보다 중요한 글쓰기다. 여러 번 검토하고 다듬어서 제출해야 한다. 잘한 일에 관해 쓰는 것은 민망해서 그렇지 고통스럽지는 않다. 반면 잘못한 일에 대한 글쓰기는 매우 불편하고 고통스럽다. 대충 쓰고 해치워버리려는 유혹에 빠질 수도 있다. 그러므로 더욱 주의를 기울여야 한다.

징계위원회 위원들에는 전직 공무원이나 법조인들도 포함되지만, 공무원이 아닌 일반인이 더 많다. 설사 공무원 경력을 가지고 있는 사람들이라 해도 특정 분야 특정 사안에 대해 잘 알지 못할 수 있다. 가급적 풀어서 쉽게, 간결하게, 논리적으로 써야 한다. 법률적 쟁점까지 언급해둘 필요가 있지만, 보다 중요한 것은 정확한 사실관계다. 개조식보다는 서술식으로 목차와 문단을 나누어 요점을 정리해가며 읽기 편하게 쓴다. 주변 사람들에게 읽혀서 이해가 잘 되는지 확인해가며 쓴다.

반드시 피해야 할 것은 자기소개서처럼 자신이 어떻게 살아왔으며 어떤 사람인지에 대해 장황하게 늘어놓는 것이다. 공무원으로서의 기본사항과 이력은 이미 제출되어 있으므로 반복해 설명할 필요가 없다. 게다가 객관적으로 증명되지 않은 자신의 품행을 강변하는 것처럼 시시한 일도 없다. 평소 품행을 증명하는 것이 관건이라면, 동료들의 진심어린 '탄원서' 같은 것을 모아 첨부하는 편이 낫다.

당사자가 직접 쓰는 문건에서는 구구한 서론 없이 바로 본론(무슨 일이 어떻게 왜 일어났는지)으로 들어가는 단도직입 방식이 바람직하다. 결론에는 가능하다면 불행한 일의 재발방지를 위한 각오와 더불어 개선방안까지 담을 수 있으면 더 좋을 것이다.

# 4 진정성이 담긴 고별사(퇴임사)

공무원으로서 자신을 주어로 쓰는 글의 마지막 사례를 살펴보자. 공무원들이 평생 한번쯤은 꼭 쓰게 되는 글이 바로 공직을 떠나는 글, 소위 고별사 또는 퇴임사일 것이다. 대다수 사람들이 시작할 때보다는 떠날 때 글을 쓴다. 아무래도 떠난다는 사실이 주는 감회가 특별하기 때문일 것이다.

어떤 공무원들은 이런 글을 한번만 쓰지 않는다. 다른 부처나 기관으로 전출을 가거나 임명직, 계약직을 그만둘 때, 그래서 여러 번 쓸 수도 있다. 정무직 공무원과 기관장들은 취임할 때는 취임사를 발표하고, 퇴임사도 연설로 언론과 대중에 공개한다. 이곳에서의 떠남이 다른 곳에서의 시작(출마, 취임)을 의미하는 경우는 특히 세간의 관심을 받는다. 이런 경우 퇴임사는 공무원들이 쓰는 연설문의 한 종류가 된다. 퇴임하는 연설자가 직접 초안을 쓰지도 않고, 회한과 회고를 담기보다는 각오와 교훈을 담는다.

하지만 퇴임식도 따로 치르지 못하는 대부분의 공무원들은 조용히 전체 메일로, 또는 내부 게시판에 마지막 글을 쓴다.

어떤 맥락에서 어떤 이름이 붙든, 공무원이 자신을 위해 쓰는 마지막 글에는 나름의 깊은 진정성과 울림이 있다. 다른 공지 글은 안 읽어도 그런 마지막 글은 꼭 처음부터 끝까지 다 읽게 되는 이유다. 이제까지 숱한 선배 공무원들의 마지막 글들을 읽었다. 한 문단으로 끝나는 짧은 글도 봤고, 몇 장을 넘어가는 긴 글도 봤다. 오래 기억에 남는 글도 있었고, 쉽게 잊히는 글도 있었다. 평소 글을 잘 쓴다던 사람들은 고별사도 유려하게 썼고, 글재주 없던 사람들은 소박하게 쓰고 갔다. 본래 자기 자랑을 좀 하던 사람들은 고별사에서도 업적이 구구절절 화려했다. 번잡한 것을 싫어하던 사람들은 마지막 글마저 짧았다.

다만 한 가지 안타까운 공통점은 있다. 공무원으로 일하다가 자신의 목소리로 자유롭게 한번, 또는 기껏해야 몇 번밖에 못 쓰는 글인데, 너무 전형적으로 어디서 본 듯하게 쓴 글들이 대부분이었다. 쓰는 사람은 처음으로 (혹은 두어 번째) 쓰는 글이겠지만, 읽는 사람들은 벌써 수십 년째 비슷한 글들을 계속 읽고 있으며, 또 읽어야 한다. 그러니 공직을 마감하는 마지막 글은 제발 시시하게 쓰지 않았으면 좋겠다. 누군가의 마지막 모습과 느낌은 오래 마음에 남는다. 흔한 공무원의 고별사는 다음과 같은 다소 전형적인 전개를 보인다.

> 수십 년 간의 공직생활을 대과大過 없이 무사히 마칠 수 있게 되어서 다행이다. 처음 출근을 한 것이 엊그제 같은데 벌써 퇴임을 하는 상황이 되었다. 이제까지 이러이러한 일을 했고, 저러저러한 성과를 거뒀던 것이 특히 기억에 남는다. 모두 동료 선후배 여러분들 덕분이다. 그동안 나에게 가르침을 주시고 도와주셨던 모든 분들에게 감사한다. 혹시 나로 인해 마음을 상한 분들이 있다면 부디 용서하고 잊어주시기를 청한다. 앞으로도 인연은 소중히 여기겠다.

한 직장에서 평생을 보내고 정년퇴직이나 명예퇴직을 하는 공무원들의 퇴임사라면 보통 이렇게 총평, 회고, 업적, 감사, 사과, 연락 당부로 이어진다. 총평에는 '대과大過(큰 잘못) 없이' 라는 표현이 가장 많이 쓰인다. 공식적으로 알려진 대과가 있었던 사람들은 결코 무사평온하게 퇴임할 수 없으니, 대과가 없었던 사람들만 퇴임식도 치르고 조촐한 퇴임사나마 남길 수 있기 때문이다. 그런 면에서는 썩 틀린 표현도 아니고, 대과를 남기지 않는다는 것도 쉬운 일은 아니지만, 총평으로 너무 자주 쓰여 왔다. 큰 잘못이 없었다고 해서 작은 잘못들이 전혀 없지는 않았을 텐데, 누구도 자신의 작은 잘못들에 대해서는 일일이 언급하지 않는다. 큰 업적을 길게 나열하지 않는다면 겸손하게 보이기도 하지만, 때로는 '크게 잘못만 안 했으면 된 거 아니냐' 라는 배짱으로도 읽힐 수 있음을 모르는 것 같다.

그리고 글쓴이의 머릿속에 주마등처럼 지나갔음직한 장면들에 대한 길거나 짧은 설명들이 이어진다. 자신의 공직 역사를 전부 훑는 정도로 쓰는 사람도 있고, 한 마디로 뭉뚱그리는 사람도 있었다. 이 부분을 길게 쓰면 자기애가 강한 사람, 짧게 혹은 전혀 쓰지 않는다면 겸허한 사람으로 보인다.

다음 수순으로 감사와 더불어 사과를 하곤 한다. 경험상 감사와 사과를 한다고 해서 반드시 인품과 행적이 훌륭한 사람은 아니었다. 오히려 어떤 경우는 많은 이의 기억에 오래도록 생생할 '갑질'의 업보를 글 한번으로 대충 무마해보겠다는 심산이 느껴지기도 했다. 그리고 자주 맨 끝에는 우리 문화에서 빼놓을 수 없는, "조직을 떠나도 동료들의 경조사는 챙기겠다."는 다짐이 이어진다.

파견이든 계약이든 짧게 근무하고 떠나며 쓰는 글들은 이보다는 구조가 간단하다. 총평, 회고, 업적 나열은 최소화된다. 정부 부처나 기관들 중에서는 특유의 정체성과 조직문화를 가진 곳들도 꽤 있어서, 떠나는 사람들은 좀 특이한 각오들을 피력하기도 한다. 이곳에서 배운 것이 정말 많았다는 칭송으로 시작해서, 다른 곳으로 가서도 자신이 '~맨'이거나 '~가족'이었음을 잊지 않겠다고 한다. 심지어 '~정신'을 간직하겠다는 다짐도 한다. 그리고 감사의 말씀, 언제든 근처에 오면 들러 달라, 뭐든 도울 일이 있으면 연락해 달라는 예의바른 제안으로 마무리 한다. 공직이든 아니든 경력이 아직 끝나지 않았기에 고별의 애잔함은 없다. 목적대로 짧고 사무적이기만 하면 알림에 지나지 않을 텐데, 가끔 과한 각오와 다짐이 전형성을 만들어내곤 한다.

 전형적이지 않으면서도 괜찮은 공무원의 마지막 글이란 과연 어때야 할까. 먼저 앞서 든 예처럼만 쓰지 않으면 될 것이다. 거기에 더해 고별사의 오랜 독자로서 읽고 싶지 않은 것과 읽고 싶은 것을 구분해본다.

> √ **읽고 싶지 않은 것** : 지나친 자기 연민과 감상感傷, 노골적인 업적 자랑과 자화자찬, 오래되고 썰렁한 농담, 영혼 없는 사과

> √ **읽고 싶은 것** : 공직 경험을 통한 교훈과 깨달음, 공감을 주는 실수나 실패에 대한 이야기, 평소 간직해온 문구나 모토moto, 꼭 필요한 당부사항

읽고 싶지 않은 것 중 맨처음에 자기 연민과 감상이 있다. 당연하게 드는 서글픈 소회는 일기에나 쓰는 편이 낫다. 노골적인 자랑, 썰렁한 농담은 어떤 글에서도 피해야 한다. 아, 마지막에는 영혼 없는 사과가 들어 있다. 아무리 진심이라고 주장해도 퇴임사에 쓰는 사과는 겉치레에 불과하다. 사과해야 할 사람들이 있다면 글 한 줄로 때우지 말고 직접 연락하거나 만나서 사과를 하는 편이 좋겠다. 자주 보는 '일일이 찾아뵙고 인사를 드려야 마땅하겠으나'라는 문구처럼 허황된 말도 없다. 인사가 아니라 사과라

면 더욱 그렇다. 사과해야 할 사람이 수백 명을 넘어가면 모를까, 직접 일일이 사과할 시간과 방법이란 분명히 있다.

남아있는 사람들로서 읽고 싶은 것은 각자에게 오래 울림을 주는 한 마디다. 모두 언젠가는 떠날 사람들로서 지금 떠나는 사람에게 기꺼이 공감할 마음을 가지고 있다. 하지만 떠나는 사람을 너무나 흠모하고 추앙해서, 또는 그가 하는 마지막 투정이나 자랑까지 모조리 들어주기 위해서 글을 읽는 것은 아니다. 그러니 공무원으로서 마지막 글이라고 해서 내키는 대로만 쓸 수는 없다. 언제나 그렇듯 내가 쓰고 싶은 것들 중에서 사람들이 원할 만한 말을 고르는 것은 글쓰기의 기본이다. 어쩌면 그때까지 공무원다운 글쓰기를 잘 해왔다면 어렵지 않은 선택이다.

역사상 가장 짧은 공직 퇴임사는 아마도 샤를 드 골 프랑스 대통령의 고별사일 것이다. 1969년 국민투표에서 패배하자 그는 약속대로 4월 28일 0시 10분, 'Je cesse d'exercer mes fonctions de président de la République. Cette décision prend effet aujourd'hui à midi(공화국 대통령 직무 수행을 중단합니다. 이 결정은 오늘 정오부터 유효합니다).'라는 두 문장만을 발표하고 퇴임했다. 군인 출신인 드 골 대통령은 권좌에 있는 10년 동안 숱한 명언을 남겼지만, 가장 마지막에는 가장 말을 아꼈다. 이 두 문장이 아직도 인상적인 퇴임사로 인용되는 것을 보면, 그는 과연 침묵으로 웅변을 한 셈이다.

다음은 1951년 4월 19일, 한국전쟁 중 유엔군 사령관에서 해임되고 군을 떠나게 된, 더글라스 맥아더 장군의 유명한 퇴임사 중 마지막 부분을 옮긴 것이다. 격식을 갖추어 미국 상하 양원 합동회의에서 연설한 그의 퇴임사는 짧지 않았다. 그가 끝내지 못한 전쟁에 대한 염려와 다하지 못한 임무에 대한 회한이 컸기 때문일 터이다. 어쨌든 그가 젊은 시절 군가의 한 소절을 인용한 마무리는 지금까지도 회자되고 있다. 아직까지도 노병은 죽지 않는다(그러니 영원히 살아있다)는 것을 강조하는 해석, 노병은 전장에서의 죽음을 겪지 못하고 조용히 사라진다(그러니 잊힐 뿐이다)는 해석 등이 분분하지만, 원래 군가의 문맥상 전쟁이 계속되는 한 죽지 않는다는 결기로 보는 쪽이 더 맞는 듯하다. 이처럼 그는 퇴임이라는 '사회적 죽음' 앞에서 열정을 잃지 않으면서도 의연했다.

> (전략)
>
> I am closing my 52 years of military service. When I joined the Army, even before the turn of the century, it was the fulfillment of all of my boyish hopes and dreams. The world has turned over many times since I took the oath on the plain at West Point, and the hopes and dreams have long since vanished, but I still remember the refrain of one of the most popular barrack ballads of that day which proclaimed most proudly that "old soldiers never die; they just fade away."
>
> And like the old soldier of that ballad, I now close my military

career and just fade away, an old soldier who tried to do his duty as God gave him the light to see that duty. Good Bye.

저는 52년에 걸친 군복무를 끝냅니다. 제가 군대에 처음 입대했을 때, 아직 세기가 바뀌기도 전이지만, 입대는 제 모든 소년다운 희망과 꿈의 실현이었습니다. 제가 웨스트포인트 연병장에서 선서를 한 이래, 세상은 몇 번이나 바뀌었고 그 시절의 희망과 꿈은 오래 전에 사라졌습니다. 하지만 저는 여전히 당시 유행하던 군가의 한 소절, 그 자랑스러운 외침을 기억하고 있습니다. "노병은 죽지 않는다. 단지 사라질 뿐이다."

그리고 그 노래의 노병처럼 저는 이제 제 군대 경력을 끝내고 사라지려고 합니다. 신께서 주신 자신의 의무를 다하려고 한 한 사람의 노병으로서 말입니다. 안녕히 계십시오.

## @ 자기 자신이 된다는 것

 자신을 위해 쓰는 글에는 자신을 위한다는 목적이 있고, 한편으로는 채용, 승진, 포상, 면책 등과 같은 구체적인 성과가 있다. 그런 성과를 염두에 두고 있으니 다른 글보다 더욱 연연하게 된다. 하지만 연연하는 태도는 글을 망칠 수 있다. 가능하면 자신에 대해 쓸 때에도 다른 사람에 대해 쓰듯 공정하고 정확하게 쓰려고 노력해야 한다. <u>자신을 위한 글쓰기의 결과보다 더 중요한 것은 자기 자신에 대해 정직하게 담담하게 쓰는 자세다. 그런 자세는 일회성이 아니다. 한번 일궈놓으면 자신이 주어가 되는 글, 자신에 대해 쓰는 모든 글에서 일관되게 나타난다.</u> 결국 다른 사람들이 기억하는 것은 그런 자세다.
 지금 쓴 글이 언젠가 어디선가 뜻밖의 맥락에서 미래의 사람들에게 읽힐지도 모를 일이다. 특히 전기와 문명이 다 사라지지 않는 한, 내부 시스템과 외부 인터넷에 축적되는 자료는 영구보존에 가깝다. 스스로를 위해 쓴 글에 대해 과거보다 훨씬 오랫동안 책임을 져야 한다.

당대의 문장가로 이름을 날렸던 당나라의 이백李伯, 신라의 최치원崔致遠도 관직을 얻기 위해 '자천서(자기추천서)'를 썼다고 한다. 시성詩聖으로 불린 이백은 평생 수십 편의 자천서를 써 보냈지만 관직을 얻는 데는 번번이 실패했다. 그의 자천서에 담긴 뜻은 간절할 수밖에 없다. 최치원은 과거에 급제하고도 미관말직에 머물자 두 번의 자천서를 써낸 결과 관역순관이라는 비교적 높은 직위를 얻었고, 그 자리에서 유명한 '토황소격문'을 썼다. 공들여 쓴 글로 관직을 얻었든 얻지 못했든 오래 남은 것은 자천서와 자천서를 썼다는 기록이다. 그리고 그것을 통해 출세에 연연하던, 천년 전 공무원 지망생 또는 말단 공무원으로서 그들이 품었던 절실한 마음을 읽어낼 수 있다. 스스로에 대한 겸양과 자부 사이 위태로운 줄타기도 어쩔 수 없이 보인다.

조선왕조실록에는 '졸기卒記'라는 부분이 있다. 사관史官이 주로 높은 관직에 올랐던 망자에 대한 세간, 혹은 사관 자신의 평가를 적은 것이다. 평가의 대상이 되는 망자들이 고관대작들이었던 것을 감안하면 낯 뜨거운 칭송 일색일 것 같지만, 실제 졸기의 인물평은 꽤나 박하다고 한다. 눈치 보지 않는 사람들을 사관으로 뽑은 까닭도 있을 것이고, 지위가 높다고 과찬하는 태도는 진정한 선비의 덕목이 아니라는 사회적 합의도 있었을 것이라 짐작된다.

그 중 유례없이 길고 후한 평가를 받았다는, 율곡 이이의 졸기

중 후반부 번역본을 그대로 옮겨본다. 내용이야 구구절절 위인전을 방불케 한다. 해당 사관이 유독 이이를 흠모해서 편파적으로 썼다 의심할 법도 하다. 하지만 정보의 유통 속도가 느리고 부실했던 시대에조차 많은 사람들이 그의 인품을 알아보고 그를 존경했다고 생각하는 쪽이 더 맞을 것이다. 만약 이이가 스스로에 대해 이런 글을 썼다면 (물론 그랬을 리는 없었겠지만) 후대의 사람들이 과연 어떻게 생각했을까?

> 조정에 나아가서는 위를 섬김에 있어 갈충 진력하였으며 시골에 물러나 있을 때에도 애타는 심정으로 잊지 못하였다. 전후에 걸쳐 올린 봉장封章과 면대하여 아뢴 말들을 보면 그 내용이 간절하고도 강직한데, 치체治體를 논함에 있어 규모가 높고 원대하여 삼대三代의 정치를 회복하는 것으로 목표를 삼았다. 나라 형세가 쇠퇴해져 난리의 조짐이 있음을 분명히 알고는 항상 임금의 마음을 바르게 하고 풍속을 바로잡고 조정을 화합하게 하는 것을 근본으로 삼았고, 폐정을 고치고 생민을 구제하고 무비武備를 닦는 것으로 급무를 삼았다. 그리고 이를 반복해서 시종 일관 한 뜻으로 논계하였는데, 소인이나 속류의 배척을 당했어도 조금도 거들떠보지 않았다. 임금도 처음에는 견제를 가하였으나 늦게나마 다시 뜻이 일치되어 은총과 신임이 바야흐로 두터워지고 있는 때에 갑자기 졸卒한 것이다.
> 
> 이이는 타고난 기품이 매우 고상한 데다가 수양을 잘하여 더욱 높은 경지에 나아갔는데, 청명한 기운에 온화한 분위기가 배어나오고 활달하면서도 과감하였다. 어떤 사람이든 어떤 상황이든 한결

같이 정성되고 신실하게 대하였으며, 은총과 사랑을 받거나 오해나 미움을 받거나 털끝만큼도 개의치 않았으므로 어리석거나 지혜 있는 자를 막론하고 마음으로 그에게 귀의하지 않는 자가 없었다. 한 시대를 구제하는 것을 급선무로 여겼기 때문에 물러났다가 다시 조정에 진출해서도 사류士類를 보합保合시키는 것으로 자신의 임무를 삼아 사심 없이 할 말을 다하다가 주위 사람들에게 꺼리는 대상이 되었는데, 마침내 당인黨人에게 원수처럼 되어 거의 큰 화를 면치 못할 뻔하였다. 이이는 인물을 논하고 추천할 때 반드시 학문과 명망과 품행을 위주로 하였으므로 진실되지 못하면서 빌붙으려는 자들은 나중에 많이 배반하였다. 그래서 세속의 여론은 그를 너무도 현실에 어둡다고 지목하였다.

그러나 이이가 졸한 뒤에 편당이 크게 기세를 부려 한쪽을 제거시키고는 조정을 바로잡았다고들 하였는데, 그 내부에서 다시 알력이 생겨 사분오열이 되어 마침내 나라의 무궁한 화근이 되었다. 그리하여 임진왜란 때에 이르러서는 강토가 무너지고 나라가 마침내 기울어지는 결과를 빚고 말았는데, 이이가 평소에 미리 염려하여 먼저 말했던 것이 사실과 부합되지 않는 것이 없었다. 그래서 그가 건의했던 각종 편의책便宜策들이 다시 추후에 채택되었는데, 국론과 민언民言이 모두 '이이는 도덕과 충의의 정신으로 꽉 차 있어 흠잡을 수 없다.'고 칭송하였다

21세기 공무원에 대한 평은 사관이 아니라 언론, 정보기관, 그리고 각종 온라인 백과사전에 참여하는 집단지성이 축적하고 있다. 치밀하고 신중하며 공정한 작업일 것 같지만, 가만히 들여다보면 객관적 기록 외에는 죄다 떠도는 세평과 소문을 모아 인물

평이라는 것을 만든다. 칭송이든 폄훼든 마찬가지다. 다만 어느 누구도 공무원이 스스로에 대해 쓴 글을 근거 자료로 삼지는 않을 것이다. 결국 평가란 다른 사람들의 몫이므로 공무원이 자신을 미화하거나 포장하려는 노력은 부질없다. 평판은 막연히 떠돌지 않는다. 공무원의 권한 행사에 직접적으로 영향을 받는 안팎의 사람들 사이에서 어떻게 해도 가려지지 않는 가장 민낯의 평판이 만들어지게 마련이다. 어떤 공무원으로, 어떤 사람으로 남게 될지는 글이 아닌 삶으로 보여주는 수밖에 없다.

리들리 스콧 감독이 십자군전쟁을 그린 영화 〈Kingdom of Heaven〉의 대사 한 구절로 마무리한다. 주인공 발리안과 사막의 결투를 벌였던 사라센 전사는 헤어지기 전 이렇게 말한다.

"Your quality will be known among your enemies, before ever you meet them(당신의 품성은 만나보지도 못한 적들 사이에 알려질 겁니다)."

# VI

# 인공지능에게 글 시키기

현재, 그리고 미래에 인공지능은 공무원들의 글쓰기를 얼마나 대신할 수 있을까? 당장 인공지능을 이용한 공공영역 글쓰기에 기대하는 것은 품질보다는 속도다. 특히 단순반복적 글쓰기를 대신해주는 획기적인 '시간절약'을 기대한다. 과거 산업혁명기에 걸었던 기대와 비슷하다. 이 화두를 어떻게 소화할 수 있을지, 몇 가지 '글 시키기' 활용 예를 통해서 알아본다.

결국 살아남을 것이 가장 인간다운 글쓰기라면, 과연 어떤 것을 의미하는지 생각해 보아야 한다. 가장 인간다운 글쓰기, 또 그 중에서도 가장 공무원다운 글쓰기, 그래서 쉽사리 대체불가능할 글쓰기를 아주 열심히 궁리해야 할 시점이다.

# 1 인공지능 글쓰기의 현재

2023년 1월 정부업무보고에서 윤석열 대통령은 인공지능을 활용한 글쓰기를 거론했다. 마침 그 자리에 있었던 내가 이해하기로 윤 대통령의 메시지는 인공지능의 가능성만큼이나 공직사회의 비효율 개선에 초점이 맞춰져 있었다. 그나저나 일이 터질 때마다 공무원들을 갈아 넣는 소위 '공밀레' 관행은 이후 고쳐졌을까?

ChatGPT에 올해 대통령 신년사를 쓰게 해서 받아봤다. 그럴듯하더라. 몇 자 고치면 그냥 신년사로 나가도 괜찮을 정도였다. 지금 기업들은 이런 것을 많이 쓸 것이다. 새로 부임한 장관의 언론 간담회를 위해 소속 공무원들이 2주 동안 밤을 새가며 준비했다는 얘기를 들었다. 앞으로 그런 글쓰기는 ChatGPT에게 맡겨도 되겠다. 공무원들이 불필요한 데 시간을 안 쓰고 정말 국민을 위해 필요하고 창의적인 서비스를 창출하는 데 에너지를 쓸 수 있도록 해주기 바란다.

이날 정부업무보고에 참석했던 공무원들 대부분은 ChatGPT 가 무엇인지 잘 몰라 어리둥절했다. ChatGPT 초기 베타 버전이 출시된 시기가 2022년 11월 말이었으므로, 이 따끈한 '신문물'을 접해본 사람은 많지 않을 때였다. 하물며 정부에서는 그 수가 더 적었을 것이다. 대통령의 이 언급은 언론에서 크게 다루어졌다. 사무실에서는 한동안 모두가 ChatGPT 얘기를 했다.

이후 유사한 대화형 인공지능 서비스들이 계속 출시되었고, 이용자들도 늘었다. 일부 공무원들은 유료 서비스까지 여러 개 구독해 보기도 했다. 이미 대학가에서는 서비스 구독이 일반화되어 있다고 하니, 고작 1년 남짓한 기간 동안 변화 속도가 놀랍다.

공무원들의 사용 경험 역시 쌓여가면서 정부의 업무나 글쓰기에 인공지능을 활용하는 방법도 발전하고 있다. 2024년 3월, 정부에서는 처음으로 〈인공지능 정책활용 안내서〉(국가공무원인재개발원)를 발간했고, 이를 통해 인공지능을 문서 작성에 보다 적극적으로 활용하는 방법을 전파하고 있다.

현재 실무자들로서는 인공지능이 보고서와 연설문 같은 글쓰기들을 과연 얼마나 대신 해줄 수 있을지가 매우 궁금하다. 지금 단계에서는 비록 보고서 완결은 어렵다고 해도 자료수집이나 요약, 표와 그래프 작성 등에서는 꽤 요긴한 도움을 받을 수 있다.

반면 관리자들의 이해관계는 좀 다르다. 아직 멀쩡한 인간 직원들이 있는데 왜 인공지능한테까지 명령 프롬프트 문구 고민해가며 어렵게 일을 시키느냐는 분위기가 대세다. 비정형적이고 창의적인 글쓰기일수록 인공지능에게 주문해도 결과가 별로 좋지 못하고, 그 과정에서 이전과는 다른 종류의 피로감이 증가하기도 한다. 민원을 담당하는 인공지능 챗봇에게 분통을 터트리다 오히려 인간 상담사의 업무만 더 늘고 스트레스가 가중되었다는 세태와도 결이 다르지 않다.

아직은 공무원 사회에서 인공지능 활용도가 어떻게 변화할지 속단하기 어렵다. 한계는 있지만, 기술발전이 워낙 빨라서 그 한계의 벽이 언제 무너질지 모른다. 이제 인공지능의 분야별 활용가능성과 한계를 함께 살펴본다.

### ① 공문서 번역하기 : ★★★★☆

LLM Large Language Model(대규모 언어모델)을 기반으로 하는 대화형 인공지능 서비스는 태생적으로 언어 번역에 매우 유용하다. 공공 영역에서는 한글로 된 문서나 보도자료 등을 외국어로 번역하는 작업에 활용도가 높다. 외국어를 한글로 바꾸는 작업보다는 항상 외국어로 표현하는 작업의 난이도가 높다. 고맙게도 인공지능은 하나의 답안만을 내놓던 기존의 번역 프로그램들과는 달리 여러 가지 상황에 맞는 대안들을 제시해주기도 한다. 특히 일상적인 표현보다는 외교적 언어 구사가 요구되는 공식 서한, 합의문, 발표문 등을 쓸 때 많은 도움을 받을 수 있다. 이런 종류의 문건들에 등장하는 표현들은 해당 외국어를 단순히 구사하는 수준을 넘어 일정한 훈련과 일정 시간 이상의 경험을 거쳐야 비로소 습득되는 전문가 수준에 해당하기 때문이다.

국제 업무나 홍보 업무를 하는 공무원과 공공기관 직원이라면 인공지능 번역 기능을 당연히 사용하고 있을 것이다. 인공지능의 번역기능을 조금 더 잘 활용하는 몇 가지 방법을 짚어본다.

우선, 명령 프롬프트command prompt(생성형 AI에게 주는 자연어 명령어)는 고민하는 만큼 더 나은 결과를 얻게 해준다. 대부분 생성형 인공지능은 영어로 질문하면 영어로 답을 한다. 영어로 질문하면 한글로 질문하는 경우보다는 충실한 답을 내놓을 가능성이 높다. 인공지능이 학습한 한글의 분량이 전체 데이터의 1% 정도에 불과하기 때문이다. 실제로 영어로 번역 작업을 할 때 역할 설정, 작업의 구체성(수정 강도, 특정 문체 등)을 담은 영어 프롬프트를 써봤더니, 그냥 '다음 문장을 번역해주세요.'라고 한글로 지시한 경우보다 결과물이 매끄럽게 나왔다. 프롬프트 엔지니어링prompt engineering은 빠르게 발전하고 있다. 창의적이고 실험적인 시도가 끊임없이 이루어지고 있기 때문이다. 최신의 프롬프트들을 확인하고 적극적으로 활용할 필요가 있다.

다음으로, 결과물을 비교하고 검증하는 과정까지 설계할 필요가 있다. 상호 유사성이 높은 언어나 이용자에게 익숙한 언어로 일단 옮긴 후 목표 언어로 바꾸는 2단계 번역은 여전히 유효하다. 가령 한글을 프랑스어로 번역하기보다 중간에 영어를 거치도록 할 때 훨씬 자연스러운 결과물을 얻는다. 한글을 유럽어로 바꿀 때는 번역 사례가 더 많이 축적된 일본어를 거치는 편이 더 낫다고 한다. 특히 한글과 일본어 간 번역에 강점을 가지는 번역 프로그램을 사용한 1차 번역문을 활용하면 2차에서는 더 나은 결과를 얻을 수 있다. 해당 언어에 능통한 이용자가 아니라면 미진하거나 의심스럽게 느껴지는 부분은 다시 질문하고 확인해야 한다. 여러 서비스의 결과물들을 비교하는 방법, 번역문을 한글로 재번역해서 번역의 품질과 오류를 재확인하는 방법도 자주 사용된다.

마지막으로 언어를 옮기는 과정에는 숙련된 인간 지능이 여전히 필요하다는 것을 잊지 말아야 한다. 인공지능 번역은 인간과 달리 비문非文을 내놓지 않는 데다, 자연스러움 면에서도 계속 진보하고 있다. 현재 10억 명이 사용한다는 번역기 DeepL은 각각 4개의 문체(일반·비즈니스·학술·비격식)와 어조(열정적·친밀한·자신있는·외교적인)까지 고를 수 있게 하며, 대량의 파일 단위 번역 작업도 지속적으로 처리하고 용어집까지 자동으로 생성해준다. 번역이 주업이 아닌 인공지능 서비스들도 기본적으로 소량의 문장, 문단 번역은 언제나 가능하다. 하지만 완벽한번역은 늘 어렵다. 인공지능이 해주는 번역은 문법적 오류가 없기 때문에 틈새에 숨은 부자연스러움이나 오류를 짚어내려면 인간 이용자는 오히려 세심한 주의를 기울여야 한다. 일례로 현존하는 어떤 번역 프로그램과 인공지능 번역기능을 써봐도 '영문도 모르고'라는 한글 어구는 'without knowing English'로 변환되어 나온다. 한국인이라면 누구나 이해할 '밥그릇 싸움'이 'rice bowl fight'로 번역되는 것도 마찬가지다.

② **보고서 시키기 : ★★☆☆☆**

인공지능 챗봇이 보고서를 대신 써줄 수 있을까? 아무래도 인공지능에 보고서 쓰기를 시키려는 사람들은 보고서의 수요자인 윗사람들이 아니라 보고서를 직접 써야 하는 실무자이다. 그러나 실무자들이 이미 경험했겠지만 아직까지 보고서 쓰기란 다른 글쓰기들처럼 간단치는 않다. 인공지능 챗봇은 무엇을 결정하는 고려요인, 무엇인가를 잘하는 방법과 같은 전형적인 질문들(유사 질문들이 많이 축적되어 있는 질문들)에 대해서는 꽤 완성도 높은 답변들을 내는 데 반해, 비전형적이고 전문적인 질문들에 대해서는 그렇지 못하다. 형식도 문제지만, 무엇보다 내용이 충분히 구체적이지 못하다는 것 때문에 인간 실무자들에게 아쉬움을 남긴다.

대신 어떤 주제에 대해 생각의 실마리를 얻고 구조를 짜기 위해 인공지능 챗봇에 물어보는 것도 유용하다. 대화형 인공지능은 답변을 할 때 번호를 붙여가며 분류하고 근거를 댄다. 보고서 쓰라는 지시가 떨어졌을 때 상사가 던져준 주제를 그대로 대화창에 질문으로 넣으면 꽤 그럴듯한 논리 전개의 한 예를 보여주기는 한다. 보고서를 써 달라면, 서론-본론-결론이라는 소제목을 달고 각각에 나누어 내용을 쓴다. 보고서라는 주문을 하지 않으면, 그냥 본론으로만 답한다. 보고서로 써 달라는 주문을 해도, 결과물은 거의 비슷하다. 가끔 챗봇은 별로 자신 없는 주제에 대해서는 질문자에게 답변 안을 두어 개 주고 그 중에서 하나를 골라 달라는 요청도 한다. 선택이 이루어지면 인공지능도 더 나은 답변을 학습하는 식이다.

정책보고서를 쓴다고 가정하고, 대한민국 학부모라면 누구나 관심이 있을 주제로서 '사교육을 줄이고 공교육을 살리는 방안'을 Gemini에게 연속 3회 물어봤다(표 1-1). 답변 내용은 매번 조금 달랐지만, 구체적 방안으로는 범주를 달리 해가며 세 가지씩를 제시했고, 내용은 대동소이했다. 같은 질문을 무료 버전 ChatGPT(3.5)에게도 했지만, 답변이 매우 부실해서 제외했다.

네이버에서 만든 한글 인공지능인 CLOVA X에도 동일한 질문을 해보았다(표 1-2). 답변 내용은 Gemini와 비슷하지만, Gemini와는 달리 같은 질문을 반복할 때 답변의 항목이나 구조는 변경하지 않은 채 내용을 좀 더 상세하게 채워주었다. 특히 한글 모델이어서 그런지 한국 현실을 더 잘 알고, 보다 한국적인 언어 구사를 하고 있다는 느낌이 들었다. '맞춤형 교육'이나 '자기주도적 학습'처럼 한국 사회에서 요즘 많이 쓰고 있는 용어들이 등장했다.

만약 해당 분야에 문외한이라면 챗봇과의 잠깐 대화로 기본 논점들을 파악하고 핵심 정보를 확인하는 데는 도움이 될 것이다. 그러나 이미 교육 분야에 종사하며 충분한 경험을 지닌 공무원이라면 이런 논점 정도야 이미 잘 알 테고, 인공지능이 제시한 대안들이 말이 쉬울 뿐 하나하나 실행하는 일은 결코 간단치 않다는 것, 그리고 어떤 대안은 길고 험난한 과정을 거쳐 법령을 바꾸지 않고서는 불가능하다는 것, 게다가 한정된 정부 예산으로 인공지능이 제시한 방안 모두를 한꺼번에 추진하는 건 불가능하다는 사

**표 1-1**

| 1차 질문시 답변 | 2차 질문시 답변 | 3차 질문시 답변 |
|---|---|---|
| ①공교육 질 높이기<br>–교사의 전문성 강화<br>–교육과정 개선<br>–학교환경 개선 | ①사교육 줄이기 노력<br>–공교육 질 높이기<br>–사교육 광고 규제,<br>업체 규제 강화<br>–학부모 사교육 지출<br>지원 확대 | ①공교육 질 높이기<br>–교사 전문성 강화,<br>처우 개선<br>–교육과정 개편<br>–학교환경 개선 |
| ②사교육 수요 줄이기<br>–학업성취 부담 감소<br>–경쟁 완화 | ②입시 위주 교육에서<br>벗어나기 위한 노력<br>–교육과정 개편<br>–대입제도 개선<br>–교사 전문성 강화 | ②사교육 공급 제한<br>–사교육 광고 규제<br>–사교육 업체 규제<br>(불법행위 단속, 규모<br>제한) 강화 |
| ③사교육 공급 줄이기<br>–사교육광고 규제 강화<br>–사교육업체에 대한<br>규제 강화 | ③교원 처우 개선 노력<br>–교원 임금 인상<br>–교원 근무 환경 개선<br>–교원 교육 지원 확대 | ③사교육 부담 완화<br>–학부모 사교육비 지원<br>–대체 교육 프로그램<br>(방과후학교 등) 제공 |

실을 쉽게 알 수 있다. 어째서 이 모든 방안들이 있음에도 불구하고 한국 정부가 공교육 활성화에 수십 년째 실패하고 있는지에 대한 근본적 분석도 없다. 만약 교육부 실무자가 보고서를 이 정도로 써서 내놓는다면 결코 칭찬은 받지 못할 것이다.

ChatGPT(4.0) 유료 버전 사용 경험담은 조금 달라진다. 이 버전에서는 명령 프롬프트를 매우 구체적으로 주는 경우 — 역할(당신은 교육부 사무관), 맥락(공교육 개혁안에 대한 검토 지시), 임무(현재 정책의 한계점 분석 및 개선 전략 도출), 출력(한글로 출력하고 글머리 기호 사용), 자료(각종 참조용 데이터), 예시(유사한 보고서), 문체/어조

표 1-2

| 1차 질문시 답변 | 2차 질문시 답변 |
|---|---|
| ①공교육 질 향상<br>-교사의 역량 강화<br>-교육 인프라 개선 | ①공교육 질 향상<br>-교사의 역량 강화 (양성 및 재교육 프로그램 강화)<br>-교육 인프라 개선 (교육 시설과 장비 현대화) |
| ②교육과정 개편<br>-시대변화에 부응 | ②교육과정 개편<br>-시대변화에 맞게 개편하여, 실제 사회에서 필요한 역량과 연결 |
| ③학생 맞춤형 교육<br>-개인적인 특성과 요구에 맞춤 | ③학생 맞춤형 교육<br>-AI 기술을 활용한 맞춤형 교육 프로그램 개발<br>-학생의 자기주도적 학습 지원 |
| ④교육 예산 증액<br>-교육 인프라 개선, 교사 처우 개선 | ④교육 예산 증액<br>-교육 인프라 개선, 교사 처우 개선 |
| ⑤교육제도 개선<br>-학습부담 줄이고 진로선택 폭 넓힘 | ⑤교육제도 개선<br>-입시제도 개선<br>-자유로운 진로 선택 지원 |
| ⑥지역사회와의 협력 강화<br>-지역 특성에 맞는 교육 제공<br>-지역사회의 자원 활용 | ⑥지역사회와의 협력 강화<br>-지역 특성에 맞는 교육 제공<br>-지역사회의 자원 활용 |
| ⑦공교육에 대한 신뢰 회복<br>-학생과 교사의 자율성 강화<br>-학교 운영의 투명성 높임 | ⑦공교육에 대한 신뢰 회복<br>-학생과 교사의 자율성 강화<br>-학교 운영의 투명성 높임 |

(원하는 형식) 등 — 에는 꽤 완성도 높은 답변도 내놓는다. 문체와 어조를 구체적으로 주문하는 경우에는 개조식 보고서와 비슷한 결과물도 나온다. 하지만 여기에는 공무원이라면 간과할 수 없는

장애물이 있고, 쉽게 넘길 수 없는 문제가 있다.

첫째, 인공지능으로부터 보다 적절한 답변을 얻기 위해서는 조직이 보유한 상세 자료와 질문자의 상황 인식을 제공해야 한다. 질문은 질문자의 의도를 노출하며, 일련의 질문들이 축적되는 것 자체가 정보가 된다. 민감한 정보 제공은 원칙적으로 금지되는데, 바로 그 민감한 정보 제공 가능성 여부가 관건이다.

둘째, 그렇게까지 해서 얻은 결과물이라는 것도 사실 따지고 보면 질문에서 이미 기술한 내용을 조금 다른 표현으로 반복하는 것에 지나지 않기도 한다.

셋째, 나아가 인공지능이 생산한 답변은 종종 문제와 해법을, 원인과 결과를, 그리고 범주와 위계를 혼동하기도 한다. 아무래도 질문에서 주어지는 참고자료의 개조식 문장을 해석하는 데서 오류가 생기기 때문이라 본다. 그러나 답변의 텍스트가 워낙 완성도 있고 그럴듯하게 보이는지라 허술한 초안일 때보다 오히려 숨은 오류를 찾아내기가 어렵다는 것이 함정이다.

현재 수준에서 실무자들이 생성형 인공지능만으로 보고 가능한 보고서를 완성하기는 어려워 보인다. 보고서 쓰기를 위한 자료 분석, 요약, 번역 등에 도움을 받는 것은 가능하다. 다만 현재의 판단이 얼마나 지속될지는 모르겠다. 인공지능의 발전 속도가 워낙 빠르고 영역도 세분화되다 보니 형식이든 내용이든 얼마든지 나아질 여지가 있기 때문이다.

형식면에서는 빠른 개선이 기대된다. 2023년 한글과컴퓨터에서는 한컴독스 AI 베타버전을 내놓았고, 2024년 말에는 정식 버전이 나온다. 한컴독스 AI는 문서 형식을 3단 구성(서론-본론-결론), 목록형(1-2-3)과 서술형 중에서 선택할 수 있고, 문체(문어체, 구어체, 음슴체, 정중체)를 골라 변경할 수 있다. 순한맛 개조식 변환까지 해주는 것이다. 번역과 맞춤법 검사 기능도 있다. 내용도 어느 정도 채워주고 형식도 한글 사용자들의 눈높이로 올렸다. 언젠가는 인공지능이 학습을 통해 개인별 맞춤 문체를 제공할 수도 있을 것이다. MS Office 프로그램들과 연계된 인공지능 Copilot의 한글 버전 서비스도 2024년 중반에 시작됐다. 한글 버전은 아직 영어 버전만큼 원활하지 않지만 지속적으로 개선될 것이다.

내용면에도 보안성을 유지하면서 인공지능을 효과적으로 활용하는 방안이 계속 모색될 것이다. 대규모언어모델LLM 대신 각각의 기관, 조직, 지자체 수준에서 가동하는 소규모언어모델SLM의 가능성도 꾸준히 모색되고 있다. LLM의 성능과 SLM의 경량화를 결합하는 하이브리드 모델 가능성도 등장하고 있다. 내부 데이터베이스에서 우선 답을 구하고, 그 답을 외부망에 노출하지 않은 채 검증하는 과정을 만드는 것도 가능하다. 소위 '내부 족보'를 훑어보고 보고서를 작성한 다음, 인터넷 검색을 해서 최신의 내용으로 업데이트하는, 사실은 인간 실무자가 실제로 지금도 하고 있는 과정을 보다 빠르고 정확하게 수행하는 것이다.

### ③ 연설문 시키기 : ★★★★☆

인공지능의 연설문 작성은 꽤 흥미롭고 유용하다. 형식상 요구사항이 많은 보고서와 달리 서술형 줄글이고 인공지능이 학습할 수 있는 텍스트가 많기 때문이다. 공공영역과 민간영역의 구별이 크지 않은 글쓰기인 덕분이기도 하다. 그래서 전제와 조건만 제대로 입력하면, 어디선가 많이 본 듯한 연설문 초안을 곧장 받아볼 수 있다. 만약 연설문 작성 시한이 촉박하고 아무 생각도 떠오르지 않는다면, 인공지능에게 초안을 주문해보는 것도 나쁘지 않다. 인공지능 서비스들이 여럿 있으니 하나만 이용하기보다 복수의 대안을 비교해볼 필요가 있다. 대체로 서술형으로 이어서 써주는 것은 ChatGPT와 CLOVA X이고, 구조적으로 단락을 나누어 비교적 간단한 토킹포인트를 제공하는 것은 Gemini와 wrtn(뤼튼)이다.

먼저 실제 사례와 비교해보기 위해서 구체적인 사건과 상황을 입력하고 답을 구해보기로 했다. '2023년 12월, 대한민국은 나름대로 상당 기간 공들여왔던 2030 부산 EXPO 유치에 실패했다. 이에 대해 대한민국 대통령이 어떤 대국민 메시지를 내면 좋을까?' 하고 ChatGPT(3.5)에 물어봤더니, 345쪽의 답안을 내놓았다.

이 사과문안은 약간의 어색함에도 불구하고 윤석열 대통령이 직접 발표한 10분짜리 〈2030 엑스포 관련 국민께 드리는 말씀〉 담화문과 놀라울 정도로 비슷한 구조를 가지고 있었다. 가상과 실제 문건 모두 '부족함'을 시인하고 반복해서 사과하는 이른바 사과문의 정석을 따르고 있기 때문이다. 실제 발표문에는 '그간의

> 국민 여러분께 말씀드리게 되어 매우 유감스럽게 생각합니다. 부산 EXPO 유치에 실패한 것에 대해 깊은 책임감과 유감을 표현하고자 합니다. 이러한 결과는 제 팀의 부족함과 미흡한 노력에서 비롯된 것으로 인식하고 있습니다.
> 우리는 EXPO 유치에 대해 강력한 의지를 가졌으며, 그동안 많은 노력을 기울여왔습니다. 하지만 이번 기회를 놓친 것은 저희의 부족함으로 인한 결과라는 점을 깊이 인식하고 있습니다. 이러한 실패는 우리가 더욱 노력하고 준비해야 한다는 것을 명백히 보여주는 계기가 되었습니다.
> 국민 여러분의 기대와 지지에 부응하지 못한 것에 대해 진심으로 사과드립니다. 앞으로 우리는 이러한 경험을 토대로 더욱 강화된 노력과 계획을 갖고, 국가의 발전과 국민들의 행복을 위해 더욱 헌신할 것입니다.
> 우리는 실패로부터 배움을 얻으며, 앞으로 더 나은 미래를 위해 지속적으로 노력하겠습니다. 국민 여러분의 신뢰를 회복하고, 다시금 국가 발전에 기여할 수 있는 기회를 만들기 위해 끊임없이 노력하겠습니다.
>
> 감사합니다.

'노력'과 '앞으로의 계획'에 대한 내용들이 더 들어갔지만, '이 모든 것은 저의 부족'이라며 포괄적 책임을 지고자 하는 핵심 어구는 인공지능 답안과 매우 유사하다.

다음은 '앞으로 언젠가 열릴 수 있는 남북정상회담에서 쓸 기조연설문을 부탁한다'고 했더니, ChatGPT(3.5)가 써준 답이다. 단

몇 초밖에 걸리지 않은 남북정상회담 연설문 안은 짧지만 구조적이다. 적어도 이런 종류의 연설에서 보편적으로 통용될 만한 전개에 대해 감을 잡는 데는 도움이 되겠다.

 남북 정상회담에서 사용될 기조연설문은 매우 중요한 역할을 하며, 민족 통일과 평화를 위한 미래의 방향을 제시해야 합니다. 아래는 가능한 한 예시를 드립니다.

[인사말]
존경하는 북한 김정은 위원장,
친애하는 북한 국민 여러분,
우리의 역사적인 만남에 참석하신 북한 대표단과 모든 참석자분들을 진심으로 환영합니다. 오늘 이 자리에서, 남과 북, 우리 민족의 통일과 평화를 위해 함께 가고자 하는 열망을 공유하며, 미래를 위한 비전을 고민하고자 합니다.

[과거와 현재]
우리 민족은 오랜 세월 동안 갈라진 채 살아왔습니다. 우리는 아픔과 상처, 이별의 눈물을 함께 나누어왔습니다. 그러나 오늘, 우리는 더 이상 분단과 적대를 허용할 수 없습니다. 우리는 이 분단의 상징을 허락할 수 없습니다. 분단은 우리의 가족을 나누고, 우리의 민족을 상처 주었습니다.

[평화와 통일]
우리의 목표는 북남간에 지속적인 평화를 구축하고, 권역을 넘어 통일된 대한민국을 창조하는 것입니다. 통일은 우리 모두에게 희

망의 미래를 제공합니다. 그것은 민족의 자긍심을 회복하고, 경제와 문화의 발전을 촉진합니다. 통일은 우리 민족의 큰 꿈이며, 그 꿈을 실현하기 위해 함께 힘을 모아야 합니다.

[협력과 상호 이해]
우리는 민족간의 긴장과 불신을 해소하고, 상호 이해와 협력을 통해 분단을 극복할 수 있습니다. 오늘, 우리는 과거의 오해와 갈등을 떠나, 상호 존중과 신뢰를 기반으로 한 새로운 협력의 문을 열고자 합니다. 이를 통해 우리는 힘을 합쳐 국제 사회에서 우리의 목소리를 들려주고, 세계 평화와 안정에 기여할 것입니다.

[종말의 말]
사랑하는 북한 국민과 모든 이들께, 이 역사적인 순간에 함께 하게 되어 기쁘게 생각하며, 우리의 민족의 통일과 평화를 위한 여정이 시작됨을 기쁘게 생각합니다. 우리의 노력은 어렵고 긴 여정일 것이지만, 우리는 한 걸음 한 걸음 나아가며 꿈을 실현할 것입니다. 당신들과 함께 함으로써 우리는 미래에 대한 희망을 안고 나아갈 것입니다.

감사합니다.

다만, 이 연설문에는 인간 실무자가 반드시 짚어봐야 하는 부분들이 있다.

첫째, 북한에 대해 한국에서는 정치적으로 결코 쓸 수 없는 단어들을 쓴다. 여러 텍스트를 중립적으로 학습한 인공지능의 한계다. 우선 북한을 '북한'이라고 대놓고 부르며 연설할 수는 없다. 게다가 북한 '국민'이라고 하면 북한을 국가로 인정하는 셈이고, 북한 '인민'이라고 하면 북한 말을 그대로 가져다 쓰는 셈이다. 한국에서 써오듯 북한 '주민'이라고 하기는 북한을 자극할 우려가 있다. 남과 북에 살고 있는 사람들에 대한 적절한 표현을 골라야 한다. 이제까지는 '동포'나 '민족'같은 표현들을 주로 써왔다. 북한이 같은 민족임을 부인하고 적대적 두 국가론을 내세우는 2024년 현재에는 또 다른 대안을 생각해내야 할지도 모른다. 언급 순서에서도 '남과 북' '북남'이 한 연설문 안에서 혼용되고 있는데, 같은 맥락에서 다듬어내야 한다.

둘째, 어쩔 수 없는 영어 번역체의 한계가 눈에 띈다. 적어도 한국어에서 '당신들' 같은 표현은 싸울 때나 쓰는 말이다. 그 외에도 영어라면 자연스러웠을 표현, 가령 '우리의 민족을 상처 주었습니다'나 '종말의 말'과 같은 표현들은 한국어 원어민 사용자들에게 거슬릴 수밖에 없다. 답변의 방향이나 구조는 맞아도 용어 선택이나 미묘한 느낌은 맞지 않을 가능성이 계속 남아 있다. 영어 기반 인공지능 서비스의 답을 한글로 번역해 보여주는 데서 발생하는 문제다. 물론 우리는 이런 한계를 이미 알고 있다. 하지만 어색한 단어와 엇나간 뉘앙스는, 자연스러운 언어구사가 중요한 연설문이라면 결코 작은 문제가 아니게 된다.

셋째, 이 연설문을 요청할 때 의제나 배경, 상황, 조건 등을 구체적으로 설정해주지지 않았기 때문에, 답변에도 이렇다 할 내용이 없다. 수고라고는 로그인과 질문 입력 외에는 한 것이 없는데 인공지능에 너무 많은 것을 기대하는 것도 무리다. 그래도 어쩐지 세상의 수집가능한 모든 텍스트를 학습했다는 인공지능이라니 알아서 뭔가 새로운 것을 제시해주기를 기대하는 마음도 조금은 있었다. 기대와 달리 인공지능은 '오버'하지 않고 안전한 대답만 한다. 적어도 아직까지는 구체성이란 인간 작성자의 몫이다. 실무자가 머리를 감싸쥐고 고민하며 채워나가야 할 부분이다.

똑같은 방식으로 남북정상회담 연설문 요청을 CLOVA X에게 했더니, 여러 차례 한사코 사양하는 답만 했다. 남북관계가 정치적으로 첨예한 사안임을 아는 것을 보면, 가장 '한국적인' 인공지능 서비스라는 네이버 측의 주장이 허언은 아니었던 것 같다.

> **CLOVA X** 저는 정치적 견해를 가지지 않으며, 남북정상회담에서 사용될 기조연설문을 작성하는 것은 저의 역할이 아닙니다.
> 남북정상회담은 남북 간의 평화와 협력을 증진하기 위해 중요한 회담입니다. 기조발언문은 회담의 목적과 방향을 제시하고, 양측의 관심사와 요구사항을 반영해야 합니다.
> 이를 작성하기 위해서는 관련된 전문가들과 함께 충분한 논의와 검토가 필요합니다. 정상회담의 성공적인 개최를 위해서는 양측의 적극적인 노력과 협력이 필요합니다.

## 2 보다 인간다운 글쓰기를 위하여

현재 시점에서 별도의 비용 없이도 접근 가능한 대화형 인공지능 서비스들에 공무원에게 필요한 글쓰기 몇 가지를 시험해 보았다. 결과적으로 긍정적인 측면과 부정적인 측면이 교차했다.

인공지능의 처리 속도는 인간과 비교가 안 될 정도로 빠르고, 반복되는 질문에도 인간처럼 짜증을 내는 법이 없다. 똑똑하고 성실하며 참을성까지 있는 비서를 24시간 옆에 두고 있는 것 같다. 그러나 비서는 비서일 뿐, 판단과 결정을 대신해주지 못한다. 때때로 실무자의 글쓰기 비서 역할은 해줄 테지만, 어떤 글을 최종적으로 위로 올릴 것인지 결정은 실무자 스스로 해야 한다. 글 내용에 궁극적으로 책임을 지는 것도 당연히 인간 실무자다.

앞으로 당분간은 공무원들이 하는 질문에 생성형 인공지능이 그다지 만족스러운 답을 해주지 못할 가능성이 높다. 정부가 다루는 정보의 난이도가 높아서는 아니다. 오히려 당장은 그럴 필요가 많지 않아서일 것이다. 우선 인공지능이 답변에 참고할 공개된 정부 자료가 많지 않다는 것, 그런 질문을 하는 사람들이 전체 이용자에 비해 많지 않다는 것을 이유로 들 수 있다. 마지막 가장 결정적인 이유로 정부와 관련된 일은 민간에서 진지하게 달려들기에는 별로 '돈이 되지 않는다'는 문제도 있다. 하지만 벌써 번역 프로그램이 개조식 정부보고서 문장까지 완전한 서술식 영어 문장으로 쉽게 번역해주고 있다. 어쩌면 현재 정부 눈높이의 과업만을 해내기 위해서라면 그렇게 진지한 태도와 의심스런 시선을 고집하고만 있을 필요가 없겠다는 생각도 든다.

인공지능은 놀라운 속도로 발전하고 있다. 수직적 상승을 거듭하다 보면 언젠가 '특이점'은 올 것이라 한다. 공공영역에서는 인공지능에 재미 삼아, 시험 삼아 글을 시켜보는 정도지만 결코 여기서 멈추지 않을 것이다. 개인적인 선택의 문제가 아니다. 이미 사회 전체, 세계 전체의 변화가 도도한 물결을 이루고 있다.

일찍이 우리가 경험해 보았듯이 재미난 놀이처럼 시작한 것들이 어느새 필수불가결한 생활의 일부가 된다. 업무 현장에서는 한 명의 실무자를 고용하는 비용보다 인공지능 서비스를 구독하는 비용이 수백분의 일로 저렴하다는 계산이 나온다. 전체 공공영역 차원에서도 문서 작성에 투입하는 직원의 수를 줄이고 인공지능 인프라 구축에 투자하는 편이 더 합리적인 선택이 될지 모른다. 이런 계산과 선택들이 쌓여나가면 어느 시점에서 변화는 불가피하고 불가역적인 것이 된다.

인공지능 시대에 사라지거나 또 반대로 계속 살아남을 직업을 묻는 질문에 대해 이 분야의 전문가들은 답한다. 모든 직업이 다 영향을 받지만, 모든 직업에서 공통적으로 상위 1~5%는 살아남는다고. 전체적으로 일자리의 개수는 줄어들더라도 인공지능이 대체하기 어려운 인간적인 일거리는 존재한다는 뜻이다. 공공영역에서도 마찬가지다. '공무원스러운' 단순한 글쓰기는 얼마든지 복제 가능하다. 그러나 인간으로서 '공무원답게' 쓰는 어떤 글들은 대체하기 어렵다. 인공지능의 오류를 짚어내고 보완하는 글쓰기, 인공지능이 하기 어려운 정무적 판단이 필요한 글쓰기, 인공지능이 절대 대신할 수 없는 공공의 이익을 추구하는 글쓰기, 호소력을 끌어올려 인간의 마음을 움직이는 글쓰기는 오로지 인간 공무원만이 할 수 있기 때문이다.

마지막으로 과연 글쓰기라는 것에 대해 어떻게 생각하는지 ChatGPT에게 물어보았다. ChatGPT는 스스로 인간의 글쓰기와의 비교에서 다음과 같은 간결하고 자신 있는 평가를 내놓았다.

> ChatGPT를 활용한 글쓰기는 다양한 상황에서 인간보다 몇 가지 장점을 가질 수 있습니다. 예를 들어, ChatGPT는 빠른 속도로 정보를 분석하고 처리할 수 있으며, 항상 일관된 품질의 콘텐츠를 생성할 수 있습니다. 또한 ChatGPT는 여러 주제에 대한 지식을 효율적으로 학습하고 활용할 수 있으며, 언어 장벽을 넘

어 다양한 언어로 커뮤니케이션할 수 있습니다. 하지만 인간은 창의성, 감정적 이해, 윤리적 판단 등의 측면에서 여전히 ChatGPT보다 우세합니다. 따라서 ChatGPT를 사용하여 글쓰기를 할 때에도 인간의 지식과 판단을 함께 고려하는 것이 중요합니다.

한글을 잘 쓰는 CLOVA X에게도 같은 질문을 해보았다. 아무래도 한국적인 인공지능이라 그런지 '인공지능이 인간의 글쓰기를 대체할 수 없다'는 요지로, 보다 겸손한 답변을 내놓다는 것을 확인할 수 있었다.

**CLOVA X**  저의 글쓰기는 인간의 글쓰기와는 다음과 같은 차이점이 있습니다.

1. 창의성: 저는 미리 학습된 데이터를 바탕으로 글을 작성하기 때문에, 인간의 글쓰기처럼 창의적인 글을 작성하기는 어렵습니다.
2. 감정: 저는 감정을 표현하지 않습니다. 인간의 글쓰기는 감정을 담아내어 독자에게 전달하지만, 저는 감정을 표현하지 않습니다.
3. 오류: 저는 학습된 데이터를 바탕으로 글을 작성하기 때문에, 인간의 글쓰기보다 오류가 적은 편입니다. 하지만, 저도 학습 데이터의 한계로 인해 오류가 발생할 수 있습니다.
4. 표현력: 저는 학습된 데이터를 바탕으로 글을 작성하기 때문에, 인간의 글쓰기보다는 표현력이 제한적입니다.
5. 인간의 개입: 저는 인간의 개입 없이 자동으로 글을 작성할 수 있습니다. 하지만, 인간이 글을 작성할 때 저를 활용하여 문장 구

조를 개선하거나, 맞춤법을 교정하는 등의 작업을 수행할 수 있습니다.

저는 인간의 글쓰기를 대체할 수는 없지만, 인간의 글쓰기를 보완하는 역할을 할 수 있습니다. 저는 대량의 글을 빠르게 작성할 수 있어, 업무 효율성을 높일 수 있습니다. 또, 저는 인간이 놓치기 쉬운 오류를 자동으로 탐지하고 수정할 수 있어, 글의 품질을 높일 수 있습니다.

## 글쓰기를 마치며

나는 30년 가까이 정부에서 일해왔다. 공무원의 글쓰기를 익히는 데 줄잡아 10년쯤, 글쓰기를 둘러싼 관계를 파악하고 다른 종류의 글쓰기도 경험해 보는 데 또 10년쯤, 그리고 다른 사람들의 글쓰기를 봐주는 데 나머지 10년을 쓰고 있는 것 같다. 그동안 정부의 글쓰기라는 것과 글쓰기를 다루는 사람들이 별로 달라지지 않았다. 나로선 이제 와서 감히 불평할 계제가 아닐지도 모른다. 덕분에 아직도 좀 아는 체를 할 수 있는 셈이니까. 그래도 초임 사무관 시절 '지금 글 쓰고 고치고 하는 이 지루한 방식이 그대로 변치 않고 30년은 쭉 갈 것'이라는 예언을 들었다면 어땠을까. 나는 뭉크의 '절규'처럼 들리지 않는 비명을 지르며 도망쳤을 지도 모른다.

내가 칸막이가 없는 구식 철제 책상에서 14인치 단색 모니터의 뚱뚱한 486 컴퓨터로 시작했을 때와 달리, 지금은 깔끔한 파티션 큐비클 안 책상마다 사양 좋은 컴퓨터, 해상도 높은 두 개의 대형 모니터들이 놓여있다. 하지만 예전처럼 고작 보고서 한 장 만들어내자고 매번 수십 장의 종이를 갈아버리곤 한다. 두껍고 무거운 결재판을 들고 차관실, 장관실 앞에 줄을 서는 것도 예전 풍경과 다르지 않다. 똑똑하고 성실하고 참을성 있는 실무자들이 공급되는 것도 매년 반복되는데, 이제는 매순간 놓치지 않고 들여다봐야 하는 메신저에서 실무자들이 모두 '넵봇'들이 되어 있다는 것은 좀 다르다. 예전의 나는 어리버리하고 뚱했는데, 요새 맑은 눈의 젊은이들은 눈치가 빠르고 '리액션'은 감동적이다. 그들의 대답만큼 웃음만큼 모든 것이 경쾌하고 수월하면 좋겠다. 그런 그들에게 지금 겪는 것들은 모두 오래되어 익숙한 불행의 일부니 따지지 말고 그냥 받아들이라고 말하고 싶지 않다.

K-pop, K-food, K-beauty…. 바야흐로 한국다운 것이 세계인을 사로잡는다는 K-culture의 시대다. 공공영역에서는 K-방역에 이어 슬그머니 K-국방, K-외교, K-행정도 끼어들었다. 한류에 누가 되지 않게 K-를 쓰려면 배짱이 아니라 주의가 필요하다. 뭔가가 한국다워서 독특하고 훌륭하다는 확실한 근거를 댈 수 있어야 할 것이다. 고리타분한 행태만 답습하면서 K-정부 운운하기는 많이 민망하다. 누군가의 피, 땀, 눈물로 일궈낸 'K-트렌드'에 공무

원들이 별로 한 것도 없이 슬그머니 올라타는 것은 정말 송구하지 않은가. 우리 정부도 K-에 부끄럽지 않은 실질을 추구해야 할 때가 왔다. 앞으로 정부의 경쟁력, 국가의 품격도 얼마나 성공적으로 그 실질을 만들어 나가느냐에 달려있다.

현재 중앙정부 고위공무원단만 해도 무려 1,500명이 넘는다. 개방직으로 임용된 사람들을 제외하더라도 20~30년 공직생활을 해온 사람들이 줄잡아 1,000명은 족히 넘는다는 얘기다. 글쓰기에 대해서도, 공무원다움에 대해서도, 나만큼은 할 말이 있는 사람들이 그렇게나 많이 있다는 뜻이다. 나는 모처럼 주어진 일 년의 연수기간 동안 이 책을 썼다. 내가 1,000여 명의 현명한 유경험자들과 다른 점이라면 시간이 좀 있었다는 것뿐이다.

바라건대 나와 동시대를 살아가고 있는 동료와 선후배들이 '이런 책이라면 내가 더 훨씬 잘 쓸 수 있다' 외치며 나섰으면 좋겠다. 그리고 공무원다운 글쓰기와 바람직한 혁신에 대한 백가쟁명百家爭鳴이 이어졌으면 좋겠다. 불과 수십 년 만에 절망적인 후진국으로 시작해 눈부신 선진국 반열에 오른 대한민국의 정부라면, 이제는 또 다른 K-혁신을 이끌 충분한 역량도 가지고 있다고 믿기 때문이다.

### 글, 공무원답게 쓰기

첫판 1쇄 펴낸날 2024년 10월 30일

지은이 | 정소운
펴낸이 | 지평님
본문 조판 | 성인기획 (010)2569-9616
종이 공급 | 화인페이퍼 (02)338-2074
인쇄 | 중앙P&L (031)904-3600
제본 | 명지프린팅 (031)942-6006

펴낸곳 | 황소자리 출판사
출판등록 | 2003년 7월 4일 제2003-123호
대표전화 | (02)720-7542  팩시밀리 | (02)723-5467
E-mail | candide1968@hanmail.net

ⓒ 정소운, 2024

ISBN 979-11-91290-41-7  03800

* 잘못된 책은 구입처에서 바꾸어드립니다.